María Paz Blanco

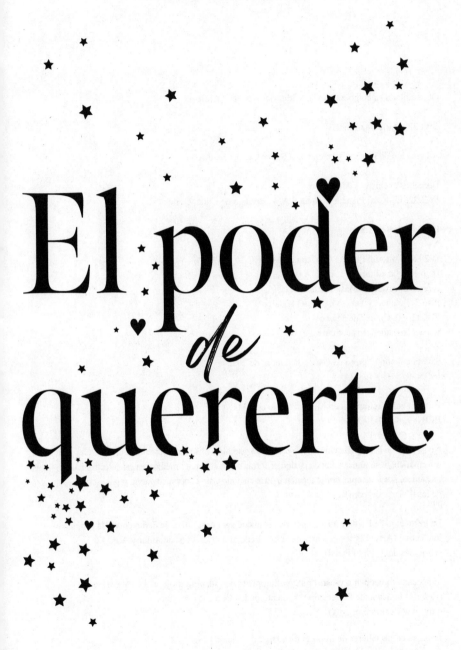

El poder de quererte

 Planeta

Obra editada en colaboración con Editorial Planeta – Chile

© 2022, María Paz Blanco

Adaptación de portada: © Genoveva Saavedra / aciditadiseño

Derechos exclusivos de edición:
© 2022, Editorial Planeta Chilena S.A. – Santiago de Chile, Chile

Derechos reservados

© 2024, Editorial Planeta Mexicana, S.A. de C.V.
Bajo el sello editorial PLANETA M.R.
Avenida Presidente Masarik núm. 111,
Piso 2, Polanco V Sección, Miguel Hidalgo
C.P. 11560, Ciudad de México
www.planetadelibros.com.mx

Cuarta edición impresa en Chile: diciembre de 2022
ISBN: 978-956-408-245-5

Primera edición impresa en México: junio de 2024
ISBN: 978-607-39-1234-1

Impreso en los talleres de Impregráfica Digital, S.A. de C.V.
Av. Coyoacán 100-D, Valle Norte, Benito Juárez
Ciudad De Mexico, C.P. 03103
Impreso en México - *Printed in Mexico*

Dedico este libro a mi querida mamá Maria Nela.
A mi papá Marcelo, donde quiera que esté.
A mi compañero de vida, Gonzalo.
A mis tres maravillosos hijos: Dominga, Mateo y,
en especial, a Santiago, que me inspiró
con toda su sabiduría y amor a hacer este libro.
A Dios, por su constante protección y guía.
Y también a ti, por estar hoy aquí dedicando tu tiempo a fortalecer la
relación más importante de tu vida: la que tienes contigo misma.
Gracias, gracias, gracias.

Índice

PARTE III
Renacer   173

Reflexiones finales   253

Empecé a vivir con plena conciencia. A transitar desde la calma y con los ojos bien abiertos. Escuchándome a mí misma... Le di espacio a los pequeños susurros de la vida, porque sí, la vida nos habla y lo que pasa es que aparentemente estamos tan ocupados que olvidamos escucharla.

♥

Me emociona saber que este libro está en tus manos, porque entonces sé que de una u otra forma te encuentras en tu propio proceso de crecimiento, de querer alcanzar y trabajar la más elevada versión de ti misma en esta vida o de empezar a dar paso a una etapa de cambio y transformación.

Este libro representa mi viaje personal hacia la autotransformación, proponiéndome vivir una vida con más sentido y propósito, a trabajar en convertirme en mi mejor compañía, pero, sobre todo, a abrirme al gozo, al disfrute y a la felicidad. Es un despertar, un camino imperfecto, donde en cada capítulo te mostraré, con mucha humildad y desde mi pequeño rincón, mi propio recorrido por distintos temas y conceptos que fui interiorizando, trabajando y estudiando, y que, en definitiva, modelaron a la persona que hoy soy y en la cual me estoy convirtiendo, ya que la vida nunca te deja de enseñar y tengo todavía mucho que aprender.

No es un camino terminado. A veces es caótico, otras veces certero, pero también es de una profunda honestidad, tanto así, que revelo aquí apuntes y notas personales que jamás pensé compartir y que te cuento para que puedas conocer un poco más de dónde vengo, de mi historia y las experiencias que me han convertido en la mujer que hoy soy, pero sobre todo para que siembres esa semilla de transformación que ya habita dentro tuyo y que solo hay que poner en tierra fértil, cuidar y regar para verla crecer.

No esperes encontrar respuestas a todas tus preguntas, más bien, ábrete a la posibilidad de preguntarte cosas que quizás nunca antes te habías cuestionado. Incluso puede ocurrirte —es lo más probable— que termines de leer este libro con más preguntas que respuestas. Espero no decepcionarte, pero finalmente las respuestas no las vas a encontrar jamás afuera, tampoco en este libro, ya que siempre residen dentro de ti y hoy es momento de que empieces a descubrirlas para dar inicio a tu propio camino de **convertirte en tu mejor compañía**.

Este libro será un viaje a través de distintas áreas que recorrí —aquí concebidas como tres etapas— y que considero crucial atravesar si quieres acercarte a una vida con **mayor significado** y poner pausa al "piloto automático" que muchas veces gobierna nuestra existencia. Conceptos que cambiaron mi vida y que reúno a partir de mis experiencia como psicóloga, Life Coach y experta en imagen personal, pero sobre todo como mujer y mamá.

Una de las ideas clave que menciono frecuentemente en mis conferencias o charlas, y que es la base para este camino que emprenderemos, es: la **tríada mente-cuerpo-alma**. Solo logramos un equilibrio real cuando estas tres aristas que nos definen como seres humanos están en total comunión y sintonía. Por distintas razones, tendemos a darles más importancia a unas más que a otras, o incluso a dejar alguna en el olvido, pero esto siempre se expresará en desequilibrio y desarmonía. El objetivo es que en este viaje juntas puedas abrirte al camino para que conozcas, aceptes y trabajes cada una de ellas y así puedas descubrir que el **poder de quererte**, el cual solo nace y proviene de de ti, es la base e inicio de todo; es el que te permitirá aumentar tus niveles de **autoconocimiento, autoaceptación y conciencia**, para llevar tu vida a la plenitud que mereces, a entrar en real contacto con tu poder personal, a abrirte al gozo y a la abundancia, pero, sobre todo, te dará una maravillosa sensación de regocijo y paz interior.

Yo también lloré, sin saber que la vida me estaba haciendo un gran favor.

★

Me sería imposible prometerte una transformación y que alcances tu objetivo por completo en estas páginas, pero quiero que sepas que tampoco es algo inalcanzable. Todo dependerá de ti y de cómo lleves el ritmo de tu proceso a través de la lectura y de los ejercicios que aquí te planteo. Estos me han sido de mucha ayuda y también a mis cientos de clientas en sus sesiones de coaching.

Si algo puedo adelantarte es que hoy soy capaz de comprender o, más bien, **aceptar** la forma que va tomando "este puzle de la vida" y entender que cada "pieza", hecho o situación tenía una función o perfecta razón de ser. No existen las casualidades, sino un orden divino —llámese Dios, fuerza superior o Universo—, que, a través de distintos acontecimientos, nos permite darle sentido a nuestra existencia y comprender que si bien no todo está en nuestras manos —ya que sería de una soberbia enorme pensar que lo controlamos todo—, finalmente siempre podemos **elegir** cómo vivimos cada experiencia y **ese poder de decisión** nadie te lo puede quitar.

Porque no es lo que te pasa, sino cómo interpretas lo que te pasa. Porque nunca se trata de los acontecimientos en sí, sino de cómo reaccionas y eliges vivirlos. La vida no es un proceso de descubrimiento, es un proceso de creación.

♥

Hay una frase común que dice: "El maestro llega cuando el alumno está preparado". Si bien estoy muy, pero muy lejos de considerarme una maestra, se refiere a que si el alumno está "listo para" es porque ya residen dentro de él esas ganas de superarse, de amarse, de cuestionar el *statu quo*, de darle un sentido enriquecedor a las vivencias ocurridas y de transitar con más fortaleza y mayores herramientas por la vida. Su vida.

Estoy segura de que estas ganas ya habitan dentro de ti, por algo hoy tienes este libro en tus manos. Espero que mi experiencia y estas páginas te sirvan de inspiración y te muevan a trabajar en tu crecimiento, a dar los primeros pasos para vivir desde un rol de protagonista y creadora de tu realidad. Aquí se necesita **coraje, ganas y fuerza de voluntad**. No basta con la motivación —ya que uno puede estar muy motivada a querer hacer los cambios—, es la fuerza de voluntad finalmente la que te llevará a hacerlos. Algunos días disfrutarás de los contenidos de esta lectura mientras que otros quizás no tanto, porque no es fácil enfrentar lo que uno resiste. Tampoco estamos acostumbradas a mirar dentro de nosotras. Es más fácil mirar afuera, pero como seguro ya has escuchado por ahí: lo que se resiste, persiste. Así que hoy llegó el momento de hacernos cargo y dejar que tu magia empiece a fluir.

Elevarte como persona es uno de los modos más auténticos de pasar el resto de tu vida. Al amarte a ti misma, los milagros empiezan a ocurrir. Ábrete a despertar la ilusión, no las expectativas, ya que desde estas últimas siempre proviene la desilusión, en cambio, la ilusión siempre te abrirá a dar espacio a los encantos de la vida, a la fe.

¿Te animas a dar este paso conmigo?

Yo te acompaño.

Y no lo olvides: nunca estarás sola, siempre estarás contigo misma.

Introducción

Un poquito de mí
★

A ti, que hoy me estás leyendo, lo primero que quiero decirte es que soy igual a ti. No tengo genes especiales, no fui la más lista de mi clase, ni tengo súper dones naturales. Reconozco mis talentos y virtudes y me siento bendecida, pero no soy excepcional y estoy muy lejos de serlo.

Tampoco crecí en una "cuna de oro"; en mi casa no faltaba nada, pero tampoco sobraba. Los valores sólidos y la educación fueron mis mayores herramientas. Solo soy una mujer que en un punto de su vida eligió la autenticidad; **decidí elegirme** y empezar a transitar de manera más consciente por esta vida, dejando de poner tanto la atención en lo externo y comenzar a mirar de manera honesta y sin juicios dentro de mí. A quererme profundamente y **darme a mí misma eso que tanto buscaba afuera**. A darme cuenta de que la felicidad no se trata de la ausencia de problemas, sino de decidir ser feliz con ellos, a animarme a incorporar nuevos hábitos, rutinas, romper paradigmas y cuestionar antiguas creencias. Es lo que me llevó a ver la vida de una manera más enriquecedora y con más plenitud. Sí, porque alegría y felicidad no son sinónimos, uno puede ser feliz sin tener la necesidad de estar contenta o alegre todo el día, y uno puede ser feliz también con muchos problemas. Finalmente, la felicidad se asocia más a la plenitud, que solo te da la calma y la paz de la aceptación.

Hoy quiero compartir contigo esto y mucho más.
No olvides, la vida te guía de formas mágicas e
inesperadas si tienes tu mente y corazón abiertos.

♥

CONCEPCIÓN, 1992

Me recuerdo, a eso de mis nueve años, como una pequeña niña que pasaba tardes completas asomada en la ventana de su casa esperando que su mamá regresara del trabajo. Este hecho que parece de lo más cotidiano, por mucho tiempo fue una necesidad. Mi papá se había ido de la casa hace unas semanas, algo de lo que hasta hoy no tengo recuerdos tan nítidos. Solo sé que se fue de un día para otro, sin una despedida, un abrazo, una nota que dijera "nos vemos pronto", ni señal alguna que yo a esa edad podía haber percibido. Simplemente se fue y nunca imaginé que pasarían muchos años para volver a verlo.

Este hecho despertó en mi pequeña cabecita y corazón de niña la angustia repentina ante el abandono, el miedo a quedarme sola o a no ser lo suficientemente valiosa, porque **uno no abandona lo que ama**. Recuerdo vívidamente sentir dentro de mí esa necesidad de aferrarme a mi madre y lo pasaba muy mal pensando y fantaseando que algo malo le podía ocurrir. Por lo tanto, la ventana del comedor, esa que daba a la calle y me permitía ver los autos y quién llegaba a la casa, se convirtió en mi mejor compañía por mucho tiempo; era mi zona segura, me daba certeza y estabilidad.

A pesar de que no viví con mi papá gran parte de mi vida, retomé el contacto con él, si mal no recuerdo, como a mis quince años, sin embargo, fue recién cerca de los veinte que empezamos a crear una relación. Crecí bajo el alero de una mamá muy cariñosa, fuerte y autosuficiente, de una entrega total y absoluta, siempre presente, pero no lo suficiente —o lo que tal vez me hubiese gustado—, ya que trabajaba a tiempo completo para "sacarnos adelante" junto a mi hermano. Hoy miro hacia atrás y digo ¿cómo lo hizo? En todo ese tiempo, nunca la vi perder la alegría y el entusiasmo, a pesar de que debe haber vivido muchas noches desolada. La admiro mucho y hoy es, y ha sido, uno de los grandes pilares en mi vida.

VIÑA DEL MAR, 1998

Tras el regreso de mi padre a mi vida, recuerdo haber sentido algo de rebeldía. Pensaba que volviera a aparecer de la nada luego de no estar presente por tantos años era una desfachatez. Sin embargo, algo en mí también quería sentir lo que era "tener un papá" y de a poco fui transformando la rabia en compasión. Hoy, ya adulta, comprendo que finalmente él hizo lo que pudo con los recursos y conciencia que tenía en ese momento, y más que querer cambiarlo, se trataba de aceptar y soltar. No fue fácil, pero quise intentarlo.

Empezamos a crear una nueva y linda relación, sin rencor y más sana. Comencé a confiar en él, a entender un poco más de dónde venía y de cierta forma a perdonarlo, o más bien, perdonarme a mí por tener esa rabia adentro. Construimos una nueva historia y empecé a disfrutar de su compañía, de su humor, su alegría de vivir y de su manera simple, pero no superficial, de ver las cosas. Nos volvimos amigos, nos llevamos bien, e incluso me permití necesitarlo, algo que jamás pensé que iba a sentir. No obstante, esto duró poco, muy poco...

A los pocos meses mi papá se enfermó.

Tras algunos problemas de movilidad y pérdida de sensibilidad de sus piernas, que luego se extendió a sus manos y brazos, le diagnosticaron esclerosis lateral ameotrófica (conocida como ELA), una enfermedad degenerativa neuromuscular que hasta hoy no tiene cura. Desde entonces, todo fue distinto. La enfermedad avanzó muy, muy rápido, el deterioro era inminente. Con el paso de unas semanas, incluso solo días, su habla se vio afectada, por lo que dejamos de comunicarnos casi del todo desde lo expresivo —solo tenía movimiento ocular—, hasta su muerte. ¡Justo cuando nos estábamos llevando tan bien! Tres años desde su diagnóstico, mi papá falleció a sus 54 años.

Lo que motiva a la psicología es la necesidad de comprender. Y ya en mi tercer año de carrera, esta se convirtió en un gran refugio donde encontré más recursos para enfrentar su pérdida. Puse toda mi energía en ella. El estudio y los libros fueron mis compañeros, y las ganas de aprender y la autosuperación fueron mis herramientas para no caer en la desilusión, para entender que todo, absolutamente todo, tiene una causa perfecta. Fue tras la partida de mi papá que empecé a cultivar un profundo sentido de la espiritualidad, que hoy es mi mayor fortaleza.

Hoy me atrevo a confesar que siento su presencia más cerca que nunca y me regocija sentir que está a mi lado. Lo siento constantemente y él se ha manifestado. Fue corta nuestra experiencia juntos en esta vida, pero ahora comprendo que vino a darme una gran lección: me enseñó que **el alma trasciende, es eterna y atemporal**. La vida no es aquí, en el plano terrenal, sino allá arriba. La frase "nada muere, todo se transforma" solo cobra vida cuando le abres espacio a la espiritualidad.

SANTIAGO, 2006

Ya egresada de la Escuela de Psicología, dejé mi querida ciudad, Viña del Mar, para mudarme a la capital a estudiar un Magíster. Mi meta en ese entonces era entrar al equipo de Recursos Humanos de una compañía multinacional y ojalá hacer una larga carrera ahí —ahora lo comprendo: ansiaba estabilidad ante tanta incerteza y, por lo demás, crecí bajo el modelo en el que el trabajo fijo, esforzado y remunerado era la opción correcta—. Además, era de aquellas que pensaban que no podía darme el lujo de emprender, equivocarme y fallar; **creencias limitantes** de las que hablaremos más adelante, y que determinan tu manera de ver la vida.

*"Creo que la suerte ocurre cuando la preparación
se cruza con la oportunidad".*
OPRAH WINFREY

Fue así como, con muchas ganas, preparación y esa motivación única que te da la necesidad, que quedé en el puesto que anhelaba, justo en la empresa donde quería trabajar. Y después de cuatro años con ellos, me mudé a Londres a disfrutar de una maravillosa asignación laboral. Tenía 27 años.

LONDRES, 2010
La soledad y el cambio cultural fueron potentes. Nunca me había sentido tan sola. Esto me llevó a hacer el trabajo de convertirme en mi mejor amiga y a llevarme cada vez mejor conmigo misma. Por primera vez comprendí que **es necesario aprender a estar con una misma**. ¡Vas a estar contigo el resto de tu vida! Y disfrutar de la propia compañía es demasiado importante.

Cosas que antes me aterraban ahora las disfrutaba, por ejemplo, comer una noche sin compañía en un restaurante, viajar a otros países, tomarme un café y quizás hablar con la persona de la mesa de al frente, ir a un recital o a bailar. Además, quise aprovechar mi tiempo libre y me animé a estudiar. Me matriculé en el London College of Fashion, una de las más prestigiosas escuelas de moda del mundo, para estudiar asesoría de imagen personal, ya que me encantaba la relación que el vestuario y la imagen tenían con la psicología; cómo podían influir positivamente en aumentar la autoestima, la autoconfianza, fortalecer el autoconcepto y mejorar el bienestar. Paradójicamente, lo que entonces parecía un hobby, me llevó a crear el Método MAPIP: Metodología Aplicada a la Psicología de Imagen Personal, siendo pionera en este tema en Chile y uno de los quehaceres que más disfruto hoy, el ayudar a mujeres a encantarse con su imagen y a fortalecerse en su interior.

Gracias a que me di el espacio para que estas cosas ocurrieran, empecé a conocer una nueva parte de mí. Y atención aquí, no hay que vivir en el extranjero para que esto pase. En mi caso, la soledad de estar lejos fue el motor, pero hacer cosas distintas no requiere cambios tan extremos, es solo un tema de motivación y fuerza de voluntad, de animarse a ver y hacer las cosas de un modo diferente, sin importar el lugar en el que estés.

Algo nos pasa con la soledad. Veo que es un tema muy transversal en muchas de nosotras. Le tenemos miedo, respeto o temor a estar solas, pero es importante que comprendamos que venimos al mundo solas, nos moriremos solas y que los demás solo vienen a hacernos compañía en el camino, a transitar con nosotras y también enriquecer nuestra vida, pero no a llenar un espacio o completar algo. Si necesitas al otro porque te complementa, siempre vas a necesitar a ese otro para ser feliz. Llénate de ti. Desde ahí el otro siempre es compañía, es un regalo, no una necesidad.

Fue así como empecé a vincularme con mi soledad como una manera maravillosa de vivir en plenitud mi libertad, como una invitación para reconciliarme con temas pendientes de mi niñez y adolescencia, y para cuestionarme hacia dónde quería que fuera el rumbo de mi vida. Sin duda, fue uno de los mayores aprendizajes de la experiencia y también un gran regalo que me llevó a dejar de necesitar al resto, a tener vínculos más sanos, apartándome del dañino apego y abriéndome a la libertad de elegir con quién decido compartir.

Recuerda: Nunca estás sola. Estás siempre contigo misma.

★

SANTIAGO, 2011

Regresé a Santiago de Chile a un cargo gerencial con grandes responsabilidades, algo que anhelaba laboralmente. Pero tras haber vivido un trabajo de introspección gatillado por la bendita soledad, a los pocos meses de esta promoción no me dejaba de dar vueltas, una y otra vez, la siguiente pregunta: ¿Soy realmente feliz haciendo esto? Pensaba lo mucho que quería conseguir esa posición, pero ahora que la tenía, algo no vibraba en mí. Por el contrario, sentía que me alejaba de la dicha y esto me hacía sentir muy ingrata con la vida, por decir lo menos.

¿Por qué tenía que cuestionarme si era feliz si aparentemente tenía todo para serlo? Tenía salud, un buen trabajo, estabilidad financiera, mi familia —que era pequeñita, pero era mi familia—, amigas cariñosas y leales que conservo hasta hoy... ¿Estaba viendo el vaso medio vacío o acaso era una inconformista? Me sentía incómoda ante estas preguntas, pero sabía que esa incomodidad era el paso necesario para encontrar las respuestas. De lo contrario, todo hubiera permanecido igual.

El crecimiento ocurre solo cuando salimos
de nuestra zona de confort.

♥

Estas preguntas me permitieron darme cuenta de que no eran las cosas externas las que provocaban esta sensación de inconformidad; no era el trabajo, ni el nuevo rol, ni la rutina, sino que era necesario indagar dentro de mí para encontrar la respuesta. Necesitaba escuchar más la **intuición**, darle cabida a lo que nos dice la "panza", que nos habla constantemente.

Y quisiera detenerme un instante a reflexionar brevemente sobre este punto: tendemos a no validar aquello que no vemos, ya que de acuerdo con nuestra crianza y educación, le creemos más a lo que podemos ver. Hoy me atrevo a decir que el paradigma "ver para creer", ese que tanto nos repitieron, ya no funciona. Es como si nos quedara chico, corresponde a otra época, a otro nivel de evolución. Cuando tomas conciencia de tu poder como creadora de la realidad, de tu realidad, lo cambias por "**creer para ver**" y "**creer para crear**", porque mientras creas que solo lo que ves es lo relevante, lamentablemente seguirás construyendo una vida que se aleja de lo más importante: todo aquello que no ves, pero que sientes y es eterno.

Retomando la historia de mi camino de búsqueda personal, fue así como tuve la primera aproximación al mundo del coaching, a través del coaching ontológico. Este me permitió mirar dentro de mí, pero esta vez guiada y acompañada, sin tanto miedo y con menos juicio. Sobre todo, despertó una necesidad de sentir ese "fuego interno" —o llámenlo "motivación intrínseca"—, de sentir pasión real por algo, de encontrarle un sentido a levantarme por las mañanas, de disfrutar. Así descubrí dónde radicaba mi problema e inconformidad... **no encontraba nada que me apasionara**. A los 27 años me sentía viviendo una vida guiada por los parámetros culturales que los demás tenían del éxito, pero no sobre mis propios estándares. Me pregunté una y mil veces: ¿hay algo mal en mí?, ¿estoy siendo malagradecida con la vida? Hasta que llegué a una poderosa conclusión:

No era ni lo uno ni lo otro. Estaba dando espacio a ese llamado interno que habitualmente opacamos por medio de la racionalización, por lo que los demás esperan de nosotros, por seguir lo aparentemente "correcto". Por primera vez en mi vida estaba escuchando mi corazón e intentando ser fiel a mi vocación, a mis talentos y a aquello que realmente me hacía feliz. En definitiva, estaba conociendo y empezando a conectarme con mi propósito de vida, algo de lo que hablaremos más adelante...

La maternidad vino a cambiarlo todo

★

SANTIAGO, 2012

Este año fue inolvidable. Ya llevaba un tiempo en una relación con el hombre que es mi actual marido —tras varios intentos fallidos y relaciones pasadas que no prosperaron, incluyendo también una relación tóxica— y al fin sentía que había conocido a la persona con la que quería compartir mi vida.

Tras un año juntos llegó Dominga, mi primera hija, que llegó a revolucionarlo todo y cambió el eje de mi vida en 180 grados.

Debo confesar que en un comienzo me costó mucho la maternidad. En un intento desesperado por culpar a otros, ¡sentía que nadie me había contado la verdad sobre todo lo que conlleva ser madre, ya que no era nada fácil! Tenía idealizada la figura de la "madre feliz paseando con el coche por un lindo parque o amamantando a su hijo con disfrute y alegría", pero, para mí, al principio, fue bastante lejano a eso. Me costó mucho la lactancia y me tomó tiempo asimilar el romper con mi rutina y la falta de sueño. Pero, al mismo tiempo, **sentí por primera vez en mi vida el amor más grande e incondicional que podía llegar a sentir por otro ser humano**, algo indescriptible en palabras. Su presencia fue un hermoso regalo y también un **espejo que me hizo ver la importancia de ser fiel a mí misma y a mis ideales**, para así brindarle a ella lo mejor de mí día tras día y darle la posibilidad de crecer con una mamá que se sintiera segura, realizada y feliz, viviendo desde su plena autenticidad. Dominga era la niña más perspicaz, alegre y espontánea que pudiera haber conocido.

Se habla mucho de la importancia de crecer y mejorar como personas antes de tener un hijo, para que así ellos no tengan que acarrear con nuestras inseguridades, traumas o miedos del pasado. Pero creo que los hijos son parte importante de tu propio proceso de crecimiento, también de sanación y grandes aprendizajes de nuestra vida son a través de ellos. Ellos nos escogen y también nos guían hacia aquello que necesitamos sanar y son parte crucial de nuestra misión en esta vida.

♥

SANTIAGO, 2014

Poco menos de dos años después llegó mi segundo hijo. Aquí la experiencia previa me ayudó un montón a desenvolverme mejor y todo lo que antes consideré como "caótico" ahora se tornó más llevadero. Mateo era un niño dulce y tranquilo, que me entregó la mesura y el equilibrio que necesitaba para empezar a explorar nuevos caminos.

El querer tener la flexibilidad para estar con mis hijos me dio la fuerza para renunciar a la estabilidad, las proyecciones y a la seguridad que te entrega un trabajo fijo, pero la principal motivación fue que decidí **ser fiel a mí misma**.

No es tan fácil ser fiel a uno misma, más aún si esto te lleva a renunciar a la certeza y abrirse camino a lo no explorado. A simple vista uno puede parecer mimada o un poco "loca", pero no podemos normalizar el no estar bien, no sentirnos motivadas, no disfrutar levantarnos por las mañanas o el tener que renunciar a nuestros sueños. Si esa decisión te entrega paz, dicha, entusiasmo y te moviliza: ahí es.

♥

Esta vez me elegí a mí; me regalé el darme permiso para conocerme más, con lo lindo y lo no tan lindo, y con una larga lista de cosas por mejorar. Es lo que me llevó a quererme y aceptarme tal cual soy, lo que fue una linda hoja de ruta para trabajar en alcanzar mi más auténtica versión, trabajo que nunca termina. Porque sí, estamos llamadas a la plenitud.

Desde este lugar de autoconocimiento y de amarme más, me armé de valentía y tomé la decisión que marcó un antes y después en mi vida: renuncié. No solo a mi trabajo, sino a la aparente certeza de lo que entonces se creía que era correcto para mi vida, a lo que era mi supuesta estabilidad. Decidí animarme a escuchar lo que mi corazón y alma me gritaban que tenía que hacer. Una locura, para muchos, sobre todo porque mis ingresos siempre han sido parte del presupuesto familiar y "no podía darme el lujo de dejar de proveer". Pero yo tenía la convicción profunda de que ese era el camino a seguir y sé que, cuando escuchas la voz de tu alma, contribuyendo, dando lo mejor de ti y poniendo tu personalidad al servicio de ella, la vida y el Universo siempre te darán. Es una fuente ilimitada.

Quizás te preguntas, ¿cómo sabías que iba a ser una buena decisión? La verdad es que esa seguridad nunca la tuve ciento por ciento, sino créeme que no le habría dado tantas vueltas, pero, a pesar de los nervios que conlleva hacer un cambio así de radical —puesto que no era renunciar solo a un trabajo, sino también a la idea de estabilidad, a un aparente sueño, a un sistema de creencias—, finalmente la sensación que me dejaba en la "panza" lo que estaba eligiendo era de **PAZ**. Y **cuando sientes paz, es imposible que se trate de una mala decisión**. No lo olvides nunca.

"Si te da paz, ya te está dando todo".
Anónimo

Así fue como me animé a concretar mi sueño de **vincular la psicología con la imagen personal**, creando un enfoque y metodología que permitiera conectar estos dos mundos, aparentemente opuestos, pero intrínsecamente relacionados entre sí, ya que la imagen personal puede abordarse más allá de la moda y las apariencias, y puede ser una gran herramienta de poder personal y transformación.

Te importe o no la imagen, si quieres salir de tu casa a relacionarte con otros, tendrás que vestirte, es un hecho. Por lo tanto, ¿por qué no vestir con prendas que te hagan sentir bien, que reflejen tu personalidad o te brinden seguridad?, ¿por qué no llevar texturas que te agraden, colores que te representen y prendas que expresen tu forma de ser? Definitivamente, tu imagen es el reflejo de cómo te sientes y es una proyección de tu ser. Que exista una **congruencia entre tu interior y exterior es equilibrio, es bienestar**.

Te pregunto lo siguiente: Si tienes que entrar a una casa, ¿prefieres entrar a una que por fuera se ve sucia o descuidada, o a una que se ve limpia y refleja armonía y calidez? Seguro a la segunda, ¿no? Lo mismo pasa contigo.

Y si aún no te queda claro, veamos juntas este ejemplo que grafica muy bien la idea. Tienes al frente tuyo dos platos de la misma comida: arroz con pollo. Uno de ellos luce limpio, las porciones son adecuadas, el plato está cuidadosamente decorado y se nota preocupación y amor en la preparación. En cambio, el otro plato está sucio, tiene manchas de aceite en el borde, las porciones se ven descuidadas y da la impresión de que lanzaron la comida arriba de él. ¿Qué plato te dan más ganas de comer? Seguro vas a querer probar el plato que tiene buen aspecto, lo que no te asegura que sea un plato sabroso, de hecho, quizás el otro tenía mucho mejor sabor, pero lo más probable es que, a la hora de elegir, le des una oportunidad a aquel que luce mejor.

Te cuento esto porque quiero que comprendas que **sentirte a gusto contigo misma es importante**. Y tu imagen personal también lo es, en tanto es un reflejo de tu esencia y de tu alma.

Si bien el comienzo puede ser "desde afuera", esto no es motivo para creer que se trata de un tema superficial, por el contrario, es un puntapié maravilloso, que impacta directamente en tu bienestar, autoconfianza, autoestima y seguridad —conceptos nada superficiales—. A la larga, cuando sientes que te ves bien, te sientes mejor, estás más contenta, tu autoconcepto se fortalece, tu actitud es más positiva, disfrutas cuidarte y potencias lo mejor de ti. ¿Ves la maravillosa relación que tiene con la psicología?

CICLO VIRTUOSO DE IMAGEN Y BIENESTAR PERSONAL

1. Amo mi CUERPO
Lo amo por todo lo que me ha permitido y entregado en esta vida; Autonomía, independencia y la posibilidad de existir.

2. Hago pequeños CAMBIOS en la manera de gestionar mi imagen
Descubro nuevas posibilidades y cómo potenciar lo que más me gusta de mí misma.

7. Estoy más FELIZ
Estar en Paz y a gusto con mi imagen me ha permitido amarme más y estar más feliz.

3. Me GUSTA lo que veo
Empiezo a reencantarme conmigo misma. Al fin comprendo que no necesito encajar en ningún estereotipo.

6. ¡Me siento más SEGURA!
Y lo proyecto al resto!

5. Me siento BIEN conmigo misma
Estar a gusto con mi imagen me ha permitido reencontrarme en muchos sentidos. Me permite llevar una vida más consciente y descubro mi poder.

4. Quiero CUIDAR más de mi
Empiezo a tratarme con más amor, respeto y compasión. Comprendo que el autocuidado no es egoísmo ni vanidad, es amor propio.

Entonces empecé a dedicarme al coaching de imagen integral para mujeres: ponerme al servicio de mujeres para fortalecerlas a través de la gestión de su imagen y autoconocimiento, para que puedan sentirse más auténticas con su estilo y poderosas en su interior.

Luego, tras volver a indagar en el mundo del coaching, ahora desde el enfoque del Life Coaching, me certifiqué como Life Coach, lo que me entregó las herramientas para abarcar la transformación personal desde una arista aún más profunda.

Cuando el sufrimiento puede convertirse en tu mayor regalo

★

SANTIAGO, 2016

Pasaron casi tres años desde que puse en marcha mi proyecto personal y al fin logré decir: "Puedo vivir de lo que amo". Me hacía tanto sentido la filosofía japonesa de encontrar una vida con propósito. Esta es conocida como **Ikigai**, que significa "razón de ser" en japonés, o "para aquello que hemos sido llamados", y apunta a que solo puedes encontrar un propósito cuando entras en total equilibrio y sintonía con las siguientes cuatro temáticas de tu vida:

» Lo que realmente amas.

» En lo que eres bueno (tus talentos, dones, capacidades).

» Aquello con lo que te puedes ganar la vida.

» Lo que el mundo o la sociedad necesitan.

Por primera vez en mi vida sentía una enorme gratificación con lo que hacía y el gran aprendizaje fue que ese gozo solo puede darse cuando contribuyes y entregas desde el corazón, con una enorme pasión, poniendo tu personalidad al servicio de tu alma, no de algo. Cuando eso se da, estás en un total equilibrio humano y divino, y en tu zona más auténtica de poder.

En ese momento mi experiencia me demostraba que **"hacer lo que uno ama" es más que una linda frase**, ya que realmente transforma tu vida. Todas en algún momento, sobre todo si estás comprometida con tu crecimiento personal, debiéramos conectarnos con descubrir qué es aquello que nos entrega dicha, el propósito por el cual estamos aquí.

Todo marchaba bien. En realidad, demasiado bien. Pero de manera mágica e inesperada la vida me tenía guardado un gran regalo, y seguramente yo ya estaba un poco más preparada para recibirlo...

SANTIAGO, 2017

Un caluroso 10 de enero fue el anhelado día en el que llegó mi tercer hijo. Era una cesárea programada, así que elegimos ese día, ya que era el santo de mi marido, Gonzalo, y para él una fecha especial. Fue un embarazo normal, con ecografías normales y esperábamos un bebé grande y fuerte de más de 4 kilos.

Ya en la pieza, minutos antes de entrar al pabellón, de manera mágica y misteriosa, un pequeño colibrí empezó a armar un nido frente a mis ojos. La habitación era muy linda, daba a un pequeño patio interior central de piedras y plantas típicas de los jardines secos, sin ramitas ni "material" para armar un nido, por lo que fue bastante inusual que ese pajarito eligiera ese lugar para anidar. Para mí, fue una señal de que algo muy especial estaba por venir... Y creo profundamente en las señales que el Universo y Dios nos envían.

Lamentablemente, en el parto las cosas no se dieron como esperábamos. Santiago nació muy hipotónico —bajo tono muscular— y con insuficiencia respiratoria, por lo que tuvo que ser asistido a los pocos segundos con una técnica de respiración básica conocida como "ambú". Luego de casi un minuto, finalmente lloró, lo que indicaba que podía respirar, pero no lo tuve en mis brazos ni pude verlo hasta varias horas después de nacido porque quedó en observación. Recuerdo que lloré con mucha pena mientras terminaban la intervención de la cesárea, ya que solo pude ver por un par de segundos la carita de mi bebé, pero sin tocarlo, olerlo, contenerlo ni ponérmelo en el pecho. Me preocupaba el apego básico, pero más que eso tenía un miedo inmenso a lo que podría pasar. ¡Era todo tan inesperado!

La primera vez que lo tuve en mis brazos sentí mucha calma y paz, a pesar de que intuía profundamente que no estaba todo bien en él. El equipo médico decía que estaba todo perfecto y que no había nada de qué preocuparse, pero esa intuición de mamá era más fuerte y, como ya sabes que la valoro, no iba a pasarla por alto.

Llevé a Santi al neurólogo al mes de vida. Cuando entré a la consulta, el doctor me miró desconcertado y dijo: "¿Qué hace usted acá con un bebé de solo un mes?". Efectivamente, era muy temprano para diagnosticar algo, pero sentía que mientras antes lograra identificar qué pasaba, tendría el tiempo a mi favor. A Santi en ese entonces le costaba mucho succionar el pecho, su tono muscular seguía siendo lábil y su mirada parecía estar algo perdida.

Con el paso de los meses, empecé a convencerme de que tal vez su poca curiosidad y actividad se debía a que lo tenía en mis brazos día y noche. Nunca durmió —ni una sola vez— en su cuna y mi pecho era su cama, su guarida, su siesta, su lugar, su juguete y no te imaginas cómo disfrutaba tener a ese bebé pegado a mí. Hasta que el pediatra, en el control del cuarto mes, descubrió "la punta del iceberg": Santi no seguía objetos, el control de su cabeza era muy débil, su mirada continuaba perdida, no despegaba los brazos de los costados y no demostraba interés frente a lo que ocurría a su alrededor. Ahí me dijo: "María Paz, hay hitos importantes del desarrollo que él no está cumpliendo, te sugiero ver a un neurólogo y además a un cardiólogo, porque noto una arritmia en su corazón".

Ese fue el día en que mis prematuros miedos cobraron vida. Que algo no anduviera bien en él era mi temor más grande y lamentablemente ya no era una fantasía, sino una realidad.

Desde ese día de mayo del 2017, los estudios clínicos, exámenes, electrocardiogramas, resonancias magnéticas, y todo lo que puedas imaginar, se convirtieron en pan de cada día. Recuerdo pasar noches completas sin dormir leyendo *papers* y estudios sobre la hipotonía y el retraso psicomotor. Leí sobre cada síndrome, condición o enfermedad, una más dura que otra, y empecé a transitar un camino silencioso, oscuro y de una pena muy profunda, quizás la más grande que he tenido que vivir hasta ahora.

Intentaba estar bien para mis otros dos hijos pequeños, mi marido, familia, clientas y amigas, pero no hice ningún intento por ocultar mi sentir. Hay que normalizar la pena, el pedir ayuda, el decir "no estoy bien". Y dejé que la pena habitara en mí. Le abrí todas las puertas y por primera vez no hice nada por evitar que llegara, menos por disimularla.

La tristeza no es mala en sí, **te permite conectar de una manera distinta contigo misma que cuando estás en un estado de alegría. Si bien es una emoción que puede resultar incómoda,** tiene mucho que enseñarte, ya que te conecta con lo más profundo. Tal vez te anime a iniciar un cambio, a tomar una decisión e incluso a despertar tu creatividad, pero siempre puedes sacar una lección de ella. Aquí yo **aprendí que es sano mostrar vulnerabilidad,** que llorar también lo es y que es una maravillosa forma de "drenar" la pena. Sabía que era temporal y quería atravesar este proceso con todos mis sentidos, **porque la fortaleza no es no expresar lo que uno siente, todo lo contrario, es tomar contacto con la vulnerabilidad y eso que te duele.**

> *Lo que uno aprende en la oscuridad, jamás lo podrás aprender en los momentos de luz.*

En los exámenes aparecieron distintos hallazgos científicos, pero nada contundente que pudiera explicar el retraso en el desarrollo de Santi. En ese entonces recibí pronósticos terroríficos. Cuando tenía seis meses, una neuróloga me dijo que era muy difícil predecir cómo iba a evolucionar, que era bastante probable que no llegara a caminar y que no sería un niño autónomo. **Mi corazón se destrozó en mil pedazos.** Luego recurrimos a todo el abanico de estudios genéticos, desde el más global al más específico; todos salían normales. No sabíamos qué rumbo tomar, estábamos perdidos y el equipo médico también sentía que era un caso extremadamente difícil de abordar y diagnosticar.

Cuando ya la ciencia y la medicina no podían darme respuestas, empecé a entender que tal vez estaba buscando en el lugar equivocado. Sentía que tenía que haber alguna explicación a todo esto, alguna causalidad, porque definitivamente nada es al azar. Somos energía y quizás ese era el plano que me faltaba explorar...

Dado que desde la partida de mi papá siempre he sentido una poderosa conexión con él, pensé que por ahí podría obtener algunas respuestas. Creo profundamente en Dios como nuestra Fuente y Creador —y en que cada una de nosotras tiene sus guías espirituales—, y en la trascendencia del alma. Empecé a buscar y a leer distintos autores que abordaran este tema desde la metafísica y la ciencia. Así llegué a Huston Smith, Ph. D., exprofesor de filosofía del Instituto de Tecnología de Massachusetts, y autor de *Las religiones del mundo*. Por medio de él conocí la obra *El asiento del alma* (The Seat of the Soul), de Gary Zukav, libro que cambió todo para mí. Este confirmó muchas de mis creencias sobre el alma y sobre la importancia de reconocer que somos seres humanos multisensoriales, reconociendo el poder de la "intuición" como un sexto sentido; el lenguaje o forma de expresión de tu corazón. ¿Y cómo vamos a ignorar una voz tan importante?

Estas lecturas fueron terapéuticas, me dieron un sentido y conexión espiritual. Transformaron mi manera de ver y vivir la vida. Era un hecho, **ya no era la misma.** Tuve que decir adiós a algunas cosas de mí para dar paso a lo nuevo. Era una nueva mujer. Algo dentro de mí había cambiado.

Alguna vez oí por ahí que "a los guías y maestros hay que pedirles, ellos están siempre allí para ayudar" y con esto en mente, y para encontrar las respuestas para Santiago, puse en práctica el famoso refrán "pide y se te dará". Así, con nada que perder, empecé a pedirle a mi papá y a mis guías espirituales —con mucha intención y fe— señales que me ayudaran a abordar de la mejor manera todo lo que ocurría con Santi. Fue así como, a través de una maravillosa canalización, que llegué al mensaje de que debía llevarlo al Hospital de Niños de Boston, conocido por sus estudios en genética y neurología, ya que ahí encontraría respuestas certeras. ¡Los ángeles me estaban hablando! Y por lejos ha sido la experiencia más mágica que había tenido hasta entonces.

Tras una larga postulación (ya que solo reciben casos de interés mundial) logramos ser aceptados —esto me llevó a confirmar una vez más que no existen las casualidades—, hicimos las maletas y con un poco de nervios, pero una tremenda ilusión, emprendimos el viaje mi marido, Santi y yo.

BOSTON, OCTUBRE 2018

En el hospital, el doctor experto en genética nos recibió de una manera muy cariñosa y afectiva, y le hizo a Santiago pruebas clínicas que no había visto antes. Tras unos diez a quince minutos de análisis, nos dijo con una seguridad abrumadora: "Chicos, no se asusten, esto sí es genético, sé cuál es el gen que puede estar alterado, pero se ve un buen pronóstico". Lo primero que me animé a decir fue: "Doctor, disculpe, pero ¿revisó todos los exámenes genéticos que le mandamos?, ¿se fijó en que salen todos negativos?". Estaba un poco ansiosa y con la adrenalina a mil y solo quería confirmar que ya había visto ese material. Muy calmado, me respondió: "Sí, los vi todos y están correctos, son negativos, pero lo de él es tan específico que solo se sabrá si estudiamos directamente el gen que creo que está involucrado en su condición y ya creo tener claro cuál es". Ante su tranquilidad y certeza, accedimos a hacer nuevamente las pruebas de ADN y esperar los resultados, que tomaban meses.

SANTIAGO, MARZO 2019

Era un caluroso viernes de comienzos de marzo cuando nos revelaron los resultados. Si bien la vida me ha enseñado que es mejor vivir con ilusión y no expectativas, debo reconocer que esperaba tener respuestas o más bien certezas del diagnóstico de mi hijo, una explicación de lo que tenía. No obstante, fue distinto, más bien fue divinamente distinto. En palabras del doctor:

"No pudimos llegar a nada concluyente, ya que lo que encontramos en él es una 'variante desconocida', de significado incierto e inespecífico. **Es la primera vez que encontramos esto y desde hoy es el primer caso mundial reportado.** Por lo tanto, no podemos atribuir su retraso a esta 'variante', dado que no existen pruebas clínicas u otros casos de estudio que nos permitan tener referencias. Tras verlo, su pronóstico es positivo y por ahora lo más certero es continuar con mucha estimulación por medio de sus terapias, para que pueda alcanzar su máximo potencial. Si aparece otra persona reportada con esta variante, les vamos a avisar, pero por el momento él es el único caso que hemos visto con su condición".

Debo confesar que cuando escuché esto no sentí miedo, desilusión ni ansiedad. Tampoco pena ni frustración. Tal vez porque estas emociones y sentimientos ya habían habitado mucho tiempo en mí, ya me habían enseñado lo que me tenían que enseñar y era hora de darles las gracias y dejarlas ir. En realidad, ya las había dejado partir. Por el contrario, saber que Santiago es hasta ahora el único caso con su condición fue mi motor para el cambio. Más que amargarme por continuar con la incertidumbre de no tener un diagnóstico claro —lo que puede ser una opción muy válida, por lo demás—, algo dentro de mí se emocionó mucho y me llevó a recibir esto como **el regalo más preciado que Dios pudo poner en mis manos**; un hijo literalmente único, que tiene una condición jamás antes vista ni explorada en el mundo, y que sé y tengo la certeza de que viene a **abrir grandes caminos**. Lo único que pude decir fue: "Dios, gracias por esto. Espero y haré todo de mí por estar a la altura de este maravilloso regalo".

Me preguntaba una y mil veces si era merecedora de esta bendición. **No caí en el "por qué a mí"**, sino en un "para qué": ¿para qué Santi me eligió a mí?

Desde entonces, el camino del crecimiento personal fue la elección que tomé para enfrentar con templanza la incertidumbre y todo lo que se me venía de la mejor manera, ya que hasta hoy no hay un pronóstico claro en su camino. **Santi fue el despertar hacia mi propia reconstrucción**. Su fortaleza, alegría de vivir y avances progresivos me dan esperanzas y mucha ilusión. Pero, sobre todo, me inunda **una gratitud inmensa su presencia** y que me haya escogido como su mamá. Desde ahí, mi fe es inquebrantable.

Ante este regalo y bendición de Dios y la vida, entendí que **tenía mucho que mejorar en mí**, así que me propuse trabajar constantemente en ser mi más alta versión en esta vida, a dedicar tiempo, trabajo y especial atención a mi desarrollo personal y espiritual. Esto me ha permitido transitar este camino desde el **gozo y el amor, y lidiar mejor con el miedo y la angustia**.

Algunas personas me dicen qué haría Santiago sin ti. Y yo respondo: "¿Qué haría yo sin él?". **Mi hijo; mi gran maestro**.

El desierto es el lugar que nos permite morir para renacer. Ante situaciones complejas a las que la vida nos enfrenta, la pregunta que debiéramos evitar es "¿por qué me pasó esto a mí?, sino, más bien, ¿qué es lo que esto me está enseñando o qué me viene a enseñar? Pues lo que se aprende en un desierto no se aprende en ningún otro sitio.

Este es el libro que me habría encantado leer hace algunos años atrás, en medio de noches oscuras, llenas de desesperanza, tristeza y angustia, cuando la pregunta **¿por qué a mí?** venía a mi mente incesantemente, sintiéndome poco afortunada. Ahora comprendo que la pregunta estaba errada. Desde ahí nada bueno podía surgir. Cuando te quedas en el por qué adoptas una posición de víctima y te sitúas en un lugar donde eres espectadora de las circunstancias, jamás la protagonista o creadora de tu vida, y desde ahí poco o nada puedes hacer.

"La manera como pensamos determina la manera como nos sentimos". ¡Uno siente como piensa! Si yo quiero cambiar mi forma de sentir, tengo que cambiar mi forma de pensar, mis creencias, mandatos, paradigmas, etcétera. Empecé paso a paso —y no poco a poco, que es diferente— a fortalecerme, a creer en mí, a verme como la directora de la orquesta, y no más la asistente. Dejé atrás esa mentalidad de víctima de las circunstancias o de culpar a otros, de creer que la felicidad depende de otros o de causas externas, y decidí ser la creadora de mi vida y brindarme todo aquello que por tanto tiempo de manera equivocada busqué afuera.

Aprendí a mirar más profundo dentro de mí, a escuchar aquello que sentía como mi certeza, a escoger mejor mis creencias. Adopté conceptos que transformé en hábitos y luego en rutinas que seguí con disciplina, que hasta hoy definen mi forma de vivir. **Elegí el camino del crecimiento personal como una constante**, una práctica cotidiana y no algo de una vez.

"Eres el promedio de las cinco personas que te rodean".
Jim Rohn

Aquí les comparto una recopilación de todo aquello que he estudiado, aprendido y practicado durante estos últimos años de profundo e intenso trabajo personal, con el objetivo de transitar por la vida con propósito, conexión, sentido y alegría. Asimismo, aquí reúno los más de nueve años de trabajo como coach, en los que he aprendido muchísimo gracias a mis maravillosas clientas.

Lo escribo con mucha humildad y sin ninguna intención de ser autorreferente. Por el contrario, espero que mi historia y experiencias personales te sirvan de inspiración y te permitan entender de dónde viene, en mi caso, la motivación hacia el cambio, **a quererme incondicionalmente**.

Nos enseñaron a protegernos desde afuera, que otras personas nos tienen que cuidar. Hoy te digo que **nadie te va a cuidar mejor** que tú. Que nadie va a darte eso que necesitas mejor que tú. Creciste pensando que el amor de la vida era externo, que hay que salir a buscarlo, que habita en algún lugar por ahí y que va a hacer tu vida completa y más feliz. **Hoy te digo que el amor de tu vida eres tú y que tu felicidad no depende de nadie más que de ti misma.**

Mi recomendación al leer este libro y es hacerlo sin apuro, disfrutando el proceso. Algunos capítulos serán más fáciles de leer y asimilar, y quizás en otros tengas más resistencia. Es fundamental que tomes acción en él, haciendo los ejercicios y tareas que presento. Te pido que no los subestimes: lo simple no necesariamente es fácil. Es fundamental que tomes **acción** si quieres abrirte a los cambios y a la transformación.

Exitoso no es el más inteligente, sino el que tiene más voluntad.

♥

Finalmente, algo importante: **"Donde más resistencia encuentres, es donde hay más espacio para trabajar".** Me refiero a que aquellos temas que quieras pasar por alto porque crees que "no son para ti" o que tal vez pienses "ya tengo suficiente información", te muestran que hay oportunidades para volver a mirarte y profundizar. No subestimes aquellos conceptos que no te gustan, te están indicando dónde poner atención para "sanar".

De hecho, ahí reside el coraje y el compromiso con tu proceso. Aquel que es valiente de verdad es aquel que puede permitirse que el miedo y la incertidumbre le acompañen, y que puede entrar en contacto con su vulnerabilidad. Fuerte no es quien esconde sus sentimientos y emociones, fuerte es quien conecta con su vulnerabilidad, abraza su pena y es capaz de aprender de ella.

"El malestar, la ansiedad, la tensión, el estrés, la preocupación y todas las formas del miedo son causadas por mucho enfoque en el futuro, y poca presencia. La culpa, el remordimiento, el resentimiento, la tristeza, la amargura y todas las formas de la falta de perdón son causados por mucho enfoque en el pasado y poca presencia".

Eckhart Tolle

Gracias por acompañarme en mi camino y por permitirme transitar junto al tuyo. Espero que estas páginas sean una gran inspiración para que cada día logres amarte, elegirte y priorizarte. Sí, porque **EL PODER DE QUERERTE** lo es todo y llegó el minuto en que tú misma lo vivas y compruebes.

PARTE I

El despertar

La gratitud fue mi antídoto para dejar atrás la infelicidad y me permitió conectarme con el presente, cuando podemos hacer cambios. La emoción del pasado es la culpa o la melancolía de lo que tuvimos, lo que podría haber sido o lo que fue. La del futuro es la angustia o incertidumbre por lo que vendrá. Por eso el presente recibe el nombre de regalo: amar aunque no haya garantías; entregar sin esperar recibir; sembrar sin saber si recogeremos la cosecha; practicar la gratitud y disfrutar la dicha. Sabernos merecedoras y suficientes.

★

Siempre me ha interesado la corriente de la psicología positiva y es en la que he enfocado mi trabajo durante estos últimos ocho años. Me encanta la manera que propone de abordar al ser humano y sus procesos: desde una arista más **constructiva y potenciadora de las fortalezas**, y no desde un foco en la debilidad o con énfasis en los traumas o lo "patológico". Esto no se trata de "falsa positividad", o de no querer enfrentar las emociones negativas, por el contrario, se trata de adoptar una actitud de vida más constructiva, reconociendo el fracaso, el miedo o la debilidad, pero buscando la forma de salir de ellas. Definitivamente vivimos mejor cuando adoptamos una actitud más positiva y cuando entendemos que las emociones negativas no nos definen.

Por lo mismo, es desde esa perspectiva que he trabajado mi propio proceso de crecimiento personal y cómo he desarrollado mi línea de trabajo a través de la psicología, el Life Coaching y la imagen personal con mis clientas. Todo este libro lo escribo bajo sus conceptos y principios, porque **ser feliz, finalmente, es una decisión personal.**

Algunas reflexiones sobre la felicidad

★

La felicidad no se alcanza. No existen los cinco pasos para ser más feliz, una fórmula secreta ni tampoco lo serás cuando obtengas o consigas algo. La felicidad no es algo que se persiga, o que tengas que lograr, simplemente es una actitud de vida.

♥

Aquí quiero detenerme brevemente, ya que la felicidad es un concepto que a veces siento que está mal entendido o que creemos que es sinónimo de alegría extrema.

También me llama mucho la atención que tendemos a creer que es algo que debemos alcanzar, algo que está afuera y que por lo tanto, hay que salir a encontrar. Están tan de moda titulares como "10 pasos para lograr la felicidad" o "La receta definitiva para ser feliz", por mencionar algunos ejemplos, pero me parece que es desde una visión sesgada de la felicidad; un atajo erróneo. A veces la asociamos al logro de objetivos o a la consecución de un hito o hecho externo, "Voy a ser feliz cuando consiga cierto trabajo", "Voy a ser feliz cuando tenga pareja o tenga un hijo", "Cuando baje de peso seré feliz". **Llegar, lograr o conseguir una meta o un punto determinado solo nos llevará a un bienestar temporal, pero no a un permanente estado de felicidad.** Esto, porque la felicidad no es eso, no se asocia a obtener algo —por más anhelado que sea—, sino que nace del ser y del sentido que cada una de nosotras le da a su vida.

Hace un tiempo, en una sesión de *life coaching*, una clienta que estaba muy afectada por un cáncer al páncreas de su marido, me decía: "María Paz, ante esta catástrofe yo no puedo ser feliz. No puedo permitírmelo. Los gastos económicos han sido infinitos y él está muy deprimido. Yo no elegí esta situación, por el contrario, esto me eligió a mí y es la cruz con la que debo cargar".

Y, efectivamente, ante estas adversidades de la vida, muchas veces es poca la incidencia que podemos tener. Tampoco podemos pretender que todo está bajo nuestro control, ya que no lo está; como siempre digo: "¡Es muy soberbio creer que lo controlamos todo!". Pero sí hay una sola cosa que puedes controlar, una que depende absolutamente de ti: **siempre podrás elegir cómo afrontar lo que ocurra, la actitud que decides tomar y en qué te quieres enfocar.**

Hay que eliminar la idealización que se ha construido en torno a la felicidad, como si fuera un estado de elixir supremo, donde no hay dolor, problemas o contratiempos. La felicidad no es eso, sino que es cómo yo, con mi realidad, mis penas, aprendizajes, dolores y lecciones elijo vivir. Como dije antes, **no es la ausencia de dolor, sino que es el sentido que le doy a ese dolor; no es la ausencia de problemas, sino cómo decido vivir con esos problemas.** Para ello, la pregunta "¿para qué?" te invitará a comprender y a descubrir el regalo que se esconde detrás de esa situación difícil. Porque siempre, absolutamente siempre, hay un aprendizaje. Todo dependerá de qué lado de la moneda elijas mirar. Las dos caras siempre están.

Dicho de otra manera, sí se puede ser feliz con problemas, también con penas o tristezas, porque no depende de las circunstancias —por más brutales que estas sean—, sino de cómo interpretamos aquello que nos pasa.

Cada una de nosotras, a su manera, lidia con sus problemas, se enfrenta con sus sombras y atraviesa sus procesos, con más o menos conciencia, pero transita por ellos. Si la felicidad fuera no tener problemas, entonces ¡ninguna podría ser feliz!

La felicidad consiste en conectar con lo bueno que te pasa cada día y que das por sentado, y en saber enfrentar tus propias luchas. No es ignorar los problemas, tampoco escapar de ellos. Al contrario, implica una profunda conexión con el momento presente, ya que solo desde ahí puedes apreciar, conectar con tu luz y sombra, y actuar. La felicidad es maravillosa, ya que de manera implícita te invita a transitar hacia un estado de mayor conciencia.

Estudios indican que más del 91% de las cosas que nos preocupan nunca suceden y que estas preocupaciones se dan porque estamos impregnados de un exceso de pensamientos futuros que nos generan ansiedad, estrés y nos desconectan del aquí y ahora, creando problemas que aún no ocurren o anticipando posibles catástrofes. ¿Cómo conectar con el presente? ¿Cómo bajarle la intensidad a ese exceso de futuro? Uno de los caminos es la **gratitud, ya que es una maravillosa puerta de entrada a hacer del presente un estilo de vida.**

Martin Seligman, uno de los padres de la psicología positiva, ha llevado a cabo numerosos estudios que avalan **el poder que tienen las emociones positivas en la realización personal**. A la vez, otros autores en la misma línea afirman que incrementan nuestro bienestar, salud física, potencian el crecimiento y la satisfacción personal e incluso nos permiten recuperarnos mejor[1].

Es así como la psicología positiva ha demostrado y aportado desde la ciencia al entendido de que las emociones positivas incrementan el bienestar de los seres humanos en su totalidad, y hoy se sabe que enfatizar virtudes, fortalezas y experiencias positivas ayuda a mejorar nuestra calidad de vida.

En este contexto, el concepto de **gratitud** es de los que se ha asociado más robustamente al bienestar, considerándose una "fortaleza psicológica"; desde la ciencia e investigación empírica hay respaldo y estudios suficientes acerca del impacto que la gratitud genera en el bienestar de las personas. Quienes practican la gratitud se ven y están más felices, es más grato compartir con ellos y, en general, se les considera más optimistas, confiables y dispuestos a ayudar, tienen mejor autoestima y hacen frente a las adversidades con mayor resiliencia[2].

1. Danner, D. D., Snowdon, D. A., & Friesen, W. V. (2001). *Positive emotions in early life and longevity: Findings from the nun study.* Journal of Personality and Social Psychology, 80(5).
2. Emmons, Robert A.; McCullough, Michael E. (Eds) (2004). *The Psychology of Gratitude.* Oxford University Press, Inc.

Pero ¿qué entendemos por gratitud?

Simplemente consiste en la capacidad de ser agradecidas, de detenernos a apreciar todo lo bueno que tenemos en la vida. No es necesario tener grandes cosas para sentirse agradecido, te aseguro que, **si no eres feliz con todo lo que tienes ahora, con todo lo que te falta tampoco lo serás.** La gratitud apunta **a no dar por sentado aquello que tenemos** y a abrirnos a apreciar regalos de la vida que asumimos como una obligación por el solo hecho de existir.

¿Te has detenido, por un instante, a agradecer que tienes la oportunidad de vivir un nuevo día, que tienes unas piernas que te permiten caminar, o pulmones que te permiten vivir y respirar? ¿Agradeces que tienes comida, una cama, o una casa donde vivir?
¿Te permites apreciar todas las bendiciones que tienes a tu alrededor?

♥

De eso se trata la gratitud, de invitarnos a abrir los ojos para **ver** todo lo hermoso que nos rodea y no tener que dejar de tener o perder estas cosas para empezar recién a apreciarlas.

El problema radica en que **tendemos a enfocarnos en lo que nos falta,** nos vemos más **afectadas por una crítica que por un halago** y cualquier suceso negativo siempre queda más registrado en nuestra memoria que uno positivo. Es así como muchas cosas buenas que pasan en nuestra vida resultan totalmente desapercibidas, porque tendemos a darle más peso e importancia a lo negativo. ¡Y para qué hablar de la motivación! Muchas veces hacemos las cosas para evitar las malas consecuencias o experiencias negativas, más que por sus potenciales beneficios o el incentivo positivo que conllevan.

Si te sientes identificada, esto no es algo personal tuyo, ni tampoco quiere decir que seas una persona negativa, es algo transversal a nuestra especie y se da porque **nuestra biología y nuestro cerebro están programados para prestar más atención a los sucesos negativos y detectar amenazas, para así asegurar nuestra supervivencia.** Esto recibe el nombre de "sesgo de negatividad": un mecanismo de adaptación que nos sirvió hace millones de años atrás, ya que, si no vivíamos hiperalertas a lo que ocurría en nuestro medio, moríamos.

Por esto, **la gratitud hay que entrenarla** y es una tarea que cada una de nosotras debe realizar por su cuenta, para hacerla un hábito. Solo así podrás sentir sus maravillosos efectos.

La gratitud no se limita
a dar las gracias, sino que es vivir
conscientemente; dejar atrás el modo
automático con el que andamos la mayor
parte del día y empezar a apreciar y
elevar nuestra conciencia para ver,
reconocer y valorar todo lo bello que
tenemos aquí y ahora, dejando de centrar
nuestra atención en lo que nos falta,
falla o quisiéramos tener. Es dejar atrás
la mentalidad de carencia y cambiar la
mirada hacia la lógica de la abundancia.
Cuando te enfocas en lo que tienes, lo
aprecias y agradeces de corazón,
elevas tu vibración y de manera mágica
recibirás más de ello.
No es mística, es una ley universal:
donde enfocas tu atención
es lo que atraes.

Lamentablemente, debido a nuestra educación tradicional **no nos enseñaron a estar bien,** no nos hablaron de autocuidado ni tampoco de cómo cultivar nuestro bienestar. No nos dijeron cómo querernos más, cómo llevar una vida extraordinaria o la importancia de seguir tu pasión y hacer en esta vida aquello que realmente amas. Por el contrario, nos enseñaron a "ser fuertes" para enfrentar problemas, muchas veces a ocultar las emociones —ya que mostrarlas era una señal de poca fortaleza— y a cómo "seguir al ganado", ya que ser diferente era visto como "ser raro" o era la antesala al inminente fracaso. No nos enseñaron cómo enfrentar mejor las cosas en caso de dificultades, a cómo sentirnos en paz, a valorar la calma, a vivir bajo tus estándares o a perseguir tu propia grandeza. Desde ahí nuestro cerebro pareciera ser un imán que busca y atrae los problemas, ya que para él son lo familiar, lo seguro y lo estable; paradójicamente, **cuando estás en calma y en paz** —algo que de seguro anhelas y persigues con todo tu corazón— **te cuesta mucho disfrutar y sentirte plena.**

De una u otra forma, nos cuesta estar en calma. La ansiamos, pero cuando la tenemos nos sentimos raras, incluso tristes y esto se da porque tendemos a asociar de manera errónea la **calma con la tristeza.**

Nos acostumbramos a la adrenalina del **hacer,** a tener que estar constantemente en algo, ya sea haciendo o resolviendo, y de manera errada, asociamos el estar "ocupadas" con sentirnos útiles y la actividad con la alegría. Por el contrario, asociamos la calma o paz a la pena o tristeza, cuando la verdad es que **para SER hay que dejar de hacer.**

> *"Mientras más agradezcas y celebres tu vida,*
> *más motivos habrá para celebrar".*
> OPRAH WINFREY

El cuarteto de la felicidad
★

¿Sabías que la gratitud es capaz de transformar tu cerebro? Según el Centro de Investigación de Conciencia de la Atención Integral de la Universidad de California, en Los Ángeles, expresar gratitud **cambia la estructura molecular del cerebro,** generando hormonas que nos hacen más saludables y felices.

Cuando sentimos, generamos y expresamos gratitud, nuestro cerebro activa los llamados **"químicos de la felicidad"**. Al identificar que algo bueno sucede o que existen cosas en nuestra vida que merecen reconocimiento, el cerebro comienza a liberar **dopamina**, un importante neurotrasmisor que aumenta la sensación de **placer e inspiración**, e incluso se dice que tiene un efecto analgésico, ayudando al procesamiento del dolor físico y emocional. Por eso, las personas que manifiestan gratitud tienen niveles más elevados de emociones positivas, satisfacción con la vida, vitalidad y optimismo. A la vez, la gratitud estimula la liberación de otra hormona mágica: la **oxitocina**, responsable de estimular el afecto y la **tranquilidad**, y reducir la ansiedad, el miedo y la fobia. También liberamos **serotonina** —conocida como el **neurotrasmisor de la felicidad**—, que en nuestro cuerpo genera automáticamente sensaciones de bienestar, relajación y alegría, lo que nos hace menos propensas a la tristeza o la depresión.

Todas estas hormonas empiezan a **reprogramar nuestro cerebro**, a crear nuevas conexiones y redes neuronales que nos harán sentir mejor día tras día si adoptamos la gratitud como un hábito, lo que, por supuesto, impactará positivamente en todas las áreas de tu vida. Y lo mejor de todo: ¡son **gratis**!

"Si la gratitud fuera una droga, sería el producto más vendido del mundo con indicación para el mantenimiento de la salud para cada sistema de órgano principal".
DR. MURALI DORAISWAMY

Dos psicólogos expertos en investigación sobre la gratitud, el Dr. Robert Emmons de la Universidad de California y el Dr. Michael McCullough, de la UC Davis, realizaron un estudio donde se pidió a los participantes que escribieran un diario semanal: un grupo describía las cosas por las que sentían agradecimiento, otro escribía sobre todo aquello que les había disgustado o causado rabia y malestar, y un último hacía un seguimiento de los eventos neutrales, es decir, aquellos sin énfasis en lo positivo o negativo. Después de diez semanas, **los participantes en el grupo de gratitud se sentían un 25% mejor** que los otros grupos, **eran más optimistas, más felices y se sentían mejor acerca de sus vidas.** Sorprendentemente, también tenían más ánimo, hacían más ejercicio y se preocuparon más de ellos e incluso del bienestar emocional de otras personas. Increíble, ¿no te parece?

La gratitud te recarga de energía, aumenta tu autoestima y está directamente relacionada con el bienestar físico y mental. Te lleva directamente a la felicidad y es el mejor antídoto contra la ira, envidia y resentimiento[3].

Por lo mismo, me es imposible no comenzar este libro hablando de la **gratitud**, ya que transformó mi vida en un 100%, especialmente en los momentos de mayor angustia y dolor. Le debo mucho, tal vez demasiado. Quizás podrás pensar que es imposible sentir gratitud cuando solo ves desesperanza o te inunda la angustia, ya que es mucho más fácil estar agradecida cuando sientes que las cosas van bien o estás en tu mejor momento. No obstante, aquí no se trata de no tener problemas ni tampoco de minimizarlos, sino de **darles un sentido** a los momentos tristes, que son los que te invitan a la pausa, a la reflexión y al cambio —son puntos de inflexión necesarios en nuestra vida, para encontrarle un sentido o retomar el camino—, pero sobre todo la gratitud apunta a abrirte a apreciar todo lo hermoso e inmenso que te rodea. Eso que está ahí frente a ti y que tu drama o tu ocupada vida no te deja apreciar. Fue en los momentos tristes cuando descubrí que la gratitud se convertiría en mi nueva mejor amiga y fue la que en definitiva me ayudó a transitar con mayor alegría y recursos una de las etapas más difíciles de mi vida. **Porque cuando se trata de un hijo, sea lo que sea, te toca el alma.**

Recuerdo un día haber llevado a Santi a la plaza cerca de mi casa, la inolvidable plaza de Almirante Acevedo. En ese entonces él tenía diez meses. Quería que estuviera en contacto con la naturaleza, que jugara en el pasto y ver si interactuaba con otros niños, tal como lo hacen todas las mamás con sus bebés en el parque. Esto, que parece ser de lo más cotidiano y normal, para mí fue el comienzo de dejarme permitir la llegada del dolor, de acogerlo y reconocerlo, pero también del inicio de mi transformación.

Cuando llegaba a la placita y me sentaba en el pasto junto a él, al comienzo me era inevitable no compararlo con los otros niños que estaban ahí. Tenía claro que eso no me llevaba a nada; tenía clara la teoría, no así su aplicación.

Ver a esos bebés más pequeños que él, que se sentaban por sí solos, jugaban, reían con su mamá, expresaban emociones y buscaban estímulos me generaba una profunda tristeza porque mi hijo no hacía lo mismo y no sabía si alguna vez lo iba a hacer. Por favor, no lo malentiendas, no era envidia, tampoco rabia, jamás

3. Reklau, M., 2019. *Como ser un imán para las personas*. Primera edición. Independiente.

fueron esas mis emociones, sino simplemente un sentimiento de intensa pena de no saber cómo mi hijo iba a evolucionar y si estos hitos los iba a poder lograr.

Mi pequeño Santi no era capaz de sostener su cuerpo por sí solo, menos de sentarse, tampoco girar, estaba simplemente acostado boca arriba en una mantita aparentemente mirando el movimiento de las hojas de los árboles... Las mamás me decían "qué tranquilito", "qué suerte la tuya, el mío es un terremoto" o "qué grande es, cuántos meses tiene" —pensando que era un bebé muy pequeño por su conducta— y mi alma se partía en mil pedazos... Llegaba a la casa destrozada, sin ganas de nada. Fueron tiempos muy difíciles.

Se dieron varios episodios como estos, en contextos similares; en el supermercado, en la sala de espera del pediatra, en la fila de la farmacia... Hasta que un día algo en mí, de manera misteriosa e inesperada, me impulsó a decir **no más. Esto se acabó.**

Necesitaba dejar de sentirme así. Y mi cuerpo me hablaba. Se empezó a caer mi pelo a mechones y descubrí que sufría de alopecia areata. Además, no me identificaba con la mujer en la que me estaba convirtiendo y tampoco me gustaba ser esa mujer. No quería eso para mí ni para mi entorno, y sabía que desde esa vereda no iba a dar lo mejor de mí para Santi. Él necesitaba, más que nadie, a una mamá que no se dejara llevar por el miedo, sino por la esperanza, una mamá que fuera capaz de brindarle soporte y energía en el incierto camino que estábamos empezando a recorrer, **una mamá que supiera lo que es vivir el dolor, para así valorar aún más las bendiciones de la vida.** Sabía que necesitaba volver a conectarme con la fe, la espiritualidad, pero sobre todo **conmigo misma.**

Así, el año 2017 comenzó mi proceso de transformación, que hoy podría llamar "retornando a mí". Necesitaba volver a reencontrarme conmigo y entender que dedicarme tiempo y respetar mis procesos también era necesario. Que no era egoísmo hacer una pausa y darme espacio para estar bien, sino que era una muestra de que me quería y de que, definitivamente, cuando tú estás bien, das lo mejor de ti a los demás, y el Universo y la vida siempre confluyen a tu favor.

Me permití vivir el dolor, porque sabía que era algo temporal, y me atreví a reconocer que también **está bien no estar siempre bien,** sobre todo ante mis pequeños hijos, Mateo y Dominga, que en ese entonces tenían dos y cuatro años respectivamente. Más que intentar ocultarles mi tristeza, les decía: "Hoy la mamá tiene un poquito de pena, ¿por qué mejor no vamos a jugar? Así me sentiré mejor", sabía que al hacer esto también validaba esta emoción en ellos. Así crecían con el sano ejemplo de que todas las emociones hay que acogerlas y que no está mal sentirse triste, reconocerlo y expresarlo. Nunca hay que resistirse a las emociones, si lo hacemos, estas quedan guardadas y siempre se expresarán y manifestarán de una u otra forma.

Acogí mis emociones, sabía que el reconocerlas era el camino más indicado para liberarlas y que era necesario para encontrarle un significado a todo lo que me estaba pasando. **Sí, porque casi nunca se trata del problema, sino de cómo lo afrontamos.**

"Las 'personas positivas' también tenemos pensamientos negativos, días negros y noches oscuras. La única diferencia es que no dejamos que ellos nos controlen y se apoderen de nuestra vida".
Víctor Küpper

Empecé a entender que veía las cosas, por más duras e inciertas que fueran, desde una perspectiva que no generaba nada bueno en mí, ni tampoco me brindaba los recursos necesarios para abordarlas.

Te pregunto a ti: Ante una dificultad, ¿de qué te sirve la queja o la amargura? Definitivamente de nada, al contrario, mientras más te quejas, más motivos te dará la vida para quejarte, porque en eso está enfocada tu mente y ella siempre te dará más de aquello en lo que pones tu atención. Y desde tu vibración, las emociones negativas bajan tu nivel vibracional y atraen emociones de baja frecuencia también.

Por lo tanto, no te olvides: ante cualquier situación dolorosa **siempre hay dos maneras de enfrentarlas**; aquí o me hundía y quedaba estancada, o salía adelante fortalecida o, al menos, con una buena lección. Todo depende de tu enfoque, siempre. Yo no lo dudé por un segundo y **decidí ir por la segunda opción**.

Gracias a estos paseos a la plaza, sentí esa necesidad inherente de cambiar de perspectiva y fue ahí cuando por primera vez **me empecé a conectar con la gratitud y la comencé a adoptar como un estilo de vida**. La plaza que antes maldecía se convertía en mi propio espejo de aquello que debía enfrentar, dejar de resistir, trabajar y superar.

Todos, de una forma u otra, hemos experimentado dolor o hemos atravesado por situaciones de mucha pena, angustia y desolación. No creo que nadie pueda decir "yo nunca he sentido pena o tristeza", son emociones propias de la existencia humana. Por lo demás, estamos en una sociedad donde "estar mal" es mal visto, tiene mala prensa y, por lo tanto, reprimimos estas emociones, es "mejor no contarlas". Si le preguntamos a alguien ¿cómo estás? y nos responde "mal", esta expresión de sinceridad a veces es vista como un desatino o algo propio de una persona desubicada. Ir al psicólogo o al psiquiatra también está mal considerado; significa que somos débiles o "estamos locas" y, si alguien nos pregunta en qué andabamos, mejor decimos que estábamos en la peluquería, supermercado o en una reunión, cuando en realidad **deberíamos sentirnos orgullosas de demostrar que nos estamos haciendo cargo de nosotras mismas, de nuestro desarrollo personal**, de nuestros procesos y que no les hacemos el quite. Eso, para mí, es coraje, es valentía, porque es harto más fácil no hacerse cargo y dejar que todo siga igual o esperar a que los otros hagan algo por uno, lo que es aún peor.

Entonces, muchas veces nos preguntamos ¿por qué no somos felices?, ¿por qué no encontramos sentido a lo que hacemos?, ¿por qué no vivimos la vida que queremos vivir? Con todas estas emociones guardadas por dentro por supuesto que es imposible sentirse bien, y manifestarlas es necesario. Pero si quieres avanzar en ese camino con mayor fortaleza y también conciencia, te aseguro que **la gratitud es la llave que te abrirá todas las puertas para comenzar a transformar tu vida.**

Cuando te conectas con la gratitud ocurre algo mágico; no te puedes conectar al mismo tiempo con la carencia o la negatividad. ¿Acaso puedes estar parada y sentada al mismo tiempo? No. Precisamente eso hace la gratitud, **te ayuda a centrarte en lo que tienes en lugar de en lo que te falta.**

Desde ese entonces empecé a enfocarme en lo que sí hacía mi hijo, a apreciar todos sus avances, por más pequeñitos que fueran, y a dejar de prestar tanta atención a lo que no hacía o lo que yo esperaba que hiciera (expectativas). Me enfoqué en disfrutar el presente como el regalo que es y en apreciar cada uno de sus logros como la bendición más grande que pudiera recibir.

──────────────── ★ ────────────────

Ahora, para que la gratitud realmente transforme tu vida, tienes que hacerla un hábito. No basta con sentirnos agradecidas algunas veces a la semana, por el contrario, hay que instaurarla en la cotidaneidad. Fue así como empecé todos los días, sin descanso, a escribir en mi **Diario de Gratitud,** una antigua libreta de papel que estructuré para hacer de la gratitud un ritual diario. Me inspiré mucho en Louise Hay, una de las maestras en desarrollo espiritual y autora de libros *bestseller,* quien en sus meditaciones para arrancar y terminar el día afirmaba que era necesario **considerar unos minutos en la mañana y otros en la noche para escribir tus reflexiones** y así impregnarte del poder maravilloso de la gratitud durante todo tu día, las 24 horas.

> *"No son las circunstancias externas las que cambian una vida, sino los cambios internos que se manifiestan a través de la vida".*
> WILMA THOMALLA

Lo maravilloso es que todas, sin excepción, podemos practicar la gratitud. No cuesta dinero ni necesita mucho tiempo, tampoco requiere que tengas genes extraordinarios, supertalentos o una personalidad fuera de serie. **La gratitud está al alcance de todas.** Lo único que sí se necesita **es constancia y dedicación,** lo que por supuesto implica disciplina, pero los beneficios de practicarla valen el esfuerzo. Como ya hemos visto, la ciencia también lo avala, así que ¡no subestimes el poder de la gratitud! y anímate a hacerla parte de tu vida.

Dicho esto, para mí fue un ¡a escribir se ha dicho! ¡Quería empezar a sentirme mejor, a vivir mejor, a estar mejor! No obstante, como cualquier práctica nueva, el comienzo siempre es lo más complejo. Me costó crear el hábito: algunas veces caía dormida por la noche y lo olvidaba por completo, y algunas mañanas me metía de fondo en la rutina y no dejaba tiempo para ello, pero tengo que reconocer que fueron tantas mis ganas de querer vivir en ese estado de dicha que busqué la fórmula para no fallarme.

Si pudiera darte **un buen consejo** —ya que quiero que tú también empieces a hacer de la gratitud una forma de vida y escribas tus pensamientos y reflexiones—, es que **la clave es anexar este momento a algún ritual o hábito que ya tengamos instaurado** para que así se haga parte de tu rutina. Por ejemplo, en las mañanas decidí poner el despertador diez minutos más temprano para darme el tiempo de escribir antes de salir de la cama, y no podía levantarme ni menos empezar mi día si no había escrito. En la noche, en tanto, escribía justo antes de cepillarme los dientes. De esta forma se hizo mucho más fácil "ritualizarlo" e incorporar la práctica en mi día a día. Además, algo que me sirvió mucho fue que hice un **compromiso honesto conmigo** de que escribiría todo aquello por lo cual me sentía agradecida, día y noche, y como no me gusta fallarme, lo logré. Estuve más de un año escribiendo a diario y hoy lo hago al menos tres veces a la semana. Sin darme cuenta, se convirtió en algo automático y, de cierta forma, en una actitud de vida.

¿Por qué escribir a mano?

★

Quizás algunas de ustedes podrán estar pensando, "Ok, entiendo lo de la gratitud, tiene sentido, pero ¿por qué escribir en un diario?, ¿no basta tal vez con pensar estas cosas o quizás escribirlas en el celular?". Hay evidencia científica contundente que avala que **escribir** —y en papel, no en el computador— **tiene un impacto más directo y es más efectivo para permitir que las cosas realmente sucedan** a que queden solo en el pensamiento. Procesamos, entendemos las cosas mejor, nos permite reflexionar y las retenemos más tiempo si las escribimos a mano.

Un reconocido estudio de los psicólogos Mueller y Oppenheimer, "El bolígrafo es más poderoso que el teclado: ventajas a largo plazo de escribir a mano frente al teclado[4]", comparó el grado de comprensión de varios grupos de estudiantes sobre el contenido de distintas conferencias a las cuales debían asistir. Miren lo que demostró:

Los del grupo que tomaron apuntes con el teclado obtuvieron peores resultados en las preguntas sobre conceptos versus aquellos que escribieron sus notas a mano.

Aquí hay algunas conclusiones importantes que quiero compartir con ustedes para que se animen a escribir en papel —y aquí en el libro les voy a dar ese espacio—:

» Escribir a mano nos permite ser **más reflexivas:** la lentitud que implica la escritura manual facilita que nuestros pensamientos sean más claros, más elaborados y por tanto más profundos y nuestros —son palabras que nosotras elegimos y no las que nos propone el corrector ortográfico del computador—. A la vez, borrar implica tachar o utilizar un corrector líquido, por lo tanto, para evitar hacerlo eres más reflexiva en la escritura, ya que aquí

4. Mueller, P. A., & Oppenheimer, D. M. (2014). *The pen is mightier than the keyboard: Advantages of longhand over laptop note taking.* Psychological Science, 25(6).

no puedes presionar la tecla "borrar" y deshacer lo escrito. En psicología utilizamos mucho el concepto de "escritura expresiva", que permite revisar nuestros pensamientos y emociones a través de la escritura y, de esta forma, ser más conscientes de cómo abordamos las situaciones y las "sacamos" de nuestro interior, lo cual es muy sano.

» Nos ayuda a estar **más concentradas**: el computador o celular son una fuente de estímulos que nos puede llevar fácilmente a la distracción: notificaciones, entrada de correos, chat de WhatsApp, mensajes, por mencionar solo algunos ejemplos. Sin embargo, cuando escribimos a mano, si queremos hacerlo a conciencia, lo anterior no pasa, ya que el acto de escribir en papel implica tener activas muchas funciones que requieren de nuestra atención: sujetar el lápiz, mover la mano, pensar, visualizar, releer lo que hemos escrito, etcétera.

» **Facilita la comprensión lectora**: al escribir a mano creamos nosotras las letras que después leeremos, algo que no ocurre en un teclado. Está comprobado que los niños que más escriben a mano tienen una mejor comprensión lectora y este es uno de los motivos por los que hoy, a pesar de que escribir a mano se ha convertido en algo casi del pasado con la llegada de los tablets al mundo escolar, todavía en los colegios se sigue poniendo tanto empeño en que los niños escriban a mano.

Escribir con intención
★

Aquí hay un punto clave: no se trata de escribir por escribir, llenar los espacios porque deben ser completados o hacer "check" a la tarea. Tomarse estos pequeños minutos de reflexión debe ser siempre **tocando la emoción** y no solo el pensamiento, ya que solo de esta forma contribuye a generar un sentimiento de bienestar y felicidad. Como bien dice Wayne Dyer, **"El universo oye lo que sientes, no lo que piensas"**, o, mejor dicho, va a oír lo que escribes, pero siempre y cuando haya una **intención** real en lo que expresas. No sacas nada con escribir "doy gracias porque tengo un trabajo", cuando en realidad no te gusta el que actualmente tienes y te quejas constatemente de él. Quiero que te **conectes con la emoción real de aquello que estás agradeciendo**. Si tu trabajo no te genera gratitud y la emoción inicial es de disconformidad o rabia, tienes dos opciones: puedes decidir no incluirlo en tu lista de agradecimiento, o, mejor aún, darte el espacio de encontrar todo lo positivo que tu trabajo te entrega hoy, aunque no sea de tu total agrado.

Dicho todo esto y dado el maravilloso impacto que la gratitud tuvo en mí, decidí establecer una rutina diaria de gratitud que **quiero compartir**, porque quiero que empieces HOY a hacerlo:

*"Cuando cambias la manera de ver las cosas,
cambian las cosas que miras".*
WAYNE DYER

RUTINA DIARIA DE GRATITUD

Mañana

Al escribir en tu diario todas las mañanas vencerás la resistencia, ¡te sentirás muy poderosa cuando ya lleves unas semanas haciéndolo! Y sé que te dirás a ti misma ¡wow, lo estoy logrando!

Además, lo mejor es que comenzarás tus días con intención y no en piloto automático, enfocándote en aquello que quieres sentir y lograr, apreciando lo maravilloso que te rodea —y no centrándote en lo que no tienes o te falta— y, por si fuera poco, activarás las maravillosas hormonas de la felicidad. Sentirás que cada mañana vas creando tu vida, vas tomando las riendas de ella y estarás dando los pasos necesarios para hacer que las cosas sucedan.

1.

Cada mañana, al despertar, **menciona tres cosas por las que estás agradecida**. Algunos autores la llaman la "lista de bendiciones". Para mí, es poner énfasis en aquello que muchas veces doy por sentado y es importante en mi vida. No es tan simple como parece, ya que, tal como te decía, debes realmente sentir con tu alma y corazón lo que escribes. Lo maravilloso de este ejercicio es que cuando llevas meses y cientos de días agradeciendo, empiezas a agradecer cosas cotidianas y hermosas que jamás antes te habías detenido a apreciar.

En un comienzo agradecía mi salud, tener un trabajo, poder llevar comida a la casa, tener un techo bajo el cual vivir o una cama calentita para domir, pero luego, tras tanto agradecer, comenzaba agradeciendo un lindo amanecer, la buena actitud de la cajera del supermercado, el beso cariñoso de uno de mis hijos, la salud de las personas que trabajan conmigo, el pajarito que se asomó por mi balcón y me alegró la mañana, las flores de mi jardín y así, muchas bendiciones que pasamos por alto.

♥

Aquí hay un interesante concepto: la **adaptación hedónica**, que se refiere a cómo los efectos positivos de una acción se ven desvanecidos con el tiempo, ya que empezamos a darlos por sentado. Por ejemplo, nos compramos un nuevo auto y las primeras semanas lo disfrutamos, sentimos el olor, lo cuidamos como si fuera un bebé recién nacido, apreciamos cada detalle, hasta que en un momento deja de ser novedad. Esto ocurre en todos los planos: objetos materiales, situaciones y relaciones. Nos acostumbramos con bastante rapidez al placer y, por lo tanto, dejamos de apreciar las cosas a medida que pasa el tiempo.

De hecho, estudios académicos han demostrado que las personas que ganan la lotería vuelven a sus niveles originales de felicidad menos de un año después de haber recibido el premio.

Cuando te conectas con la gratitud, **vuelves a apreciar lo cotidiano** o lo que damos por sentado y comenzamos a verlo como el regalo que es. De esta forma, estamos venciendo de manera deliberada la adaptación hedónica. Pensar tres cosas por las que estás agradecida no solo te ayuda a sentirte más feliz en el momento, sino también en el día a día. Así podemos ser más felices y enamorarnos nuevamente de la vida, ya que **creamos el hábito de ver aquello que nos brinda dicha y felicidad, nos enfocamos en todo lo maravilloso que nos rodea y no en lo que no tenemos.**

Aquí no hay respuestas buenas ni malas. Simplemente agradece tres cosas de corazón.

2.

Enumerar **tres acciones que llevarás a cabo para hacer que este día sea un "gran día"**. Déjame decirte que esta acción es clave para empezar a vivir una vida con mayor propósito. Sí, porque a pesar de las circunstancias, está en nosotras que nuestro día tenga un sabor dulce o amargo. Este acto es muy potente, ya que le da intención a tu día y de esta forma no dejas que las circunstancias sean las que gobiernen tu vida, te posiciona de una manera práctica, activa tu poder personal como creadora de tu realidad y te conecta desde la gratitud con tus sueños o proyectos.

Hay muchas formas en las que puedes hacer que tus días sean mejores para ti, solo está en que te enfoques en ello y que quieras llevarlo a cabo. Aquí doy algunos ejemplos de acciones que de manera constante intenciono en mis mañanas, para que te inspires con algunas ideas:

» Hoy evitaré andar corriendo y decidiré andar un poco más lento.

» Hoy daré lo mejor de mí.

» Pase lo que pase, me sentiré en paz sabiendo que puedo entregar al resto mi mejor yo.

» Hoy leeré diez páginas de ese libro que me encanta.

» Hoy evitaré la crítica y no hablaré mal de otros.

» Hoy terminaré ese trabajo pendiente.

En fin, puedes elegir lo que tú quieras, desde tareas a las que quieres darles continuidad o compromisos contigo misma para elevar tu bienestar. Como puedes ver, es un amplio espectro de acciones y posibilidades que puedes decidir. Esta acción de **darle intención a tu día** te acercará cada vez más a tus sueños para que se conviertan en metas y objetivos.

3.

Enunciar **una afirmación positiva que te acompañe durante el día** desde la consigna "Yo soy", para así decretarla.

Es una especie de mantra que "setea" tu día. Recuerda siempre que para que las afirmaciones positivas sean poderosas debes expresarlas en positivo, en primera persona y con palabras que resuenen en ti. Luego profundizaremos en ellas, ya que tienen un gran poder para llevar nuestra vida hacia la dirección que queremos avanzar y estar, pero recuerda que, al igual que los ejercicios anteriores, **la clave no es solo decirlo, sino también sentirlo, es decir, sentirnos y sabernos merecedoras de ello.** Algunos ejemplos:

» Yo soy abundancia.

» Yo soy mi propia sanación.

» Yo soy una mujer fuerte y poderosa.

» Yo soy un imán de cosas positivas.

También podemos comenzar distintas frases solo con el **"yo"**, por ejemplo:

» Yo me abro a recibir la abundancia del universo.

» Yo tengo un trabajo que disfruto y me encanta.

No es necesario que seas tan creativa, sino que lo más importante es que lo que escribas **te haga sentido a ti o sientas que lo mereces.** No sacas nada con afirmar "Yo soy abundante", cuando dentro de ti sientes que no te mereces la abundancia, o bien, tienes prejuicios sobre ella y consideras que es mala. Asimismo, no es necesario que seas abundante para afirmar "yo soy abundante", sino que simplemente debes sentirte merecedora de ello y comenzar desde hoy a decretar y sembrar los cimientos de tu abundancia.

La afirmación **"Yo soy"** es una de las más poderosas que pueden existir. Si quieres saber más de ello, hay varios autores que hablan sobre el tema; te recomiendo leer o ver las enseñanazs del Maestro Saint Germain o la Colección Metafísica de Conny Méndez, que describen con mucha precisión la importancia de la afirmación "Yo soy".

Noche

¿Qué haces en la noche antes de dormir? Seguro que ves televisión, quizás las noticias, revisas el feed de Instagram en tu celular o ves alguna serie en Netflix. ¿Qué tal si te dedicaras algunos minutos a ti y a tu bienestar antes de terminar el día? Suena bien, ¿no? Cómo terminamos nuestro día es tan importante que cómo lo empezamos, ya que nuestra mente subconsciente trabaja en función de los últimos pensamientos y reflexiones que tuvimos antes de dormir.

Si quieres empezar a conciliar mejor el sueño, disminuir la ansiedad y acercarte más a tus metas y proyectos, te recomiendo ciento por ciento hacer estos pequeños ejercicios en la noche. Te tomarán solo algunos minutos y complementan de maravilla tu rutina de gratitud de la mañana. Así estarás en "modo gratitud" 24/7.

Y, por favor, recuerda: evita al máximo acostarte con pensamientos desagradables. Aquí te daré el siguiente consejo: no veas noticias negativas antes de dormir. Esta información eleva tu cortisol, activa el estado de alerta de tu cuerpo y, como consecuencia, surgen la angustia y el miedo.

Quiero que termines tu día con la misma mentalidad con la que lo empezaste. Por las noches, antes de dormir, reflexiona acerca de aquellas cosas que hiciste bien y celebra tus pequeños logros y también sobre lo que podrías haber hecho aún mejor, porque siempre podemos mejorar y crecer.

♥

1.
¿Qué hice bien hoy?

Menciona una cosa que hiciste bien durante el día o algo que te haya hecho sentir orgullosa o feliz. Es algo así como **la buena acción del día**, lo que te conecta con el maravilloso acto de "dar y darse a los demás", **reconocer y celebrar tus pequeños grandes logros** y empezar a experimentar todos los días pequeños actos de amabilidad hacia ti o a los demás que transformarán tu vida.

Creo que por lo general no se nos da fácil reconocer las cosas que hemos hecho bien o tendemos a enfocarnos más en el resultado final de un proyecto o la consecución de una meta, pero no vemos y reconocemos los pequeños grandes pasos que nos llevaron a ella y que son los que damos día a día. Esta instancia te permitirá romper esa inercia y empezar a ver la grandeza que hay en ti. Aquí van algunos ejemplos:

» Hoy logré avanzar cinco páginas de mi proyecto.

» Firmé ese contrato que tanto anhelaba.

» Llamé a esa amiga que tanto quiero y con la que hace tiempo no hablaba.

» Ayudé a alguien que necesitaba una mano en el supermercado.

» Le compré una bebida al señor que pide dinero en el semáforo de la esquina.

» En la reunión de trabajo pude expresar muy bien mis ideas con mis compañeros.

» A pesar de que no quería, salí a trotar en la mañana.

» Elegí la opción saludable del menú.

En fin, podría ser una larga lista con ideas, aquí no hay reglas, lo importante es que te des ese espacio de reflexión y logres encontrar esa buena acción que TÚ realizaste para ti o para otros.

2.
¿Hoy qué podría haber hecho mejor?

La finalidad de esta pregunta es buscar oportunidades para mejorar, porque sí, siempre podemos mejorar algo que hicimos. No se trata de "machacarnos" o sentirnos culpables, sino más bien de detenernos a reflexionar ¿en qué podría haber actuado de mejor manera?

Quizás con el paso de los días te das cuenta de que siempre escribes sobre temas relacionados, por ejemplo: "Hoy podría haber dedicado más tiempo a mis hijos" o "Podría haber subido las escaleras en vez de usar el ascensor", y de esta forma se te revelarán como por acto de magia conductas que, si persisten, seguro son importantes para ti y áreas en las que podrías tomar acción. Tomar conciencia es el primer gran paso.

Imagínate que tienes la posibilidad de regresar el tiempo atrás y cambiar algo que hiciste durante el día. ¿Qué cambiarías?

♥

Hay que poner **atención a la palabra "debería"**, ya que cada vez que la utilizamos estamos dando por hecho que hicimos algo mal. El enfoque de esta pregunta es reflexionar para que descubras **distintas posibilidades de actuar**, por lo tanto, reemplázala por "podría", que, a diferencia de "debería", es una palabra que nos abre a posibilidades, no a errores.

"Creo que debería es una de las palabras más nocivas de nuestro lenguaje. Cada vez que la usamos decimos que estamos equivocados. Que lo estamos, que lo estuvimos o que lo estaremos".
Louise Hay

Es una linda instancia que te invita a la mentalidad de **mejora continua**, a no quedarse "pegada" en aquello que no funcionó, sino a buscar una solución o la manera en que hubiera sido mejor actuar o reaccionar. En este punto, es fundamental empezar a **resignificar los errores**, es decir, darles un sentido diferente al cual estabas acostumbrada y de acuerdo con tu actual sistema de creencias, para mirarlos desde una **perspectiva de crecimiento y aprendizaje**, ya que seguro, al igual que yo, creciste pensando que son malos, cuando la verdad es que el único error es no reconocer cuando estamos equivocados. Los errores nos enseñan a crecer y a hacer las cosas de la manera en que las queremos hacer. Aprendemos a través de ellos —no es la única forma, pero sí una muy enriquecedora—, así que no subestimes esta pregunta acerca de qué podrías haber hecho mejor, ya que "muchas veces los regalos no vienen envueltos con papel".

El reflexionar cómo puedes haber hecho algo mejor te regala una gran oportunidad de aprendizaje y a la larga te ayudará a **fortalecer la confianza en ti misma y mejorará tu satisfacción personal y autoestima**.

3.

Hoy doy las gracias por

Termina tu día dando las gracias con la misma gratitud con la que empezaste. Ya conoces el poder de la gratitud. No la subestimes. Puedes agradecer lo que sea, cualquier cosa, no hay respuestas buenas ni malas, solo deben ser honestas y nacer desde tu corazón. Completa todas las noches la frase: **"Hoy doy las gracias por..."** y conéctate con este regalo maravilloso que es la vida día tras día.

MANOS A LA OBRA

¿Qué tal si comienzas ahora? Sí, **ahora mismo**. Te animo a que hagas la prueba de escribir en un diario y transformarlo en un hábito. Puede ser un cuaderno, libreta o bloc de notas. Como ya te comenté, sabes que es importante escribirlo a mano, así que anda a buscar un lápiz que aquí mismo en este libro vas a comenzar a utilizar.

Como decía Jack London, reconocido autor estadounidense, **"las marcas de lápiz duran más que la memoria"**.

La diferencia entre las personas que alcanzan sus objetivos y las personas que se quedan estacandas o no avanzan es una sola gran cosa: tomar ACCIÓN. Sí, tomar acción es aquello que permite que un sueño se convierta en una realidad, que una idea sea un plan y que puedas hacer que las cosas sucedan. Puedes leer este libro y encontrar ideas que te hagan sentido, pero si no lo llevas a la práctica, te quedarás exactamente en el mismo lugar donde comenzaste.

♥

Mi propio diario de gratitud

POR LA MAÑANA ☼

Menciona tres cosas por las que estás agradecida:

1. ....
2. ....
3. ....

Menciona tres acciones que harás para que hoy sea un "gran día":

1. ....
2. ....
3. ....

Afirmación del día:
....

POR LA NOCHE ☾

¿Qué hice bien hoy?
....
....
....

¿Qué podría haber hecho mejor?
....
....
....

"Hoy doy las gracias por":
....

"La clave del crecimiento es aprender a hacer promesas y a mantenerlas".
STEPHEN R. COVEY

No olvides que, mientras más agradecida estés, mejor será tu vida. Date el tiempo y empieza a adoptar la gratitud como parte de tu rutina y sorpréndete de cómo va a cambiar cada uno de tus días. Te aseguro que así es y así será. Hecho está.

Al decir que quiero algo, la propia petición es una afirmación de carencia, por tanto, no es pedir, suplicar o decir "quiero" esto o aquello. Es afirmarlo desde la gratitud, dar las gracias por adelantado por aquello que quieres experimentar aquí y ahora, y que te sientes digna y de recibir.

De esta forma, reconocemos al Universo que eso "que nos falta" ya está ahí, ya que este nos brindará solo aquello que ya tengamos. Si no está o no lo tienes, ¿por qué entonces lo vas a tener? La frase "Pide y se te dará" cobra sentido cuando estás en la misma vibración de eso que anhelas. Si quieres amor, vive, experimenta el amor que quieres recibir, y da por hecho que ya lo tienes. Seguro te estarás preguntando, ¿cómo puedo estar agradecida de algo que sucede? La respuesta es simple: FE.

PARTE II

Detenernos para mirar adentro

En esta parte del libro no solo vas a conocer nuevos temas y conceptos básicos a la hora de trabajar en ti misma, en tu autodescubrimiento y en el proceso de amarte incondicionalmente, sino que también **vas a ir un paso más allá de la lectura** para que a través de **la práctica y el ejercicio personal** te des el espacio necesario para internalizar lo aprendido, poniendo la mirada dentro de ti, para que así puedas conectar con tus propias vivencias y emociones. **Si no lo vinculas a la emoción, no hay aprendizaje**, y esto no lo digo yo, lo dice la neurociencia, así que aquí el trabajo personal interior es fundamental para sacarle el mayor provecho posible a este capítulo. Finalmente, es trabajo tuyo y de nadie más aprender a sacar tus propias lecciones y hacer de cada una de ellas **tu verdad personal**.

Será un recorrido cargado de mucha emocionalidad y que me es imposible desvincular de mis procesos personales, ya que fue el camino que elegí para amarme realmente a mí misma, para reconstruirme, fortalecerme y transformarme como mujer. Como ya sabes, esto no surgió de la nada, fue mágicamente gatillado cuando tuve que aceptar tener que vivir bajo la incertidumbre de la ausencia de un diagnóstico y pronóstico sobre la condición de mi hijo Santi. De un día a otro, la falta de certeza tuvo que convertirse en mi mejor compañera y sabía que desde un lugar de amor incondicional a mí misma y con todos los recursos que ese amor te entrega, podría enfrentar la vida y los obstáculos con mayor fortaleza, propósito y sentido. Hoy quiero que tú también recorras este camino conmigo para que puedas abrirte a experimentar tu proceso de transformación personal.

No tengo duda alguna de que cada uno de los temas que aquí voy a presentar te serán muy útiles, ya que son "pilares básicos" para cultivar una relación honesta contigo misma, para abrirte al merecimiento, a la abundancia, a la conexión y al bienestar. Para que empieces por disfrutar de tu propia compañía, te reencuentres con tu soledad, recuperes tu poder personal y te abras a todo lo maravilloso que esta vida tiene para entregarte.

Te sugiero que seas amable contigo y que leas con mucha paciencia, y **amor**. Esto generará un gran cambio en la manera de abordar los conceptos, trabajar en los ejercicios e internalizar temas que quizás te causan rechazo o resistencia. Esto, ya que comprenderás que acercarse a ellos **es parte importante del proceso de crecer y también de sanar**.

"Lo que resiste, persiste" y hoy tienes la posibilidad de hacerte cargo desde un lugar seguro, de mayor conciencia y de amor. Paso a paso te irás acostumbrando a "hablarte lindo", a "tratarte bien", solo sé paciente y date un poco tiempo. Todo lo nuevo al comienzo se siente incómodo porque no estamos acostumbradas. ¿No te pasó que sentiste raro cuando probaste el sushi por primera vez, te subiste a una bicicleta cuando niña o te animaste a viajar sola? La resistencia o incomodidad inicial es parte del proceso de aprendizaje, nunca es fácil comenzar algo desconocido y salir de tu zona de confort —ya que a tu cerebro le encanta mantenerte en el espacio seguro de lo habitual—, y necesitarás no solo apertura, sino también voluntad para vencer esa resistencia inicial. Pero ¡por favor, no te asustes! Sé que **tu motivación de transformarte** y de acercarte a vivir la vida que quieres es más fuerte que tus aprensiones de trabajar en ti o de quedarte estancada en el mismo lugar. Y ¿cómo lo sé? **Porque no tengo dudas de que tus ganas de crecer son mayores que tus miedos, por eso este libro está en tus manos.**

Comprenderemos la importancia de diferenciar el amor propio, el autocuidado y la autoestima, entendiendo a su vez que **el amor propio siempre nace de ti** y que tener un diálogo interno positivo y potenciador es crucial en el proceso de avanzar. Sellaremos esto a través de un compromiso y luego recorreremos **un apasionante camino de diez pasos** que te harán trabajar en ti como **"tu mejor proyecto"**, porque conocerte, amarte y fortalecerte es la base para crecer.

No estás sola, yo estoy contigo siempre. ¡Vamos por más!

Autoestima y amor propio
★

Si hay tres conceptos que me apasionan, por el impacto que tienen a la hora de cambiar nuestra vida por completo, son: **el amor propio, el autocuidado y la autoestima.** Para mí son como los cimientos de una casa, es decir, son la base sobre la que construimos las distintas áreas de nuestra vida y que, por lo tanto, tienen directa influencia sobre nuestro autoconcepto, autoeficacia —confianza en la propia capacidad de lograr lo que nos proponemos—, nuestra felicidad, nuestro éxito laboral, nuestras relaciones interpersonales, nuestro nivel de autoconfianza, nuestra prosperidad y nuestra capacidad de sentirnos merecedoras, por mencionar solo algunas cosas.

"El amor propio es la base de tu vida. Es el que te permite lograr, ser y alcanzar tu mejor versión, convertirte en la persona que siempre quisiste. Te abre las puertas de una vida con intención y propósito".

ANÓNIMO

En lo que respecta al amor propio y la autoestima, muchas veces son usados como sinónimos, pero son distintos, aunque estén estrechamente relacionados. **Es imposible tener una buena autoestima sin tener amor propio** y, a su vez, **el amor propio implica tener una autoestima sólida.** La **autoestima** apunta a aquello que pensamos, sentimos y creemos sobre nosotras mismas, es decir, **es lo que piensas acerca de ti.** En cambio, cuando hablamos del **amor propio** estamos reconociéndonos como seres humanos dignos y valiosos de merecer y recibir amor.

Cuando tu amor propio crece, tu autoestima también lo hace. Cuando tu autoestima es sólida no solo te sientes más feliz contigo misma, sino que además sabes que eres merecedora de todo lo lindo que la vida tiene para ofrecerte por el solo hecho de existir.

♥

Desde la psicología, la **autoestima** es el aprecio o consideración que cada individuo hace sobre su propia persona. **Es la autovaloración, percepción o juicio** (positivo y/o negativo) **que una persona hace de sí misma** en función de la evaluación de sus emociones, pensamientos, sentimientos, sistema de creencias y experiencias. La palabra "auto" viene del griego (por sí mismo) y del latín estima (evaluar), que refiere a la **propia valía que hacemos de nosotros mismos,** es decir, **cómo yo me evalúo.** O, como dice el conocido psicólogo y escritor Walter Riso, a quien admiro mucho: "Es la capacidad de juzgarte de una manera racional y razonada. Ser capaz de evaluarte de una manera inteligente y objetiva".

La autoestima comprende otros conceptos importantes. Riso también se refiere a estos: "El 'autoconcepto', o qué piensas de ti mismo; la 'autoimagen' o cómo te percibes y cuánto te agradas; el 'autorreforzamiento' o cuánto te premias y te das gustos, y finalmente, la 'autoeficacia' o cuánta confianza tienes en ti mismo".

Como puedes ver, es un concepto amplio que se puede desmenuzar en varias partes y todas están estrechamente ligadas entre sí. Implica una serie de cosas: **si te sientes orgullosa** de lo que haces, qué tanta **confianza** tienes en ti misma; si eres capaz de **expresar lo que sientes** con efectividad y asertividad, qué tanto te respetas y, por supuesto, **cuánto te quieres** (amor propio).

Tu relación contigo establece la base para cualquier otra relación que tengas. Es el comienzo de todo. El amor propio es un regalo que das no solo a ti misma, sino también a las personas y al mundo que te rodea. Cuando te amas, puedes amar mejor a los demás, dar lo mejor de ti y recibir su amor a cambio. Si tú no te amas, ¿cómo puedes amar a los demás? Siempre tu capacidad de amor estará relacionada con la capacidad de recibirlo, y la primera en la lista siempre tienes que ser tú. Nadie podrá ofrecerte lo que tú no te hayas dado previamente. Y tú tampoco podrás dar aquello que no tienes. Recuerda que abundancia es vivir siendo la fuente, no la que está buscando llenar un espacio o vacío. Si sientes que algo te falta, primero llénate de ti.

¿NACEMOS CON AUTOESTIMA?

Me gusta pensar que cada una de nosotras nació como un lienzo en blanco: fresco, limpio y listo para ser pintado. Cerca de los cuatro años hacemos las primeras apreciaciones y tomamos conciencia sobre nuestro cuerpo o habilidades físicas (pensamiento concreto), y así vamos trazando las primeras pinceladas acerca de quienes somos. Estas se traducen en, por ejemplo: "Yo soy buena en los deportes", "Me encanta cocinar", "Mi pelo es crespo", "Me gusta como bailo", etcétera. A medida que vamos creciendo y adquirimos más conciencia sobre nuestras capacidades psicológicas de reflexión y nuestras habilidades producto del desarrollo del pensamiento abstracto, vamos sumando nuevas pinceladas, esta vez con nuevos colores: "Yo soy muy tímida", "No valgo lo suficiente", "Soy inteligente y capaz", "No soy buena en ciencia". Así, poco a poco se empieza a pintar este cuadro de la persona que somos, a través de distintas fuentes: nuestras creencias y pensamientos producto de la interacción con otros; el estilo de crianza de nuestros padres, tutores o personas significativas —que tienen sus propias creencias y tú puedes llegar a asumir como si fueran verdades absolutas—, y el ambiente o contexto en el cual nos desarrollamos, que nos aportan mandatos culturales.

En definitiva, **tu autoestima es el fruto de las experiencias que vas acumulando desde que naciste**. No naces con alta autoestima y luego la vas perdiendo, o viceversa, sino que se construye durante el transcurso de la vida y se alimenta por siempre. Si bien tus interacciones de la primera infancia y adolescencia son cruciales, tu autoestima también se modifica en la edad adulta a raíz de tus vivencias, y es así como crecemos y evolucionamos.

Un conocido estudio de la Universidad de Berna, en Alemania, que tiene como foco de investigación determinar **la edad en la que una persona vive su punto más alto de autoestima**, arrojó importantes resultados. Los académicos establecieron que es entre los 4 y 11 años de edad cuando un ser humano comienza a vivir un crecimiento de la autoestima. Al contrario de lo que se piensa, este nivel se mantiene alto hasta los 15 años, en promedio. Luego, continúa creciendo hasta los 30 años, manteniéndose hasta los 60, cuando tiene un último crecimiento y alcanza su punto más alto. Esta percepción se mantiene durante toda esa década, hasta que comienza a descender llegados los 70 años. Entonces, señalan los expertos, entre los 70 y 94 años de vida, la autoestima desciende notablemente como consecuencia de la vejez, la jubilación, y las enfermedades físicas y psicológicas que suelen afectar a las personas mayores de la población.

Por lo tanto, concluyen los investigadores, uno de los hallazgos más importantes es que **la autoestima no disminuye en ningún punto de la vida anterior a los 70, solo se mantiene en ciertos periodos, como en la preadolescencia.** De ahí que las interacciones tempranas son cruciales, ya que "son las semillas del jardín" que queremos hacer florecer. No obstante, algo muy importante:

Tu biografía no te determina

No es momento acá de culpar a tus padres, familia o a aquellas personas cercanas con quienes creciste y hacerlos responsables de tu actual autoestima, de tu rencor o de tus fracasos. Tal como dice Louis Hay en su libro *Usted puede sanar su vida*: "Ellos hicieron lo mejor que podían dado el entendimiento, la conciencia y los conocimientos que tenían en ese momento". Por lo tanto, si esto te genera algún tipo de resentimiento o rabia, quiero invitarte a que te abras a sentir compasión por ellos, no rencor. Son seres humanos igual que tú y fueron criados por otros seres humanos que también intentaron hacer lo mejor posible. Ninguno de nosotros vino a esta vida con un manual de instrucciones de cómo ser "buenos padres" y cada uno hace lo correcto de acuerdo con sus experiencias y nivel de conciencia. Más adelante, cuando veamos el tema de **"asumir responsabilidad y el perdón"**, seguro podrás abrirte a sanar estos aspectos que requieren de tu atención, lo que te permitirá avanzar con total responsabilidad de tu vida y reencontrarte con tu **poder personal.**

"No soy lo que me ha pasado, soy lo que elijo ser".
CARL JUNG

Lo maravilloso es que **tanto la autoestima como el amor propio pueden construirse a través del tiempo.** No estamos condenadas a tener una baja autoestima producto de nuestro pasado y, si ya sentimos que tenemos una autoestima lo suficientemente sólida, siempre podemos alimentarla aún más, para robustecerla. La autoestima es como una plantita que necesitará siempre de tus cuidados y atención; necesita oxígeno constante, riego permanente y luz solar. No la puedes descuidar, por más grande y fuerte que parezca, menos si quieres verla florecer.

Lo mismo ocurre con el **amor propio**, depende de ti y solo de ti que empieces a quererte más, a tratarte mejor, a sentirte merecedora y suficiente. Sí, porque quiero que sepas que **eres merecedora de todo lo lindo que tiene la vida para ofrecerte por el solo hecho de existir.** No permitas que el amor de otros sea tu principal fuente de seguridad y felicidad, por el contrario, entrégate todo eso a ti. Ahora, repite conmigo: **¡Me merezco lo mejor! ¡Gracias! ¡Gracias! ¡Gracias!** Y ¿por qué dar las gracias tres veces seguidas? Porque simbólicamente con el tres hablamos de totalidad: alma, cuerpo, mente —un concepto crucial en este libro—, y cada vez que decimos "gracias" tiene un significado distinto; gracias por todo lo que soy, gracias por todo lo que se me da y gracias por todo lo bueno que ahora fluye hacia mí.

Si algo he aprendido con los años es que está en mí y solo en mí quererme profundamente y llegar a ser esa mujer que realmente quiero ser, porque no son las condiciones, tampoco tu infancia o tu pasado, ni tus desaciertos los que determinan tu vida; efectivamente, pueden afectarte, pueden hacer que el camino sea menos fluido, sobre todo si estás o creciste en un entorno disfuncional, pero también pueden ser una gran fuerza motivadora para cambiar.
Nunca subestimes el gran poder que tienes de decidir y elegir quién quieres ser HOY

♥

En este capítulo te muestro mi camino personal, imperfecto pero honesto, que comparto contigo con la más absoluta humildad. Espero que esto te sirva como motivación para comenzar tu propio proceso. Aquí no existen atajos, a veces hay que elegir la ruta más difícil para llegar más lejos. No es necesario que me creas lo que te digo, si practicas verás como también se transforma en tu verdad.

Uno no puede amar aquello que no conoce y que no acepta. Ábrete hoy al hermoso camino de detenerte para mirar dentro de ti, conocerte más y convertirte en tu prioridad hoy, mañana y siempre. Finalmente, la persona con quien pasarás más tiempo en tu vida es contigo misma

Si realmente te comprometes con esta tarea —que podría ser uno de los proyectos más emocionantes de tu vida— las recompensas serán maravillosas: tendrás más confianza en ti misma, por lo que te sentirás más segura y capaz, disfrutarás cuidar más de ti y también lo proyectarás al resto. También mejorarán tus relaciones interpersonales, ya que no serán desde el apego, sino desde la libertad; podrás poner límites sin sentirte culpable —porque entiendes que es sano, es parte del autocuidado y estás tú primero—; enfrentarás mejor la crítica, y ya no dependerás de la opinión ajena porque tu autoestima no se validará con la opinión de los demás. Al mismo tiempo, te sentirás más capaz de enfrentar los problemas, te castigarás menos, dejarás de lado la culpa y la crítica, y, lo mejor de todo, aumentará tu bienestar y te sentirás más feliz.

¿Cómo ante estas recompensas tan maravillosas no vas a comprometerte a trabajar en ti?
¿Acaso no suena bien empezar a sentirte y a vivir así?

♥

No es algo lejano ni imposible de lograr o un privilegio que solo algunas pueden darse. Todas podemos vivir y disfrutar de una vida más auténtica, donde el estar bien sea la "norma" y no la "excepción". No es una tarea fácil, pero sí es posible.

¿Sabías que sobre mi argolla de matrimonio uso un anillo que no es el de compromiso que te regalan cuando estás de novia? El que yo llevo es uno que me regalé yo misma, que me gusta mucho y que es la expresión de que el compromiso más grande que tengo en mi vida es el que tengo conmigo. Cada vez que lo veo, me lo recuerda. Porque definitivamente no tienes que esperar a que alguien venga a regalarte el "bendito anillo", regálatelo tú en señal de tu propio amor.

Haz hoy el compromiso contigo misma de **convertirte en tu mejor proyecto y de quererte cada día más y más.** Será una de las mejores decisiones de tu vida.

COMPROMISO

Desde hoy me comprometo a trabajar en mi crecimiento
y transformación personal, en priorizarme,
elegirme y no olvidarme más de mí.
Desde hoy me comprometo a cuidar mis pensamientos. A ser más
amable y selectiva con ellos. A elegir pensamientos que me apoyen y
eleven, porque eso son, son solo pensamientos, y yo siempre tengo el
poder de dirigirlos y hacerlos cambiar.
Desde hoy me comprometo a saber que depende de mí y solo de mí
el querer llevar mi vida al nivel de bienestar que tanto anhelo. Soy
responsable y creadora de mi felicidad.
Desde hoy me hablo con más amor. Atrás quedó la mujer que se culpaba
y criticaba constantemente. También dejo atrás la queja. Elijo mis
palabras cuidadosamente, porque comprendo que mi lenguaje crea mi
realidad; sé que me convierto en aquello que digo, creo y pienso acerca
de mí. Comienzo a hablarme más bonito y lo hago una constante.
Desde hoy seré más selectiva con mis amistades y las personas que me
rodean. Me rodeo de personas que me acompañan a crecer y a transitar
por la vida desde un lugar de más conciencia y amor
Hoy me abro a recibir todas las bendiciones de la vida, a vibrar en alta
sintonía, a trabajar en mí como mi mejor proyecto porque me amo y
quiero dar lo mejor de mí al resto.
Desde hoy cuido mi actuar. Sé que lo que entrego es lo que recibo.
Trato a los demás, sin excepción, como a mí me
gustaría ser tratada, siempre.
Hoy me doy las gracias a mí por estar aquí, trabajando en mí, por mi
fuerza de voluntad, coraje y ganas. Por priorizarme. No voy a fallarme,
nunca más lo haré. Y si lo llego a hacer,
estoy adquiriendo la conciencia y el aprendizaje
para no volver a hacerlo.
Sé que soy maravillosa y digna de recibir amor
por el solo hecho de existir.

Quererme es mi superpoder.
Gracias, gracias, gracias.
Así es, así será, hecho está.

....

Fecha   Tu nombre y firma

AMOR PROPIO Y EGOÍSMO

Como está tan de moda el amor propio —de hecho, arroja más de 280 millones de resultados en Google—, es importante que estemos en la misma sintonía respecto a qué significa. Aún hay muchas personas que piensan que va inclinado hacia el egocentrismo, egoísmo o que es algo característico de las personas con personalidad limítrofe o narcisista. Desde mi perspectiva, son conceptos que aparentemente podrían llegar a confundirse, ya que ambos buscan la validación del ser, no obstante, **la motivación de cada uno es radicalmente opuesta.**

Déjame explicarte algunas diferencias entre ambos conceptos: una persona egoísta es aquella que piensa que tiene más derecho que los demás. Por su parte, alguien que es egocéntrico cree que todo gira a su alrededor y, finalmente, un ególatra se siente por encima de los demás. Todos ellos, sin excepción, poseen una "pseudoautoestima", es decir, no es una autoestima real, sino una ficticia donde disfrazan la inseguridad y el vacío a través de estas figuras "grandiosas" como mecanismo de defensa. De hecho, es una autoestima tan frágil, que su valía depende de los demás, de ahí que estas personas están constantemente buscando a otras "más débiles" para poder reafirmar su ser.

Por el contrario, una persona que se ama a sí misma comprende que nadie es menos ni más que ella, pero tampoco igual, porque **todos somos únicos.** No se trata de ser superiores, sino simplemente distintos y, lo que es clave: **una persona con una sana autoestima y amor propio es capaz de sentir empatía por los demás,** en cambio, una persona narcisista no es capaz de conectar con el otro ya que solo puede pensar en satisfacer sus propias necesidades y el otro sirve en la medida en que alimenta su ego.

El amor propio se vive en abundancia; el egoísmo, en escasez.

♥

Me encanta la analogía de la taza de té. De hecho, Oprah Winfrey se refiere a esto en una de sus entrevistas como *"Fill your own cup first"* (Llena primero tu propio vaso). Veamos de qué se trata...

Imagínate una taza vacía a la que le viertes té con una tetera y se va llenando cada vez más hasta llegar al punto de que se rebalsa y moja todo a su alrededor, inundando el espacio, empapando todo. **Con el amor propio pasa exactamente lo mismo.** Una persona que se quiere, que se cuida y acepta a sí misma, contagiará lo mismo a su alrededor; vivirá su amor en abundancia y desde ahí se relacionará con los demás. Desde el amor, no desde la necesidad de atención, desde la aceptación y no desde la vanidad, desde la compasión y no desde la arrogancia.

El mensaje de esta analogía es simple y claro: **trabaja en ti misma, "llénate interiormente y mantén llena tu taza siempre"**. Porque cuando tu taza está llena, entonces tienes suficiente para dar y ofrecer a los demás, así que llénala hasta que se rebalse. De lo contrario, ¿qué vas a poder entregar si ni siquiera tienes suficiente para ti? Esto solo significará frustración y alimentará la sensación de no sentirte suficiente.

Quien se ama a sí misma es alguien que se entrega a los demás. Sabe e identifica que debe cubrir sus necesidades primero, para poder estar bien y de esta forma dar lo mejor de sí a otros. **Es una persona que está conectada con los demás** desde la empatía, el compañerismo, el altruismo o el servicio, jamás desde el individualismo.

Y aquí haré una distinción importante, ya que hay una tendencia a confundir o a utilizar el amor propio como la excusa perfecta de autosabotaje, complacencia o incluso como pretexto para seguir en la zona de confort. **Amor propio no es solo mimarte, darte un baño de tina y reservarte un espacio de ocio**, sino que también **implica entregar, contribuir y dar lo mejor de ti a los demás.** Conlleva mirar hacia adentro, crecer, desafiarte, cambiar, romper antiguas creencias e impulsarte a dejar atrás viejos hábitos.

Pocas veces el amor propio se da en plena comodidad. Por eso vemos que hay tanta necesidad y carencias de amor propio, porque trabajar en él, fortalecerlo y alimentarlo es un camino complejo, implica reconocer zonas oscuras, identificar miedos, "desnudar" la fragilidad, cuestionar valores y hay que tener coraje para elegir esa opción. Para muchos es más práctico y requiere menos esfuerzo vivir en el agrado aparente, en la zona segura, en la que se evita el dolor porque "está mal sentirlo" y donde se reprimen las emociones o se proyectan en otros y así se liberan de toda responsabilidad. Allí no hay crecimiento, sino estancamiento.

Tal como dice el psicólogo Abraham Maslow en su pirámide o jerarquía de las necesidades humanas, para que el resto nos acepte, primero debemos aceptarnos a nosotros mismos, pero no con la finalidad del "placer personal", sino con el fin de establecer mejores relaciones interpersonales, más sanas y constructivas, de querer dejar una huella o legado en este mundo o experimentar la autorrealización —una de las necesidades humanas más elevadas—, que nos vincula con la **autotrascendencia**, la que solo se da a través de la interacción con **los demás**. Cuando entendemos que somos solo una parte más de este enorme universo en el que estamos todos conectados, empieza a cambiar tu manera de percibir y de relacionarte con el otro, porque comprendes que somos todos **uno** y que cuando le haces daño a alguien más, finalmente te estás haciendo daño a ti misma. **Todo lo que das en esta vida regresa a ti.** Por eso, la consigna **"trata al otro como te gustaría que traten a ti"** me parece una maravillosa máxima de vida.

Como puedes ver, son objetivos más elevados que el propio interés o el placer temporal. **Por lo tanto, atención con esas corrientes que hablan del amor propio desde una postura reduccionista basada solo en el individualismo y el placer personal.** Es importante reforzar que **nuestro amor propio y autoestima son la clave para establecer relaciones interpersonales sanas**, donde "el otro" no viene a llenar un espacio, carencia o a cubrir en mí una necesidad constante de aprobación o cariño, sino que viene a **acompañarme** desde mi totalidad y juntos, durante el tiempo que compartamos, hacer que este recorrido que es la vida sea más grato y mejor. Aquí no hay nada de "mi media mitad" —ni hablar del dicho de "la media naranja"—, ya que no te falta nada. **Estás completa así como estás y es minuto de que comiences a reconocerlo.**

En ti comienza todo. Solo cuando estás bien, puedes sentirte bien, cuidarte, poner límites, lograr tus objetivos y **crear vínculos sanos con los demás**, ya que el verdadero amor no genera apego, no genera expectativas ni miedo, no se basa en la dependencia de la otra persona. ¿Sabes por qué? **Porque el amor es tuyo. No del otro.** Por eso se llama **amor propio, porque proviene siempre de ti y se alimenta con aquello que nace de ti.**

Este concepto yo lo interioricé hace algunos años atrás. Sabía la importancia de darme mis espacios y tiempos personales, de ponerme como prioridad, pero muchas veces esto se quedaba más en el discurso que en la práctica.

A su vez, "darse a los demás" por mandatos culturales es un tema más frecuente en las mujeres que en los hombres; nos ocupamos de todo y solo si "queda algo de tiempo" nos preocupamos de nosotras. Entre el trabajo, los estudios, los niños, la casa y los múltiples roles que desempeñamos, es fácil caer en la dinámica de pensar en el resto primero y dejarnos para el final. Además, muchas veces la culpa tampoco nos juega a favor. Siempre el tiempo alcanza para otros, pero nunca para ti.

Con la llegada de Santi en 2017, recién logré entender bien de qué se trataba esto. Recién ahí hice el cambio de switch. Él requería atención constante y ¡estimulación constante! No era un bebé al que podía dejar tranquilo en su cuna jugando o sentado mirando los dibujos animados en el televisor, como a mis otros dos hijos, ya que toda interacción con él debía tener un fin terapéutico para estimularlo; el juego, el baño, la comida y llevarlo a sus más de ocho terapias por semana, desde kinesiología a terapia ocupacional y fonoaudiología. Era todo muy agotador, estaba exhausta, sin sumar que además mis otros dos hijos, aún pequeños —de dos y cuatro años—, también necesitaban a "su mamá". Me sentía como una batería que estaba a punto de agotarse y que necesitaba enchufar al cargador lo antes posible, si no se iba a apagar.

Yo también lloré, sin saber que la vida me estaba haciendo un favor.

♥

Esta etapa de mi vida, si bien fue muy difícil, ya que estaba recién procesando la incierta condición de Santi y aprendiendo a lidiar con esta nueva realidad —¡mi nueva realidad!— fue finalmente un regalo. No puedo verlo de otra manera, pero me llevó un tiempo y un enorme trabajo verlo así; trabajo personal que hoy queda plasmado en estas páginas.

Descubrí que esa batería debía enchufarse a la corriente del quererse, a la energía única e incondicional del amor propio, a fortalecer el estar en paz con mi propia compañía, y empecé a darle la importancia que merecía al estar bien yo primero. Esto iba más allá de una visita a un spa o de una cita a tomar té con las amigas; necesitaba ponerme como prioridad —ya no era una opción, sino que era el único camino—, trabajar en mí, crecer como mujer y cultivar mi espiritualidad. Si quería sacar a mi hijo adelante sin descuidar a mi familia, mi trabajo y mi entorno, debía estar bien primero yo.

Esto te lo comparto porque si alguna vez te olvidaste de ti, ¡no te abandones más! Y si nunca lo has hecho, comprende también que **el amor propio se vive desde la entrega y el amor hacia los demás, pero poniendo tus necesidades en primer lugar.** He visto como muchas personas, en especial nosotras las mujeres, usamos la excusa de servir a los demás y estar pendientes del resto para evadir la responsabilidad de hacernos cargo de nuestra propia vida y bienestar. Muchas veces es inconsciente, nadie dice: "Como no tengo el coraje de encargarme de mí, mejor me ocupo de los otros", sino que este "autosacrificio" refleja la creencia de que el resto siempre está antes en la lista. **No olvides que la verdadera autoestima es aceptar la importancia del resto, pero satisfaciendo tus necesidades primero.**

La conocida metáfora del avión expresa esta idea muy bien:

En una situación crítica como es una despresurización al interior de un avión, cada minuto que pasa es clave. Si no nos aseguramos de estar bien nosotras primero, no podremos ayudar a los demás, así de simple. Imagina el caso en el que quieres ayudar a la persona que va sentada al lado tuyo, puede ser tu hijo, un adulto mayor o un simple desconocido. Debido a lo crítica de la situación, entre los nervios y ansiedad, el ponerle la mascarilla puede resultar complejo y esos segundos en que lo hacías podían ser suficientes para dejarte a ti sin oxígeno y de esta forma sin la posibilidad de ayudar a otros (y menos a ti).

Si, en cambio, cuando esto ocurre te aseguras primero de ponerte tu mascarilla y por lo tanto tu oxígeno, entonces podrás ayudar de una forma más eficaz a los que están alrededor.

Velar por una misma primero no quiere decir no hacerlo o perjudicar a los demás. Más bien es todo lo contrario. Estando bien una misma es cuando mejor podrás estar para los demás.

♥

EL AMOR PROPIO NACE DE TI

"Cuando estás trabajando en enamorarte de ti misma aprendes a independizarte emocionalmente y a hacerte cargo de ti".
WALTER RISO

El amor propio, tal como lo indica su nombre, es tuyo; de ahí que tenga el adjetivo calificativo de propio, ya que siempre nace de ti. Es sentirse digna de amor, y tú eres la fuente y origen de él.

Como ya vimos, puede ser grande, pequeño o ir variando, no viene determinado por nuestros genes o herencia, tampoco nacemos con algún nivel determinado de "amor propio" y es tu responsabilidad cultivarlo para que sea fuerte, sólido y te permita vivir en plenitud. Es el reflejo de cómo es la relación y los sentimientos que tienes hacia ti misma, tu manera de pensar y ver la vida, cómo te relacionas con tu cuerpo y cada parte de tu ser. Es quererse, valorarse y amarse, sin juicios ni condiciones, y nace de la manera en cómo te cuidas, hablas y relacionas contigo.

El gran problema surge cuando dejamos que nuestro amor propio se alimente del exterior: comparaciones, piropos, elogios, palabras bonitas de otras personas, objetos materiales, los famosos "me gusta" en las redes sociales, etcétera. Por lo tanto, ahí deja de ser tuyo, ya que se vuelve dependiente de otros. Y si estas opiniones dejan de estar o estos objetos o personas dejan de existir, nos sentimos vacías, no nos "sentimos suficientes", sentimos que algo nos "falta", que estamos incompletas. Y en el afán de llenar el vacío desde ese lugar de carencia e inconformidad intentamos cosas que sin darnos cuenta van mermando aún más nuestro amor propio; relaciones tóxicas, dependencia emocional, consumismo irracional, sensaciones momentáneas, alcohol, drogas, temores, malas decisiones, etcétera.

La clave: regresa a ti. Solo tú puedes cultivar tu amor y darte lo que tanto mereces. Si tu amor propio depende de los demás, deja de ser tuyo, ya no es "amor propio". Trabaja en conocerte y en aceptarte y, desde ahí, desde ese lugar de amor y aceptación incondicional, tomar acción y empezar a hacer los cambios.

♥

Muchas veces duele cortar relaciones, incorporar nuevos hábitos, romper antiguas creencias y sanar, pero es lo que en ese momento determinado necesitas. El crecimiento nunca, pero nunca se da desde la zona de confort y a veces el sufrimiento puede ser un gran motor para el cambio; no es la única forma, pero sí puede ser muy movilizador. No puedes esperar una buena cosecha si no has sembrado en una tierra fértil y libre de malezas. Empieza hoy a cortar con todo aquello que no te hace bien y de esta forma estarás haciendo el espacio para que lo nuevo y mejor llegue a tu vida.

Necesitamos dejar espacio en nuestra vida para que puedan entrar cosas nuevas. De esta forma les estás dando las señales a la vida y al Universo de que estás preparada para recibir aquello que tanto deseas. Piensa en el cajón de tu mesita de noche o velador, ¿cómo quieres que entren cosas nuevas en él si lo tienes repleto de cosas estancadas que no usas e incluso que no necesitas? Dejar ir y soltar para que lo nuevo pueda llegar.

Trabaja cada día más en ti. Conviértete en tu mejor amiga. No te tiene que gustar todo de ti para amarte, pero sí tienes que aprender a conocerte y aceptarte en tu totalidad, con tu luz y tu sombra. **Una vez que sabes cuidarte a ti misma y darte todo lo que mereces, la compañía se vuelve una opción, no una necesidad.**

Y no olvides, eres digna de amor por el solo hecho de existir. Ya estás en el camino del crecimiento y el cambio. **Te invito ahora a mirar en lo profundo de ti, a trabajar en tu interior y abrirte a la transformación.**

Autocrítica y diálogo interior

★

"Cuida tus pensamientos porque se volverán palabras. Cuida tus palabras porque se volverán actos. Cuida tus actos porque se volverán hábitos. Cuida tus hábitos porque forjarán tu carácter. Cuida tu carácter porque formará tu destino. Y tu destino será tu vida".
Mahatma Gandhi

¿Sabías que la persona con que más hablas y te comunicas en tu vida es contigo misma? ¿Te has detenido unos instantes a analizar cómo te hablas? ¿Esa voz interior que surge es un susurro que te apoya en tus objetivos o sueños, o te siembra la duda, el temor y el malestar? **El diálogo interno es la conversación que tienes contigo misma.**

Es imposible trabajar en quererte incondicionalmente sin detenerte a escuchar y analizar esta conversación, y en ser consciente de que debes cambiar el diálogo interno con una carga emocional negativa por uno más constructivo, que te ayude a crecer y que te genere seguridad y confianza.

Todas tenemos un diálogo interior por el solo hecho de ser seres pensantes y reflexivos. No hay ninguna persona que no lo tenga, es inevitable. Este diálogo, por una parte, puede ser de tipo "organizacional", aquel que nos permite organizar nuestra vida y que no se vincula a una emoción, es decir, preguntas como: ¿Qué haré de comida hoy? ¿Me visto con esa falda o me pongo un pantalón? ¿Voy en auto o en bus? Por otro lado, puede ser un diálogo interno que sí tiene una carga emocional positiva o negativa. Enfocaré mi atención en este último, ya que es el más recurrente, que más daño hace y de lo que es muy importante tomar conciencia.

"Los pensamientos afectan nuestro cuerpo, mente y vida".
Joe Dispenza

Para no suponer nada y dejar clara la diferencia, un **diálogo interno positivo** se refiere a afirmaciones como las siguientes: "Sé que lo voy a hacer bien", "Esto no me lo va a ganar, daré lo mejor de mí", "He pasado por esto antes y sé que puedo". Es decir, son **pensamientos que te generan fuerza, confianza, te dan recursos y apoyan.** Por el contrario, el **diálogo interno negativo** se caracteriza por limitarte, paralizarte o hacerte sentir mal; "¡Qué eres tonta!", "¿Para qué haces esto si no te va a servir para nada?", "Eres una floja", "Nunca haces nada bien", etcétera. Es este diálogo al que es necesario prestar atención, ya que no solo autosabotea tus metas y objetivos, sino que te hace sentir **amargada, insegura e insuficiente** y, lo que es peor, no se basa en la realidad, sino en tus miedos e inseguridades, muchas veces incluso por cosas que ni siquiera han pasado. Es importante aquí que comprendas que **tú no eres esa voz. Eres tú atravesando un mal momento. Pero sigue adelante y continúa, lo malo es el momento, no tú.**

No vayas a creer que, porque no ves tu diálogo interno, este no tiene poder, ya que siempre se transforma en algo más; emociones y pensamientos que, con la repetición incesante y poco control personal, terminan transformándose en **creencias** muy difíciles de desarraigar. **Si tu diálogo es negativo, a la larga serán creencias limitantes** y tu forma de pensar y percibir la realidad estará teñida en función de la carga emocional de dicho diálogo.

El diálogo interno condiciona nuestra forma de ver el mundo y cómo nos relacionamos con él.

♥

Hoy te pregunto: **¿Qué historias son las que más frecuentemente te estás contando?**

Generalmente el diálogo interno negativo es producto de una errada interpretación de la realidad, de nuestras creencias e interpretación sesgada de lo que está sucediendo. A esto último, desde la psicología, se le denomina **"sesgos cognitivos"**: distorsiones que nos hacen ver la realidad de una forma parcial. Es decir, son formulaciones que no están basadas en pruebas objetivas ni verificables, sino en ideas y suposiciones.

Podemos encontrar varias de estas distorsiones. Aquí te presento las más frecuentes que he trabajado con mis clientas en sus sesiones de coaching —digo clientas y no pacientes ya que no hago psicoterapia, sino coaching—, para que puedas **identificar cuál es la que más sueles usar** y así, desde un lugar de mayor conciencia, puedas realizar los cambios. ¿Te identificas con alguna?

» **Adivinación o inferencia arbitraria:** Interpretar de manera negativa sin datos que apoyen estas conclusiones. Ejemplo: *"Yo sé que no me va a llamar en la semana, así que mejor no me hago ilusiones"* o *"Vio mi WhatsApp y no me respondió. Seguro yo no le intereso"*.

» **Catastrofismo:** Creer de manera anticipada que todo va a salir mal. Ejemplo: *"No voy a quedar en ese puesto, seguiré sin trabajo y me terminarán quitando mi departamento"*.

» **Magnificación:** Prestar importancia exagerada a una situación negativa. Ejemplo: llegas tarde a una reunión y piensas: *"Qué terrible, ahora, haga lo que haga, todo saldrá mal"*.

» **Sobregeneralización o generalización excesiva:** Sacar conclusiones generales de un hecho particular. Ejemplo: Termina mi pareja conmigo y pienso: *"Nunca más en la vida voy a encontrar a alguien que me quiera"*.

» **Minimización:** Restar importancia a un logro, habilidad personal o situación positiva. Ejemplo: Ante algo bueno que hicimos, respondemos: *"No es para tanto"*. O, lo que es peor, no nos reconocemos el mérito: *"Fue pura suerte"*, *"Esto es gracias al esfuerzo de los demás"*. Respuestas clásicas del conocido "síndrome de la impostora".

» **Pensamiento dicotómico:** Interpretamos las cosas desde los extremos, aquí no existen los puntos medios. Ejemplo: Me equivoco en una sola cosa de una tarea y pienso: *"Lo estoy haciendo todo mal, soy pésima"*, sin ser capaz de reconocer todo lo otro que sí he hecho bien.

Estos sesgos dan como resultado un estado emocional negativo (ansiedad, miedo, temor, frustración, susto, ira, etcétera), que conlleva también síntomas físicos de alerta, como sudoración, aumento del ritmo cardiaco, dolor punzante en el pecho y estrés, entre otros. Todo esto conduce a abordar de una manera poco funcional la situación que estás atravesando, ya que se elevará el cortisol —la hormona del estrés— y las funciones más elevadas del pensamiento, como la capacidad de análisis y reflexión, quedarán postergadas (profundizaré en esto en las páginas siguientes, cuando hablemos de las emociones) debido a que tu cerebro interpreta la situación como una inminente amenaza. Y cuando uno se siente en amenaza, el cuerpo solo se prepara para reaccionar, no para pensar ni reflexionar.

La clave para empezar a frenar esto de raíz es **identificar tu diálogo interno elevando tu nivel de conciencia**, dando el espacio para reconocer tu malestar emocional. Esto último es fundamental, ya que será el indicador más evidente de que podríamos estar interpretando la realidad desde una distorsión cognitiva.

No es normal sentirse mal. No deberías estar acostumbrada a siempre sentir angustia o ansiedad durante el día. Tampoco, en un afán de ser "superpositiva", deberías ignorar estas señales, ya que, en palabras simples, "estarás tapando el sol con un dedo", ya que te aseguro que hay un mensaje importante ahí que necesitas atender. Toda emoción negativa siempre viene a enseñarte algo y cuando quedan guardadas producto de nuestra falta de atención o negación, inevitablemente buscarán la forma de manifestarse.
Detenerte a escucharte también cuenta como una enorme muestra de amor propio.

♥

Lo importante es parar, reconocer e identificar, es decir, dejar atrás el piloto automático de la vocecita interna y darte cuenta de que tú tienes el poder sobre ella. Entender que esa voz no es la verdad absoluta, sino que te habla desde tu estado emocional actual (el cual tú y solo tú puedes cambiar), y que comprendas **que eres tú quien aquí está al mando, no tus emociones.**

En definitiva: prestar atención a cómo te hablas, qué es lo que sientes y a ese diálogo interior es el primer paso y requisito fundamental para el cambio.

> *"No nos afecta lo que nos sucede, sino lo que nos decimos acerca de lo que nos sucede".*
> Epícteto

Tu diálogo interno moldea tus creencias sobre ti misma y sobre el mundo que te rodea, y, como ya has podido ver, tiene un **impacto directo en tus estados emocionales.** Esto es fácil de identificar y aquí te presento un caso —su nombre es ficticio— que te permitirá comprender mejor de qué estoy hablando:

Andrea, 34 años

Cada vez que Andrea arrancaba una nueva relación de pareja, se sentía temerosa y angustiada, ya que, a pesar de que estaba muy contenta y todo iba bien, tenía miedo de que se fuera a acabar. Algo dentro de ella le decía que "lo bueno siempre dura poco" —diálogo interno negativo reflejo de una creencia limitante— y su propia conversación interna no le permitía disfrutar el aquí y ahora. Pensamientos como: "me va a conocer de verdad y no le voy a gustar", "seguro se fijó en mí porque quiere utilizarme de gancho para olvidar a su ex" o "esto es demasiado bueno para ser verdad", se anclaban en su cabeza y como resultado estaba malhumorada, amargada, ansiosa e insegura. Todos estos pensamientos tenían un impacto enorme en cómo se sentía y, al ser negativos, por supuesto, también afloraban en ella emociones de la misma categoría, donde primaban el miedo y la ansiedad.

Cuando veía a su pareja no se permitía ser feliz ni disfrutar, por miedo a que la dejaran o se acabara la relación. Esto la llevó a relacionarse desde el temor y la desconfianza, siempre poniendo una muralla para protegerse. Lamentablemente, la relación no prosperó y ante ese escenario era difícil que hubiera resultado. Andrea se desconectó totalmente del presente por darle cabida a sus propios miedos del futuro. Miedos que ni siquiera existían.

El lenguaje que usamos cuando pensamos y lo que nos decimos con estos pensamientos es mucho más importante de lo que solemos creer. **No solo condiciona nuestra forma de ver la vida, sino también cómo nos comportamos y se van creando nuestras experiencias, nuestra realidad.** No es una simple voz, un mero pensamiento o una tontera del momento... Son tus propios mandatos y paradigmas que, de manera "invisible", van condicionando tu actuar.

¡Qué impactante es darse cuenta de que el simple hecho de pensar sobre un tema o situación puede cambiar en tu totalidad tu estado de ánimo y actitud hacia la vida! Puede hacerte sentir feliz, contenta y alegre, o bien, triste, malhumorada, ansiosa o sin esperanza.

¿Te das cuenta ahora del enorme poder que tienen tus pensamientos y tu diálogo interno sobre tu bienestar emocional?

♥

Por lo tanto, es fundamental —y lo digo muy en serio— aprender a escuchar esta vocecilla y a manejarla a tu favor. Eres tú la que tiene el control y la activa, no al revés, y por lo mismo, **tú eres siempre responsable de tus estados emocionales.**

Efectivamente, hay cosas que no podemos controlar, por ejemplo, cómo va a estar el clima o el ánimo de tu jefe por la mañana, pero **sí puedes elegir cómo decides sentirte al respecto.** Por lo tanto, aquí la clave que quiero que entiendas es: **"No es que el resto te ponga así, sino que eres tú quien decidió sentirse así a partir del actuar de otros".** Cuando no asumimos que somos responsables de cómo nos sentimos, todo lo demás ejerce un enorme poder e influencia sobre ti, porque las cosas "te pasan" y no tienes otra opción.

"La forma en que te comunicas contigo mismo cambia la forma en que piensas sobre ti mismo, lo que cambia la forma en que te sientes sobre ti mismo, lo que a su vez cambia la forma en que actúas y esto, en última instancia, influye en tus resultados y en la percepción que los demás tienen de ti".
MARK RECKLAU

Para hacer frente con éxito al diálogo interno negativo hay varias **estrategias** que podemos utilizar. Como todo en la vida, ninguna es mágica, no las vas a internalizar por el solo hecho de leerlas aquí, sino que requerirán de tu compromiso absoluto para llevarlas a la acción. Te recuerdo que ya firmaste un compromiso, así que no hay excusas.

Tres estrategias para hacer frente al diálogo interno negativo

Reuní dos prácticas que usan reconocidos referentes y conferencistas del potencial humano para lidiar de mejor manera con el diálogo o vocecilla interna, y agregué una que uso en mis sesiones de coaching. La idea es que estas tres estrategias te sirvan para tomar más conciencia de tu diálogo interno, en especial el negativo, y así puedas reconocer cuando te sientas "presa por él" y tengas las herramientas para salir de ahí.

1. Cuestionar o debatir tu diálogo interno negativo con argumentos

Esta primera estrategia del psicólogo español Rafael Santandreu —que expresa en su gran libro *El arte de amargarse la vida*— es realmente efectiva para empezar a tomar conciencia y, sobre todo, para comenzar a quitarle el valor de verdad que le damos a nuestro diálogo interno negativo. Habla de la importancia de comprender que **"es lo que te dices (interpretación personal) lo que te pone mal, no lo que te sucede (circunstancias o hecho externo)"**, por lo tanto, enfatiza en detenernos a escuchar cómo nos hablamos y qué historia nos contamos. Veamos el siguiente ejemplo:

> **Situación: Hablar en público**
> *Si creo que no soy buena hablando en público, me critico y me digo a mí misma: "No sirvo para esto", "nunca lo voy a hacer bien" o "¿para qué lo intento si ya sé que lo voy a hacer mal?", las emociones que activaré dentro de mi cuerpo serán de ansiedad, miedo y temor. En consecuencia, cuando me enfrente a la situación de hablar frente a otros, estaré insegura, estresada, quizás algo ansiosa, y por supuesto que mi desempeño no será el mejor; seguramente no demostraré confianza, tal vez no sea clara al exponer mis ideas o mi lenguaje no verbal delatará mi inseguridad frente a las demás personas. Como resultado: validaré mi creencia de que no soy buena hablando frente a otros y además, como en señal de que estaba en lo correcto, me diré a mí misma: ¡Ves, te dije que lo ibas a hacer mal! y así, en consecuencia, decidiré nunca más hablar en público, ya que comprobé que no soy buena haciéndolo".*
> *¿Te das cuenta?*

Si me hablo mal, las emociones negativas serán protagonistas, me sentiré mal y mi conducta irá en esa misma sintonía. Por el contrario, si me hablo bien, tendré emociones que tendrán un impacto positivo en mi bienestar y actuaré de una manera que sea potenciadora.

> *El cómo te hablas y cuidar de tus pensamientos es también cuidar de ti y cuidar de ti es amarte.*
> *La promesa de amor eterno e incondicional no es un compromiso con otros, siempre primero es contigo misma*

Para hacer frente a la voz crítica interior, el autor propone que cada vez que la "vocecilla" aparezca en tu cabeza, con frases como "nunca lo haré bien" , "no soy buena para eso" o "ese mérito no es mío", debes **reconocerla** en primera instancia, es decir, ser conciente de que te estás hablando así y luego revisar **qué es lo que te has dicho o te has venido diciendo** para llegar a hablarte o sentirte de esa manera, con el fin de que puedas **cuestionar** el porqué de esto "que te vienes contando" con argumentos **lógicos**, es decir, afirmaciones de situaciones puntuales donde hayas hecho bien las cosas o te hayas sentido a gusto con tu desempeño. No se trata de ser fantasiosas o caer en la "falsa positividad", todo lo contrario, se trata de debatir con argumentos racionales y llevar a nuestra mente hechos puntuales donde hayas hecho bien algo **para quitarle así el valor de verdad absoluta** que le asignas a esa creencia. Por ejemplo, si te dices: "Nunca hago nada bien" en referencia a un episodio negativo en tu trabajo, la manera de debatir este pensamiento sería recordar momentos en que hayas hecho las cosas bien: "lo hice increíble la semana pasada con mi jefe" o "estuve genial en la reunión de hace unos días atrás con mi equipo". De esta forma, con hechos concretos le vas quitando el valor de "verdad absoluta" que le asignas a una creencia.

La voz interior solo quiere ser escuchada. Le encanta tu atención. En la medida en que sea negativa y empieces a cuestionarla, comienzas a quitarle energía, pierde intensidad y sobre todo veracidad. A través del cuestionamiento, dejarás de "comprarle" lo que te está diciendo, ya que de a poco te darás cuenta de que eso que te dices no es 100% verdad.
¿Cómo va a ser posible que no hagas nada bien?
Te aseguro que sí hay muchas cosas que haces increíble, solo que te está costando reconocerlas.
Así como te es fácil identificar aquello que no te gusta de ti, llegó ahora el momento de que también prestes atención a todas tus virtudes y talentos.

♥

El mismo autor, a través del experimento a continuación, deja muy en clara la **importancia de tener un diálogo interno constructivo y que te apoye.** Me encanta esta prueba, ya que no solo es muy evidente, sino que te hace tomar conciencia del impacto de este y de cómo una "buena voz interior" siempre es la mejor opción.

Hay dos grupos: **El grupo A** está compuesto de tres personas que se caracterizan por tener un **diálogo interno positivo y**

funcional, en cambio, el **grupo B** está compuesto de tres personas con un **diálogo interno negativo y que experimentan frecuentemente debilidad emocional, se quejan mucho y son pesimistas.** A ambos grupos se les plantea la siguiente situación y se les pide que comenten lo primero que se les viene a la mente: "Juanjo tiene cincuenta años, tres hijos; dos en la universidad y uno en el colegio. Lo acaban de despedir, se encuentra sin empleo y necesita trabajar".

Ante esta situación, los miembros del **grupo A** inmediatamente respondieron: ¿Cuál es su experiencia laboral?, ¿A qué se dedica?, ¿Qué tal si actualiza su perfil en LinkedIn?, ¡Yo puedo preguntar en mi empresa! Es decir, la primera reacción fue buscar **respuestas y una solución funcional** al problema, analizar para buscar soluciones. Actuar.

En cambio, las personas del **grupo B** comentaron lo siguiente: ¡Qué espanto, este país está cada día más mal!, ¡Qué horror, qué va a hacer ese pobre hombre!, ¡Está acabado, a los cincuenta no va a encontrar trabajo!, "Mejor que se ponga a ahorrar, se le viene duro", etcétera. Aquí los comentarios no contribuyen a nada, son solo quejas que empeoran la situación y conducen a sentirse aún más pesimista al respecto.

Conclusión: Un diálogo interno fuerte hace personas con emociones más funcionales, que les permiten enfrentar de mejor manera la vida, en cambio, quienes mantienen un diálogo interno débil experimentan más emociones negativas, que no contribuyen a la solución de un problema y, por el contrario, lo empeoran.

Dicho esto: **¿Qué diálogo vas a escoger para ti?**

2. Siete pasos para hacer frente al diálogo interno nocivo

Otra estrategia que me parece útil y es muy reconocida en el mundo de la psicología es la del Dr. Mario Alonso Puig. Conferencista y médico cirujano de la Universidad de Harvard, ha dedicado gran parte de su vida a investigar cómo desplegar el potencial humano y es un gran referente en lo que respecta al crecimiento personal. Les recomiendo ver sus charlas y conferencias, son muy inspiradoras.

A través de diversos estudios científicos ha demostrado las graves consecuencias que acarrea la voz interna nociva, entre ellas los distintos síntomas —como cuadros de ansiedad, aumento del cortisol (hormona del estrés), aumento de la inflamación (que es el semillero para posteriores enfermedades), depresión, insomnio, angustia, etc.— que surgen al estar en un constante estado emocional disfuncional.

Él plantea los siguientes **siete pasos para hacer frente al diálogo interno nocivo,** que te permitirán "tomar distancia" y analizar en perspectiva esa voz interna negativa que te hace tanto daño. Son etapas, por lo que deberás completar una para pasar a la otra. Me parece una estrategia muy efectiva para tener en cuenta cuando necesitas hacer un alto a tu voz destructiva y reemplazarla por una que te potencie. **Es una maravillosa técnica para "transmutar" de negativo a positivo el crítico interior.** Toma nota de estos pasos e intenta revivir una situación personal en la que te hayas sentido presa del crítico interno para que puedas experimentar los beneficios que conlleva.

Paso 1→ Observa las señales de tu cuerpo: ¿Qué estoy sintiendo? Quizás siento sudor en las manos o se me acelera el corazón, otras veces puedo sentir una puntada en el pecho. Primero hay que prestar atención a la **sensación corporal que estás experimentando.**

Paso 2→ ¿Qué es eso que estoy sintiendo?: Después debemos preguntarnos qué estamos sintiendo y tratar de **ponerle un nombre** a esa emoción; puede ser ira, miedo, angustia, etcétera. Según el doctor, esto provoca una activación en determinadas áreas del cerebro (corteza prefrontal) que nos ayudará a ser más resolutivas y así recuperar "el mando".

Paso 3→ Observa tu diálogo interno: Luego vamos a detenernos a "escuchar" qué nos decimos a nosotras mismas para sentirnos así, es decir, qué pensamos de aquello que sentimos. Este paso es crucial, ya que nos permite romper la inercia y darnos cuenta de cómo nos hablamos: **¿Qué te estás diciendo?** Acaso es un "todo lo hago mal", "sabía que iba a ser así" o "nunca lo haré bien". Aquí solo observas el pensamiento e identificas qué te estás contando.

Paso 4→ Toma conciencia de la distorsión: Si te dices "todo lo hago mal" o "no sirvo para nada" y tomas conciencia real de lo que te estás diciendo, puedes empezar a ver que es una exageración. En general, los términos absolutos —**siempre, todo, nada o nunca— nos indican que hay algo que estamos viendo con los anteojos de la distorsión,** ya que de todas maneras hay muchas otras cosas que sí haces bien, quizás esta no, pero hay otras que te aseguro que sí. Al reconocerlo, "le bajamos la intensidad" o el carácter absoluto que le damos a este pensamiento y nos hacemos cargo de él, no estamos anulándolo o haciendo como que no "pasa nada". En palabras simples: "No estamos escondiendo la basura bajo la alfombra", sino que la recogemos para luego sacarla de la casa. Este punto es quizás uno de los más importantes, ya que hacemos consciente lo inconsciente y será **el motor del cambio**, nos permite entender que aquello que nos decimos es solo un pensamiento y **un pensamiento siempre se puede cambiar**. Al tomar distancia del pensamiento nocivo, de inmediato te sentirás mejor y se elevará tu confianza al sentir que tú eres quien está al mando de tu vida.

Paso 5→ **Pensamiento elevador:** Después pregúntate: ¿qué puedo decirme a mí misma que me haga sentir mejor? Al igual que en el punto anterior, aquí la idea es traer hechos a nuestra mente que confirmen nuestra propia valía. A mí me gusta mucho decirme en voz alta: *"Hoy no lo hice bien, pero sé que podré hacerlo mejor una próxima vez, al menos ya tengo la experiencia y haré todo para que así sea"*. Te aseguro que de inmediato vas a sentir más tranquilidad. Pensamientos como: "Yo estoy al mando", "Esto no me va a ganar", "Me quiero, valoro y respeto" o "Todo es aprendizaje y "Di lo mejor de mí" son muy buenos ejemplos de pensamientos que te elevan.

Paso 6→ **Retoma la atención en ti:** Una vez transcurrido este proceso, vuelve a poner el foco en tus pensamientos y en tu estado emocional para darte cuenta de los cambios que se habrán dado: ¿Cómo estoy? ¿Cómo me siento ahora? Probablemente más tranquila al ver cómo la sensación corporal inicial baja su intensidad (seguro ya no hay taquicardia y tu respiración es más suave). Empieza a **notar como tu propio diálogo interno positivo es más favorecedor;** sientes más calma y paz y prestar atención en ella te brinda esa certeza de tranquilidad.

Paso 7→ **Toma acción:** Finalmente, pregúntate cuál es el primer paso que debo dar ahora para cambiar esa situación que en principio no es como me gustaría. Es un "pequeño gran paso" que lo cambia todo y **es necesario dar**. Quizás es hacer una llamada, pedir disculpas y decir lo siento, volver a ensayar un discurso o respirar profundo y luego retomar tus actividades. Este último paso es esencial, **ya que la acción siempre elimina la sensación de inmovilidad o paralización que nos genera la preocupación por algo,** y genera esa **"ancla"** que te conecta con el presente y tu poder personal.

3. Preguntas poderosas

Por último, les presento la estrategia que he denominado: **"preguntas poderosas"**. Me parece muy útil y la comparto siempre con mis clientas en mis sesiones de coaching, ya que estas preguntas tienen el impacto de producir cambios en las creencias de las personas.

Consiste en **15 preguntas** que te van a permitir generar respuestas con argumentos sólidos que no solo le pondrán una pausa a tu diálogo interno negativo, sino que también te ayudarán a cambiar tu estado emocional disfuncional por uno más positivo, y te permitirán abordar con éxito los desafíos, ya que podrás aprender de lo ocurrido y así sacar tus propias lecciones y aprendizajes. Suena bien, ¿no?

El primer paso, por supuesto, es la **apertura de conciencia** y dejar de operar en el nocivo "modo automático", y para eso estas cinco preguntas iniciales son muy útiles. **Te permitirán ser consciente de que existe este diálogo dentro de ti, pero que tú no eres ese diálogo interno:**

1. ¿Te das cuenta de cómo te estás hablando?
2. ¿Te gusta hablarte así?
3. ¿Acaso tratarías así a tu mejor amiga?
4. ¿Notaste lo dura que estás siendo contigo misma?
5. ¿Cómo le hablarías a alguien que quieres mucho y que esté pasando por la misma situación?

No eres tus pensamientos, tampoco tus emociones. Los creas y les abres la puerta, convives con ellos, habitan tu mente, tu cuerpo y, así como entran, pueden salir. No te confundas, ya que una cosa es que seas creadora de tus pensamientos y otra es ellos. "Es clave el lenguaje, ya que es muy distinto el "estoy" al "soy". Uno puede dejar de estar pero uno nunca puede dejar de ser. Así que mucha atención a cómo te hablas y a la historia que te cuentas, ya que finalmente el cómo te hablas determina cómo te sientes y el cómo te sientes determina cómo actúas.

Una vez que identificamos nuestro pensamiento, esa voz interior, la invitación es a hacerse preguntas resolutivas, es decir, preguntas que nos lleven a respuestas concretas y nos permitan abordar con éxito la situación. Es muy distinto preguntarse: ¿Por qué a mí? a ¿Qué me está enseñando esta vivencia? Es dejar el por qué y reemplazarlo por el para qué.

10 preguntas poderosas para combatir el diálogo interno negativo

1. ¿Qué **hechos** tengo para probar esto que estoy sintiendo?
2. ¿Qué **evidencia** tengo de que lo que pienso es cierto?
3. ¿Estoy **confundiendo** un pensamiento con un hecho?
4. ¿Cuáles son las **ventajas** de pensar de este modo? ¿Y las **desventajas**?
5. ¿Este pensamiento, me **ayuda** o me **hunde**?
6. ¿Qué hubiera pensado **en otro momento** de mi vida?
7. Suponiendo que mi pensamiento fuera correcto ¿Me **ayuda** a cambiar algo el pensar así?
8. ¿Con qué **recursos** cuento para abordar lo ocurrido? (fortalezas, amistades con quienes conversar, mi propia voluntad, mi apertura de conciencia, mis ganas de crecer, etcétera)
9. ¿Cómo podría **afrontar mejor** esta situación si eventualmente me vuelve a pasar?
10. ¿Qué puedo **aprender** de lo que me ocurrió?

Te aseguro que a través de estas preguntas podrás transitar mejor esa situación compleja y **retomar el control**. Te ayudarán a cambiar tus pensamientos negativos por una visión más objetiva y menos pesimista de la realidad, y lo mejor es que finalmente te **sentirás mejor**; llámalo calma, certeza o tranquilidad. **Y esa sensación de sentirse en paz es tan placentera que tu mente querrá volver a ella cada vez que sea posible.** Crearás nuevas redes neuronales más potenciadoras, generarás **dopamina** producto de sentir la calma y el bienestar (recuerda, la hormona del deseo y motivación y que se relaciona con la búsqueda del placer y la adicción), lo que será el antídoto perfecto para vencer al crítico interior no desde la rabia y el resentimiento, sino desde el entendimiento, la comprensión y el amor.

No olvides: Sanar la herida solo depende de ti, aunque esta haya sido causada por alguien más.

Y algo muy importante: **Háblate bonito, con amor.** Tal como dice la reconocida conferencista y escritora Brené Brown: "Háblate a ti misma como lo harías con alguien a quien amas profundamente". Empieza a expresar compasión hacia ti misma, pero no lástima ni pena. Deja la crítica. No te hables más de una manera poco dulce o despectiva. Hazlo un hábito. Cuando sea la norma hablarte bonito, ese será tu nuevo patrón y lo que ocurrirá es que cada vez que te refieras de un modo negativo a ti misma, se sentirá tan mal o incluso tan raro, que querrás dejarlo de lado. Ya no estarás acostumbrada a eso, ya no resonará en ti, porque **estarás enamorada de la nueva mujer en la que te estás convirtiendo y no querrás volver atrás.** Volver a hablarte mal sería un retroceso.

Sé que no es fácil, no he dicho que lo sea, tampoco será algo que sucederá de la noche a la mañana, pero es un ejercicio que podrías practicar de manera constante y deliberada para empezar a crear las nuevas conexiones y rutas neuronales de "hablarnos bien", y así cada vez se te hará más familiar hasta volverse un hábito.

Yo, mi mejor proyecto: 10 conceptos para el autoconocimiento y la aceptación personal
★

Puedes leer cientos de libros, escuchar miles de horas de charlas, podcasts o talleres, pero de nada servirá si no te detienes a mirar dentro de ti y a trabajar en aplicar esos conceptos en tu día a día. El autor y orador motivacional Vishen Lakhiani decía: "Estamos tan ocupados estando ocupados" y no puede estar más en lo correcto; el día a día, la rutina y la vida misma muchas veces nos conducen a una total desconexión con nosotras mismas.

El estilo de vida actual no te invita a hacer una pausa, sino que todo lo contrario, te invita a maximizar las horas, a la rapidez, al maldito "multitasking", a la eficiencia, **como si más rápido siempre fuera lo mejor.** Lamentablemente, eso nos lleva a un estado de desconexión, ya que es imposible SER, conocernos, aceptarnos y mirar dentro de uno si solo estamos en el constante HACER.

A continuación, iremos revisando juntas diez conceptos que considero fundamentales en el camino **del autoconocimiento y la aceptación personal;** son clave para empezar a **querernos incondicionalmente y fortalecernos desde el interior.** Este camino no será solo desde la teoría y la lectura, sino también desde la práctica. De esta forma, internalizarás mejor estas ideas y podrás abrirte a tus propias vivencias y aprendizajes. Quizás puedas estar pensando: "Yo me quiero mucho, no necesito hacer esto" o "Ya me conozco bastante, para qué indagar más", ante lo cual solo podría decirte que no existe edad ni límites para aprender y seguir creciendo; no existen topes cuando se trata de tu propia apertura de conciencia ni de aprendizajes o lecciones si apuntamos a tu crecimiento interior. **Mirar adentro de ti, con intención, sentido y cariño, siempre es un aporte.** Es una parte fundamental del proceso de encontrar nuestro equilibrio y comenzar nuestro proceso de transformación personal.

> *"Quien mira hacia afuera sueña, quien mira hacia adentro despierta".*
> Carl Gustav Jung

Dicho esto: **¡manos a la obra! Llegó el momento de ponernos a trabajar juntas.** Te sugiero responder con total sinceridad las preguntas que encontrarás. Es un ejercicio 100% personal, **solo para ti.** No hay aquí respuestas buenas ni malas, notas ni calificaciones, juicios u opiniones. Solo quiero que te regales este espacio íntimo de autorreflexión y descubrimiento contestando cada una de las preguntas, sin excepción. **Es invitarte a una cita contigo**, a una pausa del ajetreado ritmo al cual nos hemos acostumbrado a vivir y que ya nos estamos dando cuenta de que no es sostenible.

Es abrirte al camino de que las cosas buenas sucedan, pero no a través de la búsqueda externa, sino desde el interior.

CONOCERSE Y ACEPTARSE: LA BASE DE TODO

No se puede amar lo que no se conoce ni tampoco lo que no se acepta

♥

La **aceptación personal** es determinante. Tu amor propio se construye cuando te conoces, con tu luz y tu sombra; reconoces tus méritos —y que son tuyos y no de otros— y no omites tus miedos o fracasos, ya que comprendes que estos últimos son tus grandes maestros en la vida. Tal como dice Brené Brown en su charla Ted *El poder de la vulnerabilidad*: "Se puede medir el coraje de una persona mediante su capacidad para ser vulnerable". **Sé valiente y permítete ser tú, necesitas quererte mucho siempre.**

"El reconocimiento pertenece a la persona que está en la arena, con el rostro desfigurado por el polvo, el sudor y la sangre. A quien se esfuerza valientemente. A quien se equivoca. A quien tropieza una y otra vez. A quien, al final, aunque quizás conozca el triunfo implícito al logro grandioso cuando fracase, al menos caerá con la frente bien alta".
THEODORE ROOSEVELT

Uno necesita **aprender a aceptarse**. Siempre pienso: ¡Qué ganas de que nos hubieran enseñado esto en el colegio! Seguro sería mucho mejor nuestra autoestima y llevaríamos vidas más auténticas. El aprender a aceptarse es un camino que implica de manera implícita permitirse ser tú misma, desde tu propia aprobación y trabajando en aquello que quieres mejorar o cambiar. No implica juzgarte, criticarte o desaprobarte. Tampoco es un proceso pasivo, de resignación, por el contrario, puesto que la aceptación plena y sincera involucra trabajar en conocerte, explorar lo inexplorado, mirar con nuevos anteojos lo que recién habías visto, abrirte a pensar de una manera distinta y actuar en consecuencia. Aceptarnos no es decir: "Así nací, así soy yo y no puedo cambiar", sino decir: "Así nací, así soy yo, esto me gusta mucho de mí y lo quiero potenciar, mientras que esto otro no me gusta tanto y lo quiero trabajar".

La aceptación es la condición previa para el cambio, para mejorar distintos aspectos de tu vida y de tu manera de ser. Te dará una guía y un propósito de hacia dónde debes mirar para luego decidir, elegir y actuar, con sentido e intención. La actitud y disposición al cambio aquí lo hacen todo.

"Cuanto más sepas quién eres, qué amas y qué odias, qué te entusiasma y qué te motiva, más fácil te resultará conseguir lo que deseas y sentirte una persona realizada".
TONY ROBBINS

Si bien la **aceptación personal** está muy relacionada con tener una **buena autoestima**, son conceptos distintos y es importante hacer la distinción. La autoestima, como ya vimos, es la propia valoración de uno mismo, es decir, se refiere a cómo te sientes respecto de ti, en cambio, la autoaceptación es simplemente reconocer y aceptar como eres.

Y para comenzar el maravilloso camino de aceptarnos es fundamental **detenernos a conocernos. ¿Cómo vas a aceptar algo que ni siquiera conoces?** ¡Imposible! De ahí que la introspección es clave para empezar en este proceso. Hacerse preguntas que te permitan indagar más en ti, por más obvias que parezcan. Para ello, hay que tener siempre como eje central la **incondicionalidad**. Esto es, saber y reconocer que quererte es un acto de entrega, sin condiciones, aceptarte sin juzgarte, así hayas hecho las cosas extraordinariamente bien o no tanto, porque sabes y reconoces que estos hechos no te definen y tu aceptación va mucho más allá de ellos. Al conocerte a ti misma no solo afianzas tu autoaceptación, sino que también fortaleces tu identidad, refuerzas tus valores, no pierdes el foco o te dejas afectar por la crítica interna, lo que te lleva a alcanzar tus metas y objetivos.

En definitiva, el autoconocimiento te llevará a la acción, a tener una meta, un objetivo. **¿Cómo vas a saber hacia dónde lanzar los dardos si no tienes el tablero a la vista?** Esto mismo pasa contigo cuando no te conoces. El autoconocimiento es la base de todo.

¡Comencemos!

Hay muchas preguntas importantes a la hora de indagar más en ti y empezar a conocerte más. En primer lugar, es clave preguntarnos **"¿Quién soy?"**. Esta pregunta, si bien a simple vista parece trivial y sencilla, no lo es tanto, ya que estamos acostumbradas a responderla en función de otros, pero no para nosotras mismas. Creemos que la respondemos constantemente, por ejemplo, cuando interactuamos con personas que no conocíamos o cuando tenemos que presentarnos ante un grupo de extraños, pero al cambiar el espectador es un enfoque totalmente diferente: ¿Quién soy yo?, pero para ti. Te aseguro, no es una pregunta que te suelas hacer ni es fácil de responder.

Quiero que profundices en ello y lo trabajes como una especie de minibiografía de solo tres a cinco líneas. No obstante, antes de comenzar, algo ¡muy importante!: No respondas las preguntas según tus roles, lo que has venido haciendo o lo que actualmente haces. No se trata de tu perfil de LinkedIn o de Instagram. No buscamos sorprender a otros o presumir de nuestros títulos. **El quién eres es distinto a qué haces**, por favor, grábate eso. Si es necesario, incluye hitos o experiencias que te han marcado o definen como mujer y resume en estas líneas la poderosa pregunta:

¿Quién soy yo?

....

....

....

....

También es importante reconocer nuestras **fortalezas personales**. Los psicólogos Martín Seligman y Chris Peterson definieron este concepto como "aquellas capacidades que pueden adquirirse a través de la voluntad, las cuales representan rasgos positivos de la personalidad", es decir, son **cualidades positivas**, culturalmente aceptadas y que generan satisfacción personal a quien las posee.

Llegó el momento de reconocer todas esas increíbles **fortalezas** que habitan dentro de ti. Pregúntate: **¿Qué es lo que más me gusta de mí?** Y menciona aquí cinco características tuyas que te hagan sentir orgullosa de quién eres o de la mujer en que te estás convirtiendo. Por ejemplo: "Soy fiel, soy dedicada, tengo esperanza, soy curiosa, soy inteligente, soy divertida, etc."

¿Qué es lo que más me gusta de mí?

....

....

....

....

Ahora recordemos algún **momento inolvidable** que se traduzca en la obtención de algún logro que te reconecte con esa fuerza interna que sabes que posees. Y si aún, por diversos motivos, no lo tienes claro, entonces esta es la instancia perfecta de indagar un poco más en ello.

Trae a tu mente un hecho o situación donde sientas que **hayas hecho las cosas muy bien** o **hayas alcanzado algo que era importante para ti** y por ello te traiga alegría y felicidad. Por lo general, detrás de estos momentos hay mucha determinación, fuerza de voluntad y empeño. A veces solemos asociarlos a grandes logros, pero la verdad es que también se trata de esos pequeños grandes pasos que fueron los que te llevaron a conseguir esa meta.

A veces no se trata de obtener la medalla, sino de haber dado el paso para inscribirte en la competencia y dar lo mejor de ti en ella.

♥

El solo hecho de incorporar un cambio o un nuevo hábito en tu vida es un logro. **Sea pequeño o grande, todo merece reconocimiento.** Al reconocer nuestro esfuerzo, voluntad, persistencia y empeño, se alimenta nuestro amor propio y, a su vez, esa gratitud hacia lo que logramos abrirá las puertas para recibir más y más, y tener así vidas más conscientes y plenas.

"Porque tú eres la única persona que puede saber realmente las batallas que has tenido que luchar, los tropiezos que has sufrido, las veces que te has levantado, los aprendizajes obtenidos y el esfuerzo realizado".
ANÓNIMO

Reflexiona ahora, ¿qué momento inolvidable te conecta con eso grandioso que habita dentro de ti?

....

....

....

....

Cuando se trata de trabajar en nuestro autoconocimiento, **reconocer aquello que no te gusta** de ti también es muy importante. Se puede hablar de defectos, pero no me gusta esa palabra, ya que implica que hay algo que está mal, que debe ser arreglado, en cambio, cuando hablamos de **área de oportunidad o mejora**, se nos abre un mundo de posibilidades para seguir creciendo. Es un abordaje muy distinto. **Identificar es clave para aceptar, pero también tener una mirada objetiva hacia aquello que tenemos que trabajar.** A veces creemos que tenemos defectos, pero, por el contrario, pueden ser tus más grandes virtudes. Por tanto, si no tienes muy claro aquí qué cosas de ti no te gustan o consideres necesario trabajar, podrías pedir la ayuda u opinión a alguien cercano y de confianza.

Pregúntate: **¿Qué no me gusta de mí?** Algunos ejemplos podrían ser: "No me gusta mi impaciencia, mi falta de voluntad, mi mal humor, que pienso mucho las cosas, mi falta de seguridad, etcétera".

Menciona aquí cinco características tuyas que no te guste reconocer en ti, pero sabes que las tienes y consideras importante aceptar y empezar a trabajar para acercarte a tu mejor versión y convertirte en la mujer que quieres ser. Si aquello que no te gusta lo planteas como objetivo para trabajar, el camino será mucho más estimulante.

¿Qué cosas no me gustan de mí (objetivos para trabajar)?

....

....

....

....

Una vez identificado lo anterior, ¡es momento de **tomar acción**! Recuerda que un objetivo sin una fecha o un plan es solo un simple sueño o deseo. Y si bien tomar conciencia de esto y estar motivadas para hacer los cambios es importante, me atrevo a confesar que no es suficiente para lograr que las cosas pasen. Si realmente quieres hacer un cambio en aquello que no te gusta de ti y ponerte a trabajar, es clave preguntarse: **¿Para qué quiero trabajar en esto? Olvida el porqué,** porque entonces llenarás tu mente de respuestas racionales, que se vinculan a la historia que te has venido contando y que hasta ahora no han sido motivos suficientes para impulsarte a hacer los cambios.

El **para qué** te sitúa en un plano absolutamente distinto, en un espacio creativo desde el cual surgen nuevas posibilidades; te conecta con un propósito, una razón de ser, es una pregunta que te llena de significado y que te dará la guía cuando se te haga difícil trabajar en ello.

Si identificaste que lo que no te gusta de ti, por ejemplo, es que eres muy dispersa, procrastinas a menudo o nunca eres capaz de terminar las cosas, pregúntate **¿para qué es importante trabajar en mi enfoque?** y no **¿por qué debería trabajarlo?** Desde el "por qué" seguro responderás cosas prácticas que ya te has dicho, como "para hacer a tiempo las tareas del día", "para tener tiempo libre", "para ser más organizada", etcétera, en cambio, el "para qué" te pone en un contexto de significado y emoción, por ejemplo, podrías responder: "para conectarme más con el gozo", "para ser libre" o "para sentirme autosuficiente".

"El 'por qué' satisface tu mente. El 'para qué' te llena el corazón".
Aνόνιμο

Respecto de las cosas que no me gustan de mí:
¿Para qué quiero trabajar en ellas?

....

....

....

....

¡Muy buen trabajo! Identificar el para qué te mantendrá motivada en el proceso, enfocada en hacer los cambios y perseguir tus sueños. Te dará ilusión y alegría ir por ellos, ya que te entusiasman y sientes que **al lograrlos mejorarás tu vida.**

Ahora ¡vamos por la acción! **¿Qué haré para que esto suceda?** (según las áreas que quieres mejorar). Menciona aquí objetivos y acciones reales junto a la fecha en que los llevarás a cabo. Mientras más específica sea tu respuesta, mejor. Por ejemplo: si tu área a trabajar es: "no me gusta de mí no practicar deporte", tu objetivo podría ser "quiero empezar a llevar una vida más sana", tu para qué, "porque quiero sentirme y verme mejor" y, por lo tanto, una posible acción podría ser "caminaré 3 veces a la semana, 20 minutos, al volver de la oficina los martes, miércoles y jueves".

¿Qué haré para llevar a cabo mis objetivos?
(Según tus respuestas anteriores)

....

....

....

....

Si llegaste a esta parte debes reconocer que hay un gran logro. **Identificar aquello que no te gusta de ti, entender para qué es importante trabajar en ello y definir un plan de acción para llevarlo a cabo es sin duda un gran hito que merece reconocimiento.** Ahora, si efectivamente quieres que esto suceda y comenzar a sentir tu transformación personal, es importante que sepas que llevar adelante estos cambios dependerá solo de ti. No sacas nada con plantearte objetivos para que solo queden plasmados en las hojas de este libro como un lindo recuerdo o una buena intención. Si estos objetivos de verdad te motivan, es decir, **si tu "para qué" es lo suficientemente potente para no dejarlo ir**, entonces comienza a trabajar en ellos hoy, no mañana, no cuando tengas tiempo o dinero, cuando bajes cinco kilos o el día esté despejado. Si esperas el momento perfecto para hacer los cambios te aseguro que nunca llegará, siempre encontrarás un nuevo pretexto. Y las excusas son los peores enemigos a la hora de alcanzar tus sueños, te separan de ellos, y solo está en ti trabajar con disciplina y perseverancia para lograrlos. **Alcanzar tus objetivos conlleva enfoque, práctica, repetición y constancia.** Un poco más adelante —en Reconecta con tu poder— profundizaremos en ello, para que puedas acercarte aún más a perseguir tus propósitos, pero sobre todo empezar a vivir en plenitud.

A la vez, siguiendo en el camino del autoconocimiento y autoaceptación, el **aceptar y reconocer tus cualidades**, pero que a veces das por sentadas o te cuesta ver, es importante, ya que son **virtu-des y dones especiales que debieras cultivar, atesorar e identificar como partes importantes de ti** y, por supuesto, merecen tu atención y reconocimiento.

Quiero que ahora te preguntes: **¿Qué crees que es lo que más les gusta de ti a los demás?** La idea es que aquí pienses sobre aquellas características que sientes que atraen a tu entorno, amistades, colegas, pareja, etcétera. Aspectos positivos que tu círculo más íntimo te reconozca. Seguro hay muchos atributos positivos que los demás ven en ti y es hora de que tú los empieces a reconocer.

¿Qué cualidades positivas o virtudes ven en mí los demás?

....

....

....

....

(Nota: Si no sabes responder a esta pregunta, te sugiero que acudas a alguien a quien aprecies mucho y te conozca bien para que te ayude. A la vez, tú puedes decirle a esa persona los aspectos positivos que reconoces en ella. ¡Seguro se convertirá en un hermoso ejercicio para ambos!)

Sigamos avanzando en el camino de quererte y conocerte más… ¿Cómo vas? ¿Qué tal ha sido detenerte a mirar dentro de ti? ¿Lo habías hecho antes con tanta apertura y atención? Sigue en el proceso, lo estás haciendo increíble y me siento muy orgullosa de ti.

Pero aún falta. Este hermoso camino que estás recorriendo no está completo si no tienes una **visión de futuro**. Esta **te permitirá acercarte a tus metas y proyectos**, te dará dirección, enfoque, podrás poner las cosas en perspectiva, pero, lo más importante, te conectará con el **inmenso poder de la intención**.

***

Antes de seguir, necesito detenerme unos instantes a hablar sobre la **INTENCIÓN**, ya que es un concepto que es necesario resignificar. Tendemos a creer que es simplemente el perseguir esa idea o cosa que uno se propone hacer, pero con el paso de los años y la lectura de distintos autores me he dado cuenta de que es algo que **va más allá de ti**, y necesito compartir hoy esto contigo.

Creo que la mayoría de nosotras, cuando hablamos o pensamos en la palabra *intención* tendemos a vincularla a una determinación o a nuestra voluntad para llevar las cosas a cabo. Y así vemos que lo "intencional" es cuando se quiere lograr cierto resultado u objetivo. Solemos escuchar "lo hizo intencionalmente" como sinónimo de que fue algo a propósito o premeditado, donde se buscaba o perseguía un fin determinado, pero hoy quiero decirte que la intención va mucho más allá del deseo o voluntad que motiva a una acción.

Este concepto lo aprendí gracias a las maravillosas enseñanzas del psicólogo **Wayne Dyer**, quien ha tenido una influencia enorme en mi manera de vivir, transformando con sus libros mi **sentido de espiritualidad**, que hoy es mi gran pilar en esta vida.

Desde su perspectiva, la intención es algo que trasciende a nosotros, ya que no está relacionada con el hacer, sino con algo con lo que **conectamos y sentimos**. Es sentir una certeza profunda de conseguir aquello que crees merecer, por tanto, **el sentirte suficiente y merecedora son condiciones básicas** para atraer a nuestra vida aquello que anhelamos.

Esa conexión es con la energía de la Fuente, Dios o el Universo (como tú quieras llamarlo), esa energía universal tan potente que habita dentro de ti. Todo lo que hoy puedes ver manifestado en esta vida emana de esta intención —todos, sin excepción alguna, estamos conectados a ella; algunos más que otros, pero todos podemos tener acceso a esta "sabiduría interior"—.

Por lo tanto, la pregunta aquí no es si estoy conectada o no, ya que por el solo hecho de existir ya lo estás, sino que es **¿qué tan conectada me siento a esta energía?**, ¿creo en que realmente existe? Las respuestas solo las tienes tú, por eso yo te invito a preguntarte, para que puedas empezar a sacar tus propias conclusiones, elevar tu conciencia sobre el tema y decidir si deseas conectar con esto o no.

Para mí, conectar con este campo de energía es el cable a tierra que le da sentido a lo que hago, un sentido que va más allá del resultado y que es el saber que estoy conectada a algo superior que me trasciende. Yo intenciono mi día, mi jornada, mis oraciones, mi trabajo, incluso el agua que tomo por las mañanas y siento cómo esa guía universal fluye en mi diario vivir.

Creo que la energía que proviene de la intención, cuando está vinculada a un objetivo alineado a tu propósito de vida, es tan poderosa que ¡es imposible no sentirla!

♥

Así, eso que erróneamente has llamado casualidad, no es otra cosa que **causalidad**, ya que cuando realmente deseas algo de corazón y te sientes merecedora de ello, a través de estas emociones y pensamientos positivos, le mandamos al universo mensajes de lo que queremos experimentar y así, de manera casi mágica, junto a nuestra determinación, perseverancia, esfuerzo y voluntad, se activan los caminos, aparecen los recursos, llegan las personas correctas, recibimos los mensajes y empezamos a tener la **certeza** maravillosa de que lo que tenía que ser, realmente tenía que ser. **Que cuando las cosas tienen que ocurrir el universo siempre confluye a tu favor.** No podemos pretender que absolutamente todo esté en nuestras manos.

¿Cuántas veces te ha pasado que has puesto todo de tu parte para que algo ocurra, toda tu dedicación, voluntad, energía, tu 100% o más y finalmente eso que querías lograr no sucede? Miras hacia atrás y te dices: "Di todo de mí", pero aun así no resultó. Ante este escenario, cuando esto pasa, me es imposible no confiar en que existe una fuerza superior que constantemente te está guiando y protegiendo y que, finalmente, todo fue para mejor.

¿Y si quizás eso que para ti son obstáculos, fracasos o tropiezos es más bien la vida misma redirigiendo tu camino?

♥

Insisto, no tienes que creerme, pero si esto resuena dentro de ti, entonces estas páginas pueden ser la guía que tanto buscabas para invitarte a mirar adentro, cultivar tu espiritualidad (que no es lo mismo que la religión) y escuchar a tu alma. Para algunas estos conceptos pueden parecer lejanos, místicos o esotéricos y por lo tanto será difícil conectar. Mi invitación hoy es clara: cuando eres capaz de abrir tu conciencia a estos temas porque resuenan en ti es porque ya estás en el camino, estás comenzando a sentir esta magnífica conexión y tu vida empieza a sentirse en sintonía con este campo de intención.

Aquí no hay ninguna imposición. **La elección es tuya.**

***

Retomemos. Volviendo a nuestro ejercicio de conocerte y aceptarte para quererte cada día más, había mencionado lo importante que es tener una **visión de futuro, de proyección de una misma.** Una de las preguntas más comunes en el ámbito de las entrevistas laborales es: **¿Cómo te ves en cinco años?** De hecho, si la buscas en Google verás que hay muchas estrategias y tips para responder con éxito y ser la persona idónea para el cargo. Hoy el ejercicio es muy distinto. No estás en una evaluación o entrevista, tampoco estamos buscando la respuesta socialmente deseada, mi objetivo es que logres conectar con lo profundo de ti y hablar desde la honestidad de tu ser.

Esta pregunta es muy importante, ya que será tu hoja de ruta para darle intención y propósito a tus días. ¿Cómo te ves en cinco años más, qué estás haciendo, dónde, con quién? Incluye todos los detalles...

....

....

....

....

"Los cambios generan problemas. Los problemas generan soluciones. Las soluciones generan crecimiento".

Anónimo

Otro aspecto muy importante es que vuelvas a **conectar con tus sueños y aspiraciones más profundas,** ya que no solo hablan de tus deseos, sino que te permiten **conectar con tu dicha**, eso que solo se puede sentir cuando uno está en sintonía con el **propósito de vida.** Porque sí, cuando sientes dicha, felicidad y gozo, ya sea al practicar alguna actividad o bien en ciertos momentos de tu día, esto siempre está muy entrelazado con el propósito de tu ser. Por eso, pregúntate: **¿Hay algún proyecto o actividad que siempre he querido hacer, pero hasta la fecha no he llevado a cabo?** Aquí busco que reconectes con aquello que es importante para ti, que te llena de felicidad, para que no renuncies a ello y vuelvas a incorporarlo como esas "tareas" clave para acercarte a tu bienestar.

¿Hay alguna actividad de tipo personal o profesional que siempre has querido emprender, pero que hasta la fecha no has podido hacer?

....

....

....

....

En relación con tu respuesta anterior, quiero que ahora te preguntes: **¿Qué motivos crees que lo han impedido?** Esto es muy importante para tomar conciencia y también la responsabilidad de nuestro actuar. Intenta no culpar a las circunstancias ni justificar tu inactividad debido a causas externas u otras personas, sino piensa en qué ha ocurrido dentro de ti que te llevó a detenerte y dejar de perseguir eso que te causa tanta dicha...

Me ha detenido...

....

....

....

....

Si tuviéramos que profundizar un poquito más, **¿qué tendrías que cambiar o hacer distinto ahora para empezar a llevar a cabo este proyecto?** Cualquier respuesta es válida, desde dejar atrás el miedo o tu necesidad de certeza, comenzar a organizar la agenda y ponerle una fecha, hasta simplemente permitir **que tus sueños sean más grandes que tus miedos.**

¿Qué tendrías que cambiar o hacer ahora para empezar a llevar a cabo este proyecto?

....

....

....

Parte importante del camino de mirar dentro de una misma implica hablar también de la **realización personal**. Y la realización personal solo puede lograrse por medio de un profundo proceso de autodescubrimiento, donde el deseo de crecer y superarse es tu principal motivación —ya que en teoría otras necesidades más básicas ya están absolutamente cubiertas—. Aquí el motivo no se trata de compararse y ser mejor en relación con otros, por el contrario, se trata de compararte contigo misma, de proponerte ser una mejor persona de la que fuiste ayer y de un profundo sentido de conexión con la vida.

La realización personal se acerca más a la plenitud, a la paz mental, a la calma, implica de manera implícita aceptarse y comprenderse, sentirse responsable de nuestras emociones y acciones, conocer nuestras necesidades y saber cómo cubrirlas. Pero también la realización personal implica reconocer que somos una tríada —cuerpo, mente y alma— y el equilibrio de esta se traduce en un maravilloso sentido de realización: nos sentimos llenas de amor, receptividad, abundancia —conceptos que ya habitan dentro de ti—. No se trata de no tener problemas o de conseguir la "felicidad", no te confundas, esto va más allá de las circunstancias externas, se trata del anhelado equilibrio que solo proviene de tu interior y que está estrechamente relacionado con tu propósito de vida.

¿Qué te daría un real sentido de realización personal?

....

....

....

....

"Cuando ya no somos capaces de cambiar una situación,
nos encontramos ante el desafío de cambiarnos a nosotros mismos".
Víctor Frankl

El propósito de vida le dará sentido y dirección a nuestros días, a nuestro existir, es lo que te llena de ilusión y alegría por estar aquí y ahora, en este instante, viva. Es lo que te lleva a levantarte en las mañanas con anhelo, pero sobre todo con un profundo sentido de gratitud.

La psicología positiva ha abordado este concepto desde la importancia de tener objetivos vitales, también llamados "propósitos de vida"; metas asequibles a través de elecciones libres y que **son importantes de alcanzar en nuestra vida**, por lo que las puedes medir o comprobar. Por ejemplo, para algunas personas su propósito de vida puede ser llevar adelante una obra social, cuidar a algún familiar enfermo, formar su propia empresa, jubilarse a los cincuenta años o trabajar en su desarrollo personal. Como puedes ver, objetivos o metas claras que le dan un sentido a su existir.

No obstante, algo muy distinto, pero que muchas veces usamos como sinónimo, es el **sentido de vida.** Esto se trata de una valoración subjetiva sobre la importancia de lo que uno hace. Es decir: es el **significado personal** de qué tan valioso es eso que estoy haciendo.

Seguro muchas de nosotras hemos experimentado en algún momento una sensación de vacío que deriva de plantearnos: ¿qué estoy haciendo de mi vida?, ¿esto me llena o motiva?, ¿me siento realizada siendo la mujer que soy? Más allá de ser preguntas retóricas, por lo general aparecen en momentos de crisis personal y, aunque aparentemente pueden parecer desconcertantes o negativas, la verdad es que son maravillosos **puntos de inflexión** que nos invitan a reflexionar sobre aquello que realmente queremos lograr. No las subestimes y agradécelas, ya que de ellas vienen los grandes procesos de transformación hacia una vida más auténtica y con sentido, porque **todos, sin excepción, necesitamos un sentido de vida para vivir más plenamente.**

> *Bendita la crisis que me hizo crecer y que me demostró que soy más fuerte que mis miedos.*
> *Bendita la crisis que me abrió los ojos, porque me enseñó que amarme y ser fiel a mí misma ya no es negociable.*
> *Bendita la crisis que movilizó el cambio, porque si no hubiera sido por ella no estaría hoy abriéndome a las oportunidades.*
> *Bendita la crisis porque me demostró que cuando las cosas aparentemente se están derrumbando, puede ser que más bien se están poniendo en su lugar.*

En este contexto, es importante contar con **valores** fieles a tus más grandes aspiraciones y a tus propias normas de vida, ya que actuar conforme a ellos nos hace sentirnos bien y refuerza nuestra **autoestima.**

¿Qué es lo que más te importa en la vida? ¿Te lo has preguntado alguna vez? Seguro has respondido desde el piloto automático o desde lo que crees que es lo "correcto", pero ¿te has permitido hacerte esta pregunta solo para ti, sin importar el juicio externo? Eso es lo que busco acá, que puedas conectar con aquello que para ti es lo importante, aquello que no estás dispuesta a transar ni transgredir. Para unas puede ser la libertad, para otras la honestidad; cada quien tiene su propia lista de lo que considera importante y que actúa como una **guía personal.**

Algunos valores son universales —como la justicia, la equidad, el respeto—, pero hay otros que son más individuales, como la lealtad, la belleza o la espiritualidad. La clave es que, así como hay un listado personal, también hay una jerarquía.

Muchas veces estos valores los heredaste, porque fue lo que tus padres te enseñaron, o se basan en factores socioculturales o en tus propias vivencias e interacciones, las que fueron moldeando lo que es fundamental para ti. Lo importante es que **tus valores son tuyos,** son **tus propios estándares o "normas"** de lo que consideras importante y, por supuesto, pueden ser flexibles e irse modificando según vamos creciendo y evolucionando.

En orden de importancia, de mayor a menor:
¿Mis principales valores son?:

....

....

....

....

¡Has terminado la primera etapa!

¡Buen trabajo! De todo corazón quiero felicitarte por haber atravesado estas preguntas que te invitaron a detenerte y a pensar en ti, algo que seguro no haces a diario y que es tan necesario. Darte el tiempo de hacerlo es muy meritorio e importante.

Aunque no te des cuenta, estas respuestas son **pequeños grandes pasos para trabajar en fortalecer tu autoestima y amor propio,** ya que el autoconocimiento es fundamental para este proceso. Seguro muchas de ellas antes no te las habías hecho o ni siquiera planteado. Haberlas contestado todas es un gran hito y si quedaron algunas pendientes no hay problema, siempre puedes volver atrás.

Hoy, sin duda alguna, te conoces más que ayer. Y no solo eso, te estás redescubriendo, te estás aceptando, sabes mejor qué te mueve, qué es importante para ti y también estás haciéndote cargo de ti con acciones concretas.

No lo olvides: algunas veces necesitamos volver para recordar por qué nos habíamos ido. Como te he dicho más de una vez: en el maravilloso proceso de amarte y crecer los atajos no existen.

♥

LA PAZ INTERIOR Y LA CERTEZA

"La paz interior comienza en el momento en que decides no permitir que otras personas o acontecimientos controlen tus emociones".
PROVERBIO ORIENTAL

Es imposible no referirme a la paz interior si estamos trabajando en cultivar nuestro amor propio, ya que este siempre crecerá en un entorno en el que privilegies **tu paz mental** y solo tú sabes qué es lo que te da paz.

Para mí es un concepto personal que, por supuesto, tiene matices de significado común, pero que finalmente es subjetivo. Para algunos puede ser romper vínculos con personas que sientes que no te aportan, alejarte de cosas o situaciones que te hacen daño, evitar la negatividad, disfrutar de tu propia compañía y hacerlo un ritual, hacer deporte o enfocarte en tus sueños y dedicarles tiempo. Si bien no hay una sola definición, sí podría decir que siempre se asocia a **plenitud y bienestar**.

Es importante comprender que **paz no es lo mismo que tranquilidad.** Tendemos a creer que son sinónimos, pero no es así. Por ejemplo, puedo estar tranquila esperando el metro y no estar en paz, me pueden inundar pensamientos de tristeza, desesperanza o sentirme muy ansiosa. O, por el contrario, puedo estar haciendo algún deporte extremo con la adrenalina a mil y sintiéndome muy en paz por el solo hecho de realizarlo.

La paz interior va mucho más allá de lo que ocurre afuera, es una sensación de **plenitud** en la cual experimentamos una profunda **calma**, más allá de las actividades o el entorno. Y cuando tu paz mental se ve asociada a esa quietud del simplemente dejarse ser, es el momento en que muchas veces surgen sentimientos contradictorios; anhelo estar en calma y sentir paz, pero por otra parte me siento incómoda puesto que algo me falta, "como que no me siento viva". Esto ocurre ya que de manera errónea **tendemos a asociar la calma con la tristeza, así como la actividad con la alegría.** En nuestras ajetreadas vidas nos hemos acostumbrado a la tensión constante, al hacer continuo, a estar alerta y, si esa tensión o atención externa no está, se siente como que si en realidad estuviéramos incompletas, dejamos de ser útiles o no hay nada que resolver. Yo lo llamo "la culpa de no hacer nada", que apunta a esta necesidad frecuente de estar siempre ocupadas o haciendo algo.

El mensaje es el siguiente: Si la calma es algo que te permite sentirte en plenitud y paz, entonces empieza desde hoy a cuestionar y romper tus creencias de que el descanso o el ocio son malos. Permítete disfrutar de tus propias pausas personales.

Si tuviera que nombrar una condición clave a la hora de conectar con nuestra paz mental es que esta solo se logra cuando estás enfocada en el **momento presente.** No podemos condicionarla a lo que ocurrió en el pasado ni tampoco a lo que ocurrirá en el futuro. Ambos estados te sitúan en emociones displacenteras —la emoción del pasado es la melancolía de lo que ya fue y la del futuro, muchas veces, es la angustia por la incertidumbre de lo que vendrá—, y solo el momento actual es el que verdaderamente existe y en el que surgen las oportunidades en tu vida. La paz mental no se da cuando tu atención está puesta en situaciones que no han ocurrido, en lo que podría pasar (o no pasar) o en lo que sucedió ayer. Es importante que tomes conciencia de esto; de la importancia de vivir y disfrutar el presente, ese maravilloso estado de conexión con el aquí y ahora, donde no te enfocas en las circunstancias externas, sino en **el apreciar esas "pequeñas grandes cosas"** que te dan alegría, plenitud, pero sobre todo certeza. Esto te permite abordar las vicisitudes de la vida con otra perspectiva mucho más constructiva y también con una actitud más optimista.

A diferencia de lo que se puede pensar, no hay que salir a buscar o perseguir la paz interior. Por supuesto, ciertos contextos pueden ayudarnos a encontrarnos con ella, pero son solo facilitadores o herramientas, ya que finalmente donde siempre encontrarás las respuestas será dentro de ti. Puedes asistir a un retiro espiritual, subir la cima de una montaña, inscribirte en una jornada de meditación o conversar con una amiga que siempre tiene un consejo certero, todo eso te puede ayudar, dar guía y orientación, pero quiero que comprendas que no tienes que ir a ningún lugar específico ni tampoco practicar ningún ritual. Solo debes darte el espacio de escuchar, indagar y conocer, **porque la paz interior no se encuentra, sino que se observa.**

"La paz viene de dentro, no la busques fuera".
BUDA GAUTAMA

Cultivar tu paz mental es aquello que te llevará a elegir mejor qué batallas tomar y dónde depositar tu energía. Comprendes que por cuidarla es mejor no dar siempre la pelea, ir al choque y que en ocasiones guardar silencio es lo más apropiado, ya que no es un gesto de debilidad, sino todo lo contrario, de amor propio. Es no dejar que la conducta de otros pueda robarte ese espacio tan íntimo y personal, porque eres capaz de comprender que **tú no eres responsable del comportamiento de los demás, sino solamente de tus propias acciones.** Es alejarse del drama, del chisme, de las malas noticias y acercarse al sendero de desarrollar el poder interior, el crecimiento personal, el amor propio y la autenticidad; caminos que te harán darte cuenta y entender que **nunca más permitirás que una persona o situación vuelvan a controlar tus emociones. Porque tú estás al mando siempre, por favor, no lo olvides.**

No existe un manual para conectar con la paz interior, pero sí hay ciertas acciones que nos pueden ayudar en el proceso de indagar en ella.

"El estrés es una elección. También lo es la paz interior".
LEWIS HOWES

Reflexionemos juntas brevemente:
¿Qué es aquello que sientes que te quita paz interior y cómo podrías ver la situación desde una mejor perspectiva para que no te afecte tanto?

....

....

....

Completa la siguiente afirmación: "Porque me quiero, elijo mi paz mental" (e identifica todo aquello que te brindará ese sentido de paz interior y anótalo aquí)

....

....

....

A su vez, enfocarse en lo que a uno le gusta es un sano proceso para encontrar la paz interior. Despertará en ti la sed de curiosidad de lo nuevo y además sentirás placer. Te aseguro que será un buen estímulo que dará energía positiva a tu vida, te inundará de serotonina y dopamina —por la alegría de hacer algo que te gusta— y, por supuesto, esto te hará sentir más feliz.

Menciona tres cosas o actividades que te gusta hacer y que sientes que te dan paz interior. (No hablo de talentos o virtudes, solo menciona aquello que te encanta hacer, como una buena lectura, regar las plantas, hacer una rica receta de cocina, servir a otros)

....

....

....

....

Conéctate con estas actividades, resérvate el tiempo para hacerlas e inclúyelas de manera más frecuente en tu rutina.

Tu paz interior no es negociable.
Es un derecho personal.
No es un lujo que solo algunas personas
"se merecen" o pueden cultivar.
Solo en la medida en que te sientas merecedora de todo lo
maravilloso que esta vida tiene para ti por el solo hecho de existir,
y que comprendas que cuidar de ti es también cuidar de los demás,
no volverás a transar poner en riesgo tu paz mental.
Serás más selectiva con las personas que te rodean, los ambientes
que frecuentas y dónde pones tu energía.
Comenzarás a disfrutar de tu propia compañía, de priorizarte,
protegerte y cuidarte, sabiendo que eres feliz y plena con lo que
tienes, con lo que haces y lo que compartes.
Y lo más importante: que eres suficiente.

A propósito de lo que hemos revisado sobre la paz interior, quiero detenerme unos instantes también en lo que llamo **certeza**, porque para mí va más allá de su definición, de esa convicción de saber o conocer la verdad, de aferrarse a la lógica o racionalidad que acreditan los hechos, sino que apunto a la **"certeza interior"**. Al igual que la paz mental, es esa sensación profunda, tan única e individual, de saber que, **pase lo que pase, las cosas van a estar bien**. Aquí no hay apego a un resultado, ya que sería aferrarnos a algo que ocurre en el exterior, a expectativas, sería una "certeza dependiente".

Este concepto es completamente distinto; es simplemente sentir **confianza**. Sí, porque esa es la palabra que lo describe todo:

Es una sensación inexplicable de convicción que proviene de ti y te hace sentir que eres parte de algo superior. Es un regalo, y si ya sientes que la tienes, es algo que debes atesorar y cultivar.

♥

Se nos enseña desde muy temprana edad a pensar de manera lógica, especialmente al resolver problemas; a ser analíticos y a que la certeza se da en la medida en que los resultados o la evidencia científica apoye los hechos. No obstante, la certeza está muy relacionada con la **intuición** —la cual tendrá un apartado especial en las próximas páginas—, ya que es esa sensación inexplicable de "certeza incondicional" que va más allá de toda lógica, pero que guía poderosamente tu camino.

A algunas les puede parecer algo muy místico, esotérico o superficial, ya que esta certeza de la que estoy hablando carece de pruebas racionales. Sin embargo, está demostrado que alejarse de la espiritualidad o, peor aún, ningunearla, te hace vivir en un estado de desconexión de lo importante, de lo trascendente. Y ante la carencia de un sentido de vida real, de algo que realmente te llene el corazón, **buscas llenar ese vacío con el tener o el hacer**; lo buscas en las sensaciones y placeres temporales, porque no te permites simplemente **ser**. El resultado de esto es una vida sin propósito, en la que no le das espacio a ver lo hermoso de vivir ni a la conexión mágica con tu sabiduría universal, que es ese motor que te permite encontrar un significado aun cuando aparentemente no lo hay.

Porque la espiritualidad no es la negación de la vida, ni tampoco hacer que los problemas no son importantes o no suceden, por el contrario, es la aceptación de la vida misma desde todas sus aristas y con todos sus matices.

♥

La espiritualidad no es propiedad de ninguna religión, sino una dimensión única de nuestra especie, en donde en nuestra finitud e inmensa pequeñez somos capaces de percibir lo infinito y experimentarlo. Es la manera en que encontramos significado y paz interior —para algunas puede ser a través del arte, para otras en la religión, en la conexión con la naturaleza, los valores, la generosidad, experiencias dolorosas como motor del cambio, el servicio social, etc.—. Implica un profundo proceso de autodescubrimiento y también sanación. Cada una abraza la espiritualidad a su manera, pero siempre hay algo en común, independiente de cómo decidas vivirla: el equilibrio, la armonía, la paz interior, la conciencia y la conexión contigo y los demás.

El neurólogo y psiquiatra austriaco de origen judío Víctor Frankl sobrevivió a cuatro campos de concentración nazi, entre ellos Auschwitz, y hoy es uno de los mayores referentes en temas de espiritualidad y crecimiento personal. Lo que experimentó en esos años es inimaginable. Él logró mantenerse vivo, pero no ocurrió lo mismo con su mujer, ni sus padres, hermano, cuñada y amigos. En parte debido a su sufrimiento mientras estaba cautivo, Frankl desarrolló un acercamiento revolucionario a la psicoterapia, conocido como "logoterapia" —donde integra la dimensión espiritual a través de proponer la voluntad de sentido—, con el que llegó a grandes y profundas conclusiones, todas plasmadas en su libro *El hombre en busca de un sentido*. Aquí un breve extracto:

> *"¿Por qué murieron los prisioneros más fuertes y robustos y sobrevivieron los más débiles?*
> *El hombre robusto trabajaba, comía y dormía. Los débiles nos poníamos a imaginar cómo sería la vida cuando saliéramos".*

Con esto se deduce que, como dice Frankl, "aquellos que tienen una razón para vivir, pese a la adversidad, resistirán". Pudo percibir cómo quienes tenían esperanzas de reunirse con seres queridos, que poseían proyectos inconclusos o quienes tenían una gran fe, parecían tener mejores oportunidades de sobrevivir que los que habían perdido toda esperanza. Se proyectaban más allá de la miseria inevitable de las circunstancias que les tocaba vivir. **La esfera espiritual, concluyó el psiquiatra, es necesaria para sobrevivir.**

Además de ser superpotente e inspiradora, les menciono esta historia porque esa certeza interna que va más allá del raciocinio, que trasciende toda lógica, solo se da cuando haces de la espiritualidad una forma de vivir.

Martin Luther King, Jr. dijo: "La fe es subir el primer escalón aunque no puedas ver la escalera completa". Y su frase, tan cierta, nos remonta al cambio de paradigma del antiguo "ver para creer", a "creer para ver". Cuando comiences a creer, empezarás a tener esa certeza interna, y tarde o temprano, comenzarás a ver las bendiciones y los milagros en tu vida. Es muy simple, cuando no crees que algo bueno va a suceder, simplemente no sucede.

Aceptar y cultivar esta dimensión humana es un componente importante para la salud integral, el bienestar y la plenitud.

Para esto, te invito a preguntarte:

¿Qué tan conectada te sientes a este concepto? ¿Es una de las áreas que cultivas en tu vida o sientes que aún te falta mucho por trabajar?

....

....

....

....

Y respecto de la certeza interior:
¿Recuerdas algún episodio que te haya conectado con esta sensación profunda de certeza?
Si es así, plásmalo aquí con todos los detalles, y si tu respuesta es no, te invito a que no descanses hasta tener la respuesta. Esto te llevará a cultivar y abrazar tu espiritualidad y así abrirte a los maravillosos milagros que están esperando para ocurrir en tu vida.

....

....

....

....

Esta certeza interna de las que les he estado hablando es la que me llena de gozo e ilusión para enfrentar la incertidumbre de la condición de salud de mi hijo Santi. Donde honestamente no hay expectativas, sino una creencia profunda de que todo va a estar bien, pase lo que pase. Porque venga lo que venga, **es y será a nuestro favor.** Para mí esto ha sido clave para mantenerme firme y ver un sentido, me ha permitido transitar de la amargura e inconformidad a la plenitud; es sentirme en constante compañía con Dios, en comunión con el Universo y también con mis guías espirituales, porque **no podemos pretender que estamos solas, hay mucho apoyo divino a nuestro alrededor.**

La certeza interna es sentirse en una total conexión con la vida y el Universo, y también con nosotras mismas. Es una serenidad producto de la conciencia y responsabilidad plena de nuestras emociones, actos y decisiones. Es un estado más bien permanente que se ve poco afectado por las circunstancias externas y que para alcanzarlo requiere de mucha conciencia, amor, aceptación y trabajo interior.

Porque no son las circunstancias las que alteran tu paz interior, sino la forma en que tú las estás observando y cómo decides sentirte frente a eso que está ocurriendo.

♥

EL AUTOCUIDADO

> *"El autocuidado es la manera en que puedes recuperar tu poder".*
> LALAH DELIA

El autocuidado es uno de los pilares del amor propio y es fundamental tenerlo en cuenta para trabajar en tu bienestar de manera integral. Su origen etimológico proviene del latín *auto*, que significa "propio" o "por uno mismo", y "cuidado", que viene de *cogitatus*, que significa pensamiento. Esta palabra nos habla de la atención o reflexión que se pone en hacer bien una cosa para así evitar algún daño o peligro. Por lo tanto, el autocuidado no es un concepto que tenga que ver con otros, todo lo contrario, depende 100% de ti; es el propio cuidado personal.

Lamentablemente, muchas de nosotras crecimos creyendo que el cuidado de una misma es algo que depende de otras personas. Ya sea por el modelo patriarcal o por razones culturales, nos enseñaron desde pequeñas que la protección viene desde afuera. No me malentiendas, por supuesto que cuando somos pequeñas es importante contar con otros significativos —padres, tutores, etcétera— que nos brinden la seguridad básica y un entorno adecuado donde podamos crecer sintiéndonos amadas, protegidas y seguras. Esto nos permite desarrollar un apego seguro y fijar los cimientos para crecer y tener una buena autoestima, y, en consecuencia, establecer relaciones sanas con otros. Pero creer que es responsabilidad del otro nuestro cuidado y bienestar es un gran error.

La idea del famoso "príncipe azul" que viene a rescatarte, la "media naranja" que viene a complementarte o la "hada madrina" que te resuelve la vida como por acto de magia deja la sensación de que tu vida siempre necesita de otros para poder sentirte cuidada, querida y segura...

Eso no es así. Cuando alguien te dice "nadie te va a cuidar mejor que yo" es manipulación, porque siempre la persona que va a cuidar mejor de ti eres tú misma.

♥

No necesitas a otro, a no ser que tengas un impedimento físico, un problema de salud o condición que te obligue a ello. Por supuesto que tu pareja te puede cuidar, si tus hijos son mayores también, pero es importante que tengas claro que ese no es su rol. Al principio quizás puede sonar aterrador hacernos cargo, pero finalmente te libera de las expectativas respecto de otros, te pone en una posición de líder de tu bienestar. Y déjame decirte: hacerte responsable de ti misma es, por lejos, la mejor decisión, ya que dejas de esperar a otro para que las cosas sucedan.

Además, algo muy importante; cuando cuidas de ti, puedes cuidar a los demás de mejor manera, ya que, **¿cómo vas a cuidar a otros si no sabes cuidarte a ti misma?** Al cuidarte, también cuidas de los demás, siempre se extiende el beneficio y tendrá un impacto positivo en otras personas. Alguien que solo se ocupa del resto y jamás de sí misma es una persona egoísta para sí. En su afán de satisfacer las necesidades del resto no es capaz de velar por las propias, de potenciar sus dones y de entregar su amor y cuidado a otros desde la abundancia, ya que, cuando uno no es prioridad consigo misma, entrega desde la escasez, no desde la más auténtica versión de su ser.

La clave está en el equilibrio: no se trata de creernos *superwomen*; mujeres 100% autosuficientes que no necesitan ayuda de nadie, ya que eso solo te llevará al perfeccionismo y a la ansiedad, tampoco de entregarte en totalidad a los otros olvidándote de ti. Por el contrario, se trata de que aprendas a cuidarte y protegerte, a darte aquello que necesitas para sentirte segura y a salvo, y que sepas reconocer y pedir ayuda de otros cuando lo necesites. **Hay que aprender a recibir y también a dar.** De eso se trata este flujo maravilloso que es la vida. No funciona de otra forma.

"Puedes con todo, pero no con todo a la vez".
Anónimo

No olvides que cultivar tu autocuidado es fundamental para tu bienestar y que te permitirá vivir una vida más plena y sí, más feliz. Para conectar con él, pregúntate **¿qué necesito en este preciso momento?** A veces es bajar el ritmo, otras ser fiel a ti misma, hacer una pausa o tener el coraje de decir que no. Solo tú sabes qué es lo que necesitas y es importante que te escuches y comiences a darte eso que sientes necesitar. En la medida en que atender a tus necesidades sea una prioridad, te convertirás día tras día en tu mejor compañía.

Si pudiera darte algunas claves para comenzar a conectar con tu autocuidado, serían las siguientes:

» **Reserva todos los días un instante solo para ti.** Da igual si es dedicar tiempo a la lectura, meditación, hacer deporte o disfrutar de una rutina de cuidado personal. La clave es que es un momento exclusivamente tuyo.

» **Conecta con aquello que te hace bien, te llena de energía y conexión, y haz más de ello.** Aprender a escucharte e identificar aquello que necesitas para luego llevarlo a la acción es el camino correcto.

» **Empieza a prestar atención a dónde pones tu energía.** Qué escoges leer, escuchar y ver, también cuenta como autocuidado. Sé más selectiva con tu tiempo y con quiénes decides interactuar. Llénate de esas personas que sientes que "te hacen bien".

» **Cuida tus pensamientos con extrema rigurosidad.** Piensa en tu mente como un terreno fértil y que cada pensamiento es una semilla. ¿Qué es lo que quieres cultivar? ¿Qué es aquello que quieres ver florecer? Tomar conciencia de tu actitud y pensamientos es el comienzo del cambio y la transformación.

» **Si aún te cuesta creer que cuidar de ti no es ser egoísta** y la culpa surge como algo inevitable, solo puedo decirte que cada vez que decides ponerte de lado por satisfacer a los demás estás lamentablemente demostrándote a ti misma que no eres importante, que no mereces tu atención y cuidado. Y si tú no eres capaz de cuidar de ti, menos lo hará el resto. Todo comienza desde ti. Siempre tú eres la fuente de todo aquello que necesitas.

Por favor, no lo olvides: tú eres tu proyecto más importante, siempre. No te dejes para después, porque al final del día eres todo lo que tienes.

Cuando empiezas a cuidar de ti y te conviertes en tu prioridad no solo te sientes mejor, sino que también estás mejor, impacta directamente en tu calidad de vida, bienestar personal y relación con los demás, atraerás mejores personas y situaciones, y tendrás esa maravillosa sensación de que tu vida comienza a fluir.

♥

TRATARNOS BIEN

Empezar a cuidar de ti, por supuesto, significa hacer un cambio fundamental en la manera en que nos tratamos. **Tratarnos bien y con amor es algo que va más allá de mimarnos.** Por supuesto que darnos tiempo para nosotras y hacer aquellas actividades que nos permiten gozo, descanso o desconexión son importantes y absolutamente necesarias, pero tratarnos bien, desde mi perspectiva, va un paso más allá. Va muy ligado al concepto de autocuidado que ya revisamos.

El tratarnos bien tiene que ver con cómo te hablas, qué cuento te estás contando, qué pensamientos y emociones dejas que inunden tu mente y también con quién te relacionas. **Tiene que ver con cuidarte en la totalidad que eres: mente, cuerpo y alma**, y cultivar en cada una de estas áreas distintas semillas que te permitan florecer en todos los aspectos. Desde cuidar tu salud, estar en movimiento, elegir alimentos que te nutran y hagan bien —es muy distinto comer a alimentarse, de hecho, uno puede comer comida que no alimenta—, disfrutar de sentirte linda, aceptarte, elegir tu vestuario potenciando lo mejor de ti, cuidar tu mente a través de la elección de pensamientos que te apoyen y eleven, aceptar y validar tus emociones, alejarte de la negatividad, ser amable contigo misma hasta conectarte con la compasión y cultivar la espiritualidad, entre muchas cosas más.

Es mucho más amplio que solo disfrutar de una exquisita tarde de spa, puesto que de nada servirá si cuando sales tu diálogo interior te dice que eres "una floja" o sientes culpa por haberlo hecho. Como ya vimos, **cuidar nuestro "juez interno" es fundamental para abrirnos al goce y al disfrute.**

Todas, sin excepción, merecemos tiempo para nosotras. Da igual si eres trabajadora a tiempo completo, te dedicas a las labores de la casa o estás al cuidado de tus niños; la conexión personal y el descanso es algo que trasciende tu ocupación, tus roles o tu nivel socioeconómico. Empieza a pensarlo desde hoy como una prioridad. Quizás es levantarse treinta minutos más temprano o reservar con tiempo un espacio para ti en tu calendario. ¿Por qué eres capaz de agendar una reunión de trabajo y no puedes hacer esto contigo misma? Te puedo asegurar que si quieres lo vas a hacer.

Excusas para evitarlo, en tanto, encontrarás siempre, de eso no hay duda. Seguramente ahora mismo puedes estar pensando: "Es que el trabajo es más importante, ahí no puedo fallar ni elegir, tengo que ir por obligación". Ante esto, solo podría decirte que el día que dejes de sentirte como una opción y comiences a ser tu elección, vas a lograr la forma perfecta de que tu bienestar conviva en armonía con tus otros roles o tareas. No son excluyentes. **"Para estar bien para los demás y dar lo mejor de ti, tienes que estar bien tú primero"**, así que no vuelvas a cometer el error de no darte lo que necesitas. No te tienes que ganar el derecho a estar bien, sino que te lo mereces por el simple hecho de existir. Comienza desde hoy a sentirte merecedora.

No lo olvides: el amor propio siempre se va a fortalecer de todo lo que nace de ti, por tanto, cuidarte desde el concepto de la triada mente-alma-cuerpo es una maravillosa forma de sentirte en bienestar y equilibrio.

> *"Cómo comienzas tu día es cómo vives tu día.*
> *Cómo vives tu día es cómo vives tu vida".*
> Louis Hay

Una práctica que he hecho un hábito y me ha permitido darme esa pausa personal tan necesaria es caminar algunos días por las mañanas, 30 minutos antes de comenzar mi jornada. En cada caminata me gusta escuchar algún audiolibro que me inspire y entregue algo para reflexionar, o simplemente pongo música que me invita a apreciar desde la gratitud los rayos de sol de la mañana y sentir la magia de estar viva. Me conecta mucho con el momento presente. Esta pausa marca la tónica de cómo será mi jornada: si comienzo mi día conectando conmigo misma, me encuentro en una mejor disposición para conectar con los demás.

Este hábito es algo que me funciona a mí, no por eso tiene que funcionarte a ti. La invitación más bien es a que pienses e identifiques instancias que te aporten esa sensación de conexión o paz interior, para que se conviertan en tu "cable a tierra" en esos momentos de mucho estrés o ajetreo externo. Para algunas puede ser la meditación, para otras la oración, el deporte, la música o el arte... No hay respuestas correctas o incorrectas, lo único importante es que te haga total sentido y que te permita conectar.

Menciona tres cosas que vas a comenzar a hacer para empezar a convertirte en tu mejor compañía:

1. ....

2. ....

3. ....

Respecto de la pregunta anterior, **¿cuándo comezarás a hacerlas?** (Identifica claramente una fecha u horario para que realmente suceda. No olvides: "Un sueño se convierte en una meta cuando le pones voluntad y una fecha".

Comenzaré: ....

Comenzaré: ....

Comenzaré: ....

EL PERDÓN

> *"Los débiles nunca pueden perdonar.*
> *El perdón es el atributo de los fuertes".*
> Mahatma Gandhi

Otro punto fundamental en este camino que recorrerás es ser capaz de perdonarte. Cuando empiezas a sentir compasión por ti y te perdonas por los errores cometidos o por lo que dejaste de hacer y podrías haber hecho, estás empezando entonces a vivir la ruta de la sanación interior.

Ya vimos la importancia de cultivar un diálogo interno positivo, aceptar nuestras emociones y privilegiar nuestra paz mental, pero también lo es **admitir nuestros errores, perdonarnos y aprender a perdonar a otros.** Reconocer nuestros errores es una señal de una autoestima sana, de fortaleza, coraje y madurez personal. Así que deja atrás la creencia de que reconocer que no hiciste bien algo es sinónimo de inferioridad o debilidad. Además, los errores son un extraordinario regalo, ya que través de ellos puedes aprender las más grandes lecciones. **Porque fracasar no es equivocarse, por el contrario. Fracasar es no intentarlo.**

El peor error que podemos cometer es no aprender del error.

♥

Darle este significado constructivo al error es lo que hará una diferencia en tu vida: ya no serás víctima de tus errores ni de tu pasado y el error dejará de ser una caída, sino que será una gran lección. Te liberará de ataduras y sensaciones negativas. Te mirarás con más compasión, comprenderás que eres una mujer que está en constante cambio y aprendizaje, que estás aprendiendo a bailar esta danza que es la vida y que la única forma de aprender a bailar es bailando, y no mirando como los otros lo hacen. ¿Acaso los bebés aprenden a caminar no caminando? No, aprenden intentándolo, cayéndose y levantándose una y otra vez, confiando en el proceso. Por esto es importante que entiendas que "tus altos y tus bajos" son necesarios para seguir evolucionando y que de eso se trata la vida misma.

Perdonarte es fundamental para tener una buena autoestima y, cuando realmente lo logras, el cambio es sustancial: te tratarás de una manera más amable, serás menos crítica, te reconciliarás contigo misma y, al conocer y reconocer el perdón, también podrás perdonar a otros. ¿Cómo vas a poder perdonar a los demás si no eres capaz de perdonarte a ti misma? Uno no puede dar a otros aquello que no tiene.

Empieza a tratarte como tu mejor amiga y aconséjate igual. ¿Qué le dirías si cometió un error? ¿Acaso que es una tonta o que es poco capaz? Te aseguro que no, serías más dulce, cariñosa, tratarías de levantarle el ánimo y la incentivarías a buscar una solución. ¿Por qué no haces esto contigo misma? No tengo duda alguna de que si te empezaras a hablar con más cariño y compasión, tu diálogo interno mejoraría, tu estado emocional sería más positivo y todo en tu vida se vería impactado.

> *Trátate como tratarías a tu mejor amiga en la misma situación.*
> *No solo se trata de que no le hagas a otros lo que no quieres que te hagan a ti, sino sobre todo que no te hagas a ti misma aquello que no le harías a los demás.*
> *Cuando los demás ven la forma como te quieres y te tratas, saben exactamente cómo se deben relacionar contigo.*

Perdonar y perdonarnos es un acto que requiere determinación y conciencia, para esto es importante que comprendas que **lo haces por ti y para ti**, no por el otro, aunque este haya sido el responsable de tu dolor.

Eres tú la responsable de sanar y perdonar tus heridas así hayan sido otros quienes las hayan causado.

♥

El perdón es para ti porque te libera, te quita esa mochila pesada que sin darte cuenta cargas sobre tu espalda. Puede beneficiar a otros y también a una relación, pero siempre quien más se beneficia eres tú. Y no te confundas, perdonar no es olvidar, tampoco es estar de acuerdo con el otro, menos aún rechazar o negar. **Perdonar es aceptar**, es entender que no vamos a volver el tiempo atrás, que de nada sirve quedarnos con el resentimiento del pasado y que tampoco tiene ningún sentido castigarte por ello. ¿Qué bueno has conseguido castigándote por tus errores? ¿Aprendiste alguna lección? Mentira.

Cuando te castigas y te culpas no surge nada bueno de ello, pierdes tu poder personal, la posibilidad de tomar las riendas de la situación, afecta tu autoestima, tu autopercepción de logro y además te pone en una muy baja vibración —de hecho, es una de las vibraciones más bajas, algo que ya veremos más adelante—. En cambio, cuando te miras con compasión entiendes que lo que ocurrió es algo del pasado y que aceptarlo es la mejor manera de lidiar con ello, para hacerlo lo mejor posible de ahora en adelante.

Recuerda: tu pasado no te define, **no eres tus errores, pero si los aceptas puedes liberarte del resentimiento, rencor u odio, que solamente te envenenan a ti.** Así podrás comenzar a vivir hoy desde un lugar de mayor plenitud, conciencia y amor.

Hagamos una pausa. Te quiero invitar a que reflexiones de manera muy íntima la siguiente actividad. Es superpoderosa y te aseguro que va a haber un antes y un después en tu persona si la haces a conciencia y con intención. Nadie dijo que el camino del crecimiento personal tenía atajos o que era la opción más fácil. Es profundo, a veces oscuro, ya que **¿cómo vas a saber qué es la luz si no sabes lo que es la oscuridad?** De hecho, las estrellas no pueden brillar sin oscuridad. Lo que sí te puedo garantizar es que será el camino que le dará más satisfacciones y sentido a tu vida.

Escribe una carta donde pongas todo aquello que aún no te perdonas.

No pienses tanto ni le des cien vueltas, ya que el pensamiento racional y el "juez interno" inhibe el intuitivo; es necesario dejarlo salir todo, eso de lo que te avergüenzas, eso que de solo pensar te genera una emoción displacentera, esos "fantasmas" que no te dejan vivir en plenitud y se sienten como pesadas cargas. Recuerda que es un trabajo 100% personal, absolutamente tuyo y privado, así que regálate la instancia de ser sincera contigo misma y de sacarle el mayor provecho. Te aseguro que será el paso necesario para liberarte de resentimientos, limpiar las culpas y comenzar a aceptarte tal y como eres.

Comienza tu carta con la siguiente consigna: **"Hoy reconozco que estas cosas merecen mi perdón y, si bien falta un largo camino por recorrer, identificarlas me da la fuerza para seguir avanzando con determinación y propósito en mi proceso"**.

Luego intenta enumerar cada una de las cosas que aún no te perdonas.

Por ejemplo:
» "No me perdono el fracaso de mi matrimonio"
» "No me perdono que me hayan despedido"
» "No me perdono no poder amar a mi hermana"
» "No me perdono aún no ser capaz de encontrar una pareja"
» "No me perdono la muerte de un ser querido"
» "No me perdono no ser capaz de manejar mi relación con la comida"
» "No me perdono no gustarme"
» "No me perdono no haberme atrevido a dar el paso"

Esos fueron algunos ejemplos. Ahora es tu turno, sé que puedes, ¡dale! Estamos juntas en esto:

"Hoy reconozco que estas cosas merecen mi perdón y, si bien falta un largo camino por recorrer, identificarlas me da la fuerza para seguir avanzando con determinación en mi proceso"

....

....

....

....

¿Listo?

¡Qué ejercicio, no! Es potente, pero también se siente muy liberador poder finalmente reconocer e identificar que necesitamos perdonarnos y también perdonar. **Estamos sanando**, es parte del proceso. Y **sanar no significa que "estés en reparación", aquí no hay nada roto, nada que reparar, significa que el daño o las heridas ya no ejercen control sobre tu vida.** Todas tenemos heridas que merecen nuestra atención, es parte de nuestro proceso evolutivo. Sería de una soberbia enorme creer que tenemos todo resuelto.

Pero aún no hemos terminado...

Ya descubriste qué cosas perdonarte, y debo felicitarte porque has derribado una gran barrera que te impedía amarte más. También te has dado cuenta de que es necesario hacerlo y que el no tomar acción te regresará al punto de partida. Ahora necesitas comprometerte de corazón con tu crecimiento personal, si realmente lo que quieres es elevar tu vida al siguiente nivel. **Recuerda: no eres tu pasado, no eres tu biografía, no eres tus errores ni fracasos, eres la mujer que HOY decides ser y solo es el presente el que te entrega esa posibilidad de actuar.**

Para concluir, vamos a sellar estos aprendizajes con la consigna "Me perdono por" y vas a escribir 10 frases que comiencen con esta sentencia, completando cada una con tus reflexiones y cerrando con un compromiso. Al igual que en el ejercicio anterior, quiero que sientas lo que escribes, no pongas lo que te gustaría oír —después hablaremos de las afirmaciones positivas— , aquí la idea es inhibir el "sobrepensar" y dejar que nuestro corazón se exprese.

Por ejemplo:

» "Me perdono por no haber pensado más en mí y me comprometo a atender mis necesidades"

» "Me perdono por culparme de mis errores y me comprometo a buscar el lado positivo de cada uno de ellos"

» "Me perdono por haber ignorado mis emociones y me comprometo desde hoy a darme permiso para sentirlas",

La idea es que siempre termines cada frase con un acuerdo o compromiso.

Carta para perdonarnos a nosotras mismas

1. Me perdono por: ....

2. Me perdono por: ....

3. Me perdono por: ....

4. Me perdono por: ....

5. Me perdono por: ....

6. Me perdono por: ....

7. Me perdono por: ....

8. Me perdono por: ....

9. Me perdono por: ....

10. Me perdono por: ....

Si llegaste hasta aquí déjame decirte que me siento MUY orgullosa de ti. Te felicito de corazón, ya que fue un acto enorme de valentía y amor propio.

Esa es la mujer que eres tú; la que eres ahora, la que está comprometida con ser su más auténtica y elevada versión y desde ahí abrirse al gozo, la alegría y plenitud. Porque el tiempo no cura todo, sino que es lo que hacemos con el tiempo aquello que nos cura.

♥

Si por algún motivo no pudiste terminar este ejercicio, no te desanimes. Intenta identificar por qué y anímate a hacerlo. Si sientes que es algo que se escapa de tus manos, lo mejor es pedir ayuda y recurrir a alguien calificado que te dé la contención necesaria para transitar estos ejercicios con más amor. Cualquiera sea tu decisión, es la correcta.

Sal de tu zona de confort. Si no sales nada malo pasará, pero si sigues ahí todo seguirá igual. ¿Quieres llevar tu vida un paso más allá? ¿Quieres acercarte a vivir tu más auténtica versión? Entonces cambia la zona de confort por la zona de las oportunidades. El crecimiento personal y el amor propio siempre se darán fuera de ese lugar.

♥

LA RESPONSABILIDAD

Ya hemos revisado la mitad de los conceptos fundamentales a la hora de vivir este proceso en el que te embarcaste. Ahora es el momento de abordar la responsabilidad, pero desde la perspectiva de hacerse cargo, no de dejar de procrastinar o de que cumplas todas tus obligaciones o tareas puntualmente (ok, es importante que lo hagas), pero en este capítulo me refiero a internalizar la idea de asumir la responsabilidad de cada una de tus acciones, y aceptar que tú tienes la total responsabilidad sobre tu vida y sobre ti misma.

El bienestar personal viene desde asumir nuestra responsabilidad y tomar nuestras propias decisiones. De asumir que eres tú la protagonista y no la espectadora de tu vida. Deja de sentir que "las cosas te pasan" y empieza a conectarte con tu poder creador, y, lo más importante, ¡ponlo en acción! Porque todas, sin excepción, tenemos esa fuerza interna y ese poder que nos permite crear nuestra vida y nuestra realidad. Deja ya de culpar a los demás por tus desaciertos o fracasos, en lugar de eso, dedica tiempo y energía a convertirte en la persona que quieres llegar a ser. A crecer y a evolucionar. El cambio existe, ya está dentro de ti.

A simple vista no es fácil internalizar esto, pero déjame decirte que **eres responsable de todo lo que te ha ocurrido en tu vida**. ¡Ojo! Por supuesto que no eres responsable del mal clima, de las malas experiencias en tu infancia, de la enfermedad de tu madre, de la mala actitud de tu jefe, de la caída de la economía o de la violencia de otros, pero sí eres responsable de tu actitud, es decir, de cómo decides sentirte respecto de todo ello, qué elegir y cómo actuar en consecuencia.

Hacerte responsable no significa asumir tú las acciones de los demás. La maestra Byron Katie dice: "Solo puedo ver tres tipos de asuntos en el universo: mis asuntos, tus asuntos y los asuntos de la naturaleza". Tú solo puedes responsabilizarte de tus acciones o de cómo decides reaccionar o sentirte frente al actuar de otros, pero no de lo que los otros hagan, digan o dejen de hacer. Aquí, las frases: "Es que tú me obligaste a hacerlo", "Yo no quería, pero tú no me diste otra opción" o "Tú eres el responsable de que me sienta así" son ejemplos de querer evadir responsabilidad culpabilizando a otros. Por esto, tenlas como señales de alerta o *red flags* (banderas rojas) si las escuchas, las has dicho o las reconoces por ahí.

» No olvides que nadie puede tomar decisiones por ti y nadie te hace "sentir" ciertas emociones. La mala reacción y/o agresividad de otra persona va a suscitar distintas emociones en nosotras; para muchas será rabia o ira, para otras indiferencia e incluso para algunas compasión. Cada una las elabora y percibe según su propio mundo interno, su sistema de creencias, estado emocional y nivel de conciencia.

» La clave es aprender a gestionar estas emociones por nosotras mismas, ya que "no es que el otro te haga enojar", sino que eres tú quien deja que la rabia o la ira se apoderen de ti. No olvides que tú siempre tienes el poder de decidir cómo sentirte.

"Hacerte responsable no significa que seas culpable. En cada momento de tu vida tomas las decisiones que consideras son las más adecuadas, con las herramientas y conocimientos que tienes en ese momento.
La culpa tiene que ver con el pasado, y bloquea. La responsabilidad tiene que ver con el presente, y expande".
Úrsula Calvo

Cuando asumes la responsabilidad de lo que ha ocurrido y ocurre en tu vida, es decir, de tu propia experiencia, de manera automática empiezas a dejar el resentimiento o la crítica. Estas emociones solo aparecen cuando culpamos a los demás y, lamentablemente, cuando lo haces, cedes tu poder personal (tu superpoder) sin darte cuenta, ya que la posibilidad de sanar y liberarte de esas emociones queda en manos de otros.

Entonces, te pregunto:

¿Cómo vas a otorgar a otros ese inmenso poder sobre ti? ¿Cómo vas a delegar tu bienestar en otras personas? ¿Cómo vas a vivir con rencor esperando que otros actúen para liberarte de él?

¡No! Nunca más lo hagas. Desde hoy, deja de culpar a los demás. Estas emociones negativas solo te hacen daño a ti y es tu tarea sacarlas de tu experiencia. Tú eres la única responsable de tu felicidad y desde el rol pasivo de víctima de las circunstancias te aseguro que va a ser muy difícil que logres conectarte con ese estado de plenitud que tanto anhelas y mereces.

Es imposible construir una buena autoestima si crees que eres víctima del actuar de otros o que tus logros son producto de la suerte. Todo, absolutamente todo en la vida puede ser visto como una lección o aprendizaje, incluso el más fuerte y desgarrador de los dolores. No se trata de olvidar, minimizar, disfrazar ni tampoco superar, sino solo de aceptar y elegir una forma de vivir que te permita transitar de mejor manera los episodios difíciles, siendo consciente de las bendiciones que tienes a tu alrededor.

Ya vimos la importancia de dar cabida a todas nuestras emociones —ya que la negación de ellas solo conduce a resistencia—, pero no con el fin de martirizarnos o hacernos sentir mal, sino de validarlas y reconocerlas para dejarlas partir.

No olvides:

Tú eres responsable de tu éxito y de tus logros.

Tú eres responsable de cómo eliges sentirte.

Tú eres responsable de cómo decides enfrentar un problema.

Tú eres responsable de tus pensamientos y de controlar tu diálogo interno.

Tú eres responsable de tu actitud ante esa enfermedad.

Tú eres responsable de tus palabras.

Tú eres responsable de procrastinar.

Tú eres responsable de sanar.

Tú eres responsable de cultivar tu amor propio y autoestima.

Tú eres responsable de tu autocuidado.

Tú eres responsable de tomar esa decisión, por más difícil que parezca.

Tú eres responsable de tu plenitud y felicidad.

Asume la responsabilidad hoy. Deja de echarles la culpa a los demás por tus desaciertos y empieza a hacerte cargo de tu vida. Como veremos más adelante, todo dependerá de la actitud que asumas para enfrentar una situación. **Ahí radica tu libertad, en tu poder de elegir, de decidir; ese maravilloso espacio personal, tan íntimo y tan tuyo.** Nadie puede meterse a tu cabeza y decirte qué pensar o qué elegir.

Hacerte cargo de tu vida requiere coraje, valentía y confianza. Es sentarse en el asiento del "piloto", donde siempre has tenido que estar. Eres tú quien conduce. Efectivamente, en el camino aparecen situaciones inesperadas que no dependen de ti, obstáculos, baches o desvíos que te pueden obligar a cambiar el rumbo o a redefinir la ruta, pero la que se mantiene al volante eres siempre tú, no lo olvides.

Desde hoy comprométete a no volver a ser la espectadora que solo reacciona a lo que ocurre. Te va a encantar cómo se siente ser piloto de tu vida y nunca más vas a querer volver a sentarte atrás. Cuando empieces a asumir la total responsabilidad de tus actos dejarás de ser la víctima de las circunstancias para convertirte en la creadora de ellas y entrarás en un círculo virtuoso: comenzarás a sentir que recuperas el control, ya que sabes que está en ti y solo en ti vivir la vida que mereces y luego, lo más transformador es que comienzas a creer en ti, a sentirte merecedora, abundante y agradecida... y así cada día, paso a paso (y no poco a poco) te acercas a tu propio y anhelado bienestar.

Nunca olvides que ese maravilloso poder creador existe en ti y que cada vez que culpas a otros de tus fracasos, desaciertos, de tu mal humor o de los contratiempos de tu vida estás diciéndote a ti misma y también al universo que no tienes el suficiente poder de transformar tu realidad, de vivir en tu máxima plenitud, de hacerte cargo de ti. Conecta con tu maravilloso poder interior de ser la creadora de tus circunstancias, porque nunca es "tu triste realidad", sino que es cómo tú decides vivirla.

LA QUEJA

Me quiero detener y profundizar en "la queja", porque tendemos a normalizarla, hacerla parte del día a día, casi como si fuera un hábito, y no nos damos cuenta de lo negativa y destructiva que es. La queja —entendida como el descontento, resentimiento o amargura— se ha convertido en una mala práctica que está tan aceptada socialmente, al punto de que muchas veces se le considera "terapéutica". Se usa de comodín o como la excusa perfecta para expresar cualquier molestia que uno pueda sentir.

No confundamos la queja con pedir ayuda, son temas muy distintos. No creo que ninguna de nosotras tenga una vida tan perfecta que nunca necesite la guía, orientación o consejo de los demás ante algún problema. Acudir a otros por ayuda es sano y necesario. Lo importante es entender que la motivación es diferente: en **la queja es descargarnos para liberar o sacar afuera lo negativo,** mientras que contar un problema para buscar ayuda tiene un objetivo detrás, la podríamos llamar "una queja para generar un cambio", no para simplemente dejar ir aquello que nos molesta o "tirar la mugre afuera".

Para muchas es normal estar quejándose constantemente y, peor aún, se ha convertido en el tema de conversación perfecto; juntarse para "levantar" quejas donde resulta ganadora quien tiene la peor. Por ejemplo, dos amigas se reúnen para quejarse de la actitud de sus parejas, una de le dice a la otra: "Este tipo es un despreocupado, no es capaz de llamarme durante la mañana para saber cómo amanecí" y la otra le responde, casi como sintiéndose ganadora del desafío, "ay, por lo menos a ti es solo en la mañana, lo que es a mí, puede pasar un día entero sin llamarme, imagínate". Así, la conversación se basa en un círculo vicioso de malestar, de carencia y de escasez, sí, porque todo eso es lo que hay detrás de la queja.

Por otro lado, **la queja llama a la queja.** Basta que un grupo de personas se queje por algo, para que luego todos empiecen también a buscar razones para quejarse. Es algo así como tocar la bocina cuando estás atascada en el tráfico, basta que uno comience a tocarla, para que luego le sigan todos los demás. La queja se amplifica cuando se encuentra a otras personas "quejumbrosas" y lo peor es que está normalizada, por lo tanto, el empezar a tomar conciencia respecto de ella y todo lo que conlleva surge como el antídoto perfecto para empezar a erradicarla de raíz de nuestra vida.

Y, por favor, que esto no se te olvide más: **la queja es mala para tu salud.** Cuando te quejas no solo irradias mala energía al resto, sino que en tu cerebro empiezan a nacer redes neuronales a modo de "aprendizaje químico" que harán que, cada vez que te quejes, al estar ya la "conexión" creada, te será más fácil volver a hacerlo. Es una especie de "aprendizaje neuronal" que hará que tu cerebro tome ese camino que ya existe porque será más eficiente seguir por él —y nuestro cerebro siempre busca la opción que requiere menos energía—. Es como si para llegar a tu casa, en vez de ir por la vereda y dar toda la vuelta, caminaras por el pasto en diagonal para hacer el camino más corto. Cada vez que pases por ese pasto tus pasos dejarán huella, se irán notando, tanto así que después se formará un sendero por su uso.

Por otro lado, **escuchar quejas ajenas te contamina.** No solo hablo de un nivel de energía, sino que en lo práctico. Cuando alguien se queja y uno está de oyente, nuestro cerebro, a través de las "neuronas espejo" —las encargadas de entender las acciones y emociones de otros— buscarán imitar de manera inconsciente las mismas emociones para imaginar lo que la otra persona está sintiendo. En palabras simples, esto es la empatía y bien la describe el científico y filósofo Steven Parton en su libro *La ciencia de la felicidad: Por qué quejarse está literalmente matándote*. Sentir y desarrollar la empatía es clave para establecer buenos vínculos, profundizar en las relaciones humanas y conectarnos de manera significativa con los demás, pero mucho cuidado de ser presa constante de gente que vive quejándose a tu alrededor, ya que si no eres consciente de estos procesos, terminarás frustrada, triste o amargada, aparentemente sin saber por qué, y peor aún, serás más vulnerable a hacer de la queja una práctica en tu vida.

La solución nunca se encuentra en el mismo nivel de conciencia que el problema, por eso es importante salir y mirarlo desde afuera.

♥

Junto a esto, como la queja deriva de una emoción y pensamiento negativo, hará que tu cerebro libere sustancias como el cortisol o la adrenalina y te hará sentir estrés, irritabilidad o malestar. Como bien dice Marta Ligioiz, médico especialista en neurobiología: **"Un pensamiento negativo se distingue porque no conduce a la acción ni a algo útil"**, es decir, nada bueno conlleva, sino que te mantiene presa del victimismo, la inconformidad o te mantiene estancada en una zona de confort que no te promueve a desarrollarte ni a crecer.

Aquí no se trata de anular el pensamiento negativo que luego se manifiesta en una queja, sino de escucharlo, "abrirle la puerta", ver qué nos quiere decir, para luego dejarlo ir. No darle el crédito ni el poder a que se plasme en las palabras, a menos que nuestro objetivo sea el cambio, la mejora o la solución. Porque, como bien se dice en el mundo del coaching y la psicología: **"Las palabras crean realidades"**.

Respecto a esto último me gustaría que te familiarices con el concepto **"la queja trae pobreza, mientras la gratitud trae abundancia".** Si bien desconozco quién creó esta frase, déjame decirte que la creo absolutamente cierta. Detrás de la queja no solo hay un descontento, sino que, si vamos más al fondo, hay una sensación de insatisfacción con tu vida, de falta de confianza o de esa certeza a la que ya me referí.

Para crear y abrirte a la abundancia, debes comenzar con tus palabras. Estas crean pensamientos y nuestras palabras son decretos. Si vives en un constante estado de queja, estás en un modo de carencia permanente y te puedo asegurar que la vida te dará más motivos para seguir quejándote, porque **si no eres feliz con lo que tienes, tampoco lo serás con todo lo que te falta.**

El antídoto perfecto es la gratitud, de la cual hablamos extensamente en la primera parte del libro, y es la regla de oro de la abundancia. Por lo tanto, es clave adoptar una postura más potenciadora, que contribuya a lograr un fin, y no a quedarnos estancadas en una postura limitante.

Hagamos entonces el siguiente ejercicio: Si tuvieras que mencionar cinco cosas por las que más te quejas, ¿cuáles serían?

Algunos ejemplos:

» Me quejo porque siento que no me comprenden.

» Me quejo porque mis hijos no me llaman.

» Me quejo porque mi pareja nunca me escucha.

» Me quejo por mi peso.

» Me quejo porque mis padres son muy controladores.

» Me quejo porque mis colegas son unas envidiosas.

» Me quejo porque nunca tengo dinero suficiente.

» Me quejo porque me carga mi trabajo.

¿Cuáles son las cinco cosas de las que más te quejas en tu día a día?

1. ....

2. ....

3. ....

4. ....

5. ....

¿Hay más de cinco? No hay problema... Este es el minuto de reconocerlas, así que agrégalas a tu lista.

Ahora que ya las identificaste, y siguiendo en nuestro camino hacia la toma de responsabilidad, hazte las siguientes preguntas en cada una de tus "quejas".

¿Qué puedo hacer yo para mejorar esta situación? ¿Cómo puedo ver las cosas desde una perspectiva más enriquecedora?

Queja #1: ....

Queja #2: ....

Queja #3: ....

Queja #4: ....

Queja #5: ....

Recuerda que cuando aceptas la responsabilidad plena de tu vida, tomas el control de ella. Cuando culpas a los demás pierdes el control de la situación y quedas a merced y voluntad de otras personas y sus acciones... en la eterna espera. Desde ese lugar no hay nada que puedas hacer tú para solucionarlo.

"Acepta la responsabilidad de tu vida. Debes saber que eres tú quien va a llegar a donde quieres ir. Nadie más".
Les Brown

TRABAJAR TUS EMOCIONES Y ESCUCHAR TU INTUICIÓN
Todas las emociones son necesarias. Todas, sin excepción, vienen a informarnos algo: nos ayudan a interpretar el mundo, tienen un fin adaptativo que nos permite descifrar la realidad y relacionarnos significativamente con otros. Por eso, es necesario reconocerlas y expresarlas de manera adecuada (validación emocional) para dirigirlas a su mejor función y encontrar el tan anhelado equilibrio personal y social. Son un elemento esencial del desarrollo humano y que hoy más que nunca debemos reconocer, validar y escuchar.

Desde la psicología, las emociones siempre han sido materia de estudio e interés, ya que estas influyen no solo en nuestro pensamiento, sino también en nuestras acciones, en nuestro bienestar y equilibrio mental. La palabra *emoción* desde su significado etimológico se refiere "al impulso que induce a la acción", es decir, son descargas de energía producto de cada pensamiento que tenemos. Hay muchas definiciones respecto de lo que son las emociones, pero si tuviera que elegir solo una sería la de los autores

Don E. Hockenbury y Sandra E. Hockenbury : "Una emoción es un estado psicológico complejo que implica tres componentes distintos: una experiencia subjetiva, una respuesta fisiológica, y una respuesta conductual o expresiva". Es decir, **tras cada emoción siempre hay un pensamiento, una reacción fisiológica y una acción.**

Existen varias teorías sobre cuál de estos tres componentes gatilla la emoción. Algunas dicen que es el pensamiento, otras que ocurren como consecuencia de la reacción fisiológica a los eventos... En fin, hay mucha bibliografía respecto de las teorías de las emociones humanas, pero en lo que aquí quisiera profundizar es en la **importancia de la validación emocional,** es decir, el entendimiento y expresión de la aceptación de la propia experiencia emocional como la de otras personas. No es solo la autovalidación de lo que estamos sintiendo, sino también es **validar las emociones de otros,** un punto básico para establecer buenas relaciones.

Es clave mencionar que esto no significa estar de acuerdo o que compartamos los pensamientos del otro, **validar simplemente es aceptar** desde la empatía y un estado de incondicionalidad que no implica juicio de valor alguno.

En lo que respecta a la propia validación y gestión emocional, reconocer e identificar los **tres componentes de la emoción** —pensamiento, reacción fisiológica y conducta— es importante para que así puedas ser consciente de estas y manejes de mejor manera tus estados emocionales:

» **Experiencia subjetiva (o nivel cognitivo):** Si bien hay emociones básicas universales con su respectiva definición, los especialistas reconocen que la vivencia de la emoción es algo aún muy subjetivo. De hecho, ante un mismo hecho o situación las personas pueden sentir emociones absolutamente opuestas, o bien, sentir la misma emoción, pero experimentarla de diferentes formas. Cada uno interpreta lo ocurrido de acuerdo con sus vivencias y realidad. La subjetividad es uno de sus elementos clave y cada uno vive las emociones a su manera. Me encanta el dicho **"Nadie conoce las goteras de una casa hasta que vive dentro de ella",** por eso, en materia de emociones y en la vida en general, siempre es mejor no juzgar. En este punto de la experiencia subjetiva, para una adecuada gestión emocional, es clave identificar **qué tipo de pensamientos estás teniendo** ante este suceso determinado. ¿Es un pensamiento potenciador o disfuncional? ¿Es positivo o negativo? ¿Te eleva y motiva o te estanca y reprime? Identificarlo te permitirá reflexionar sobre qué es lo que causa tu emoción —malestar, tristeza o alegría, etcétera— y así ser más consciente del tipo de pensamientos que dejas entrar a tu mente. La pregunta clave aquí es: **¿Qué estoy pensando?**

» **Respuesta fisiológica:** Ante una situación, diversos centros del sistema nervioso central decodifican la información generando así distintas respuestas fisiológicas o sensaciones corporales. Por ejemplo, el miedo activa la respuesta automática de lucha-huida en el sistema nervioso simpático, provocando cambios físicos que te preparan ante una eventual amenaza; secreción de hormonas del estrés, aumento de la frecuencia cardiaca, tensión muscular, cambios en el ritmo de la respiración, excitación, etcétera. También hay respuestas fisiológicas placenteras que te llevan a la calma y la relajación y a la secreción de hormonas del placer o felicidad. En el caso de emociones displacenteras, como el miedo o la ira, aprender técnicas que disminuyan o conduzcan estas sensaciones, por ejemplo a través de la autorregulación por medio de la respiración consciente en cuatro tiempos —que veremos en las siguientes páginas—, te ayudará a gestionar mejor estas reacciones. La pregunta clave aquí es: **¿Qué estoy sintiendo y dónde lo siento?**

» **Respuesta conductual:** Es el factor perceptible, es decir las acciones y reacciones que derivan de esa emoción. Desde gestos, tono de voz, postura, toma de decisiones, llanto, etcétera. El reconocer y tomar conciencia sobre patrones de conductas disfuncionales que surgen ante determinadas emociones te permitirá trabajar sobre ellos. La pregunta clave aquí es: **¿Qué hago?**

"Comprender es aliviar, y cuando comprendes por lo que pasa tu mente, te sientes aliviado; porque, si no, eres esclavo de síntomas físicos, psicológicos y vas como perdido por la vida".
MARIAN ROJAS-ESTAPÉ

Es muy importante dar cabida y validar las emociones, pero, lamentablemente, seguimos pensando que hay emociones que tienen "mala prensa". Muchas de nosotras crecimos escuchando frases como "tienes que pensar con la cabeza" o "no pienses solo con el corazón" y así fuimos forjando la creencia de que todo lo que se refiere a lo emocional es un terreno vulnerable, lábil, que es mejor evadir u ocultar, ya que es sinónimo de fragilidad o de "débil". Lo mismo ocurre respecto de la toma de decisiones, donde el dicho "Una buena decisión tiene más de razón que de emoción" se instauró desde pequeñas en la mente de muchas de nosotras, dando a entender que para tomar una decisión "de manera adecuada" debes basarte en un análisis racional de los hechos. Es decir, considerando lo externo, lo que viene de afuera, invalidando absolutamente eso "que sentimos dentro".

Que esto sea así no es al azar, viene de un mandato cultural de siglos atrás. Por ejemplo, en la Edad Media las emociones se asociaban únicamente a las "pasiones" y se creía que afectaban y alteraban la conducta, por lo que era mejor evitarlas. Eran la antítesis de la razón, la cara opuesta de la moneda. Recién en el siglo XVI, médicos y filósofos de la época empezaron a ver que las emociones sí podían motivar e influir sobre la percepción y la conducta, y desde ahí fueron materia de interés de estudio para años posteriores. Ya en los años noventa se comenzó a hablar de conceptos como "inteligencia emocional" (Daniel Goleman) y en la actualidad se habla de "educación emocional", que promueve tomar conciencia y potenciar el desarrollo de las emociones desde la infancia. A pesar de todos esos avances, seguimos pensando que al momento de tomar una buena decisión debemos "pensar con la mente fría", hacer un análisis objetivo de la situación y buscar las respuestas afuera.

Algo que pocos autores comentan o validan es el rol que tienen las emociones a la hora de darnos una guía u orientación que va más allá de toda lógica o análisis racional, pero que nos indica cuál es el camino más certero o la opción más auténtica a seguir, y es la intuición, ese maravilloso sexto sentido que se expresa como "un saber, sin saber cómo lo sabes" —muy relacionado con la certeza interna de que hablamos capítulos atrás— y que es reflejo de niveles más elevados de conciencia.

El problema surge porque **no nos enseñaron a validar la intuición ni a buscar las respuestas dentro de nosotras, a aprender a escucharnos y a creer en lo que sentimos.** El "ver para creer" se grabó en nuestro inconsciente colectivo y solo le asignamos un valor de veracidad a aquello que podemos ver, tocar, sentir o experimentar con nuestros cinco sentidos. Sin embargo, pareciera ser que ese paradigma o forma de ver y experimentar el mundo ya no es sostenible, porque **la vida a gritos nos revela que lo más importante es aquello que no podemos ver, sino sentir.**

Soy una convencida de que la intuición es la voz del alma y conectar con ella es un gran regalo que uno debe atesorar y cultivar. Te permite estar en sintonía con tu propia fuente de sabiduría interior, esa parte eterna de tu conciencia que moviliza recursos que van más allá de lo evidente y que te brinda guía u orientación a través de esa sutil pero poderosa capacidad de inclinar la balanza hacia un lado más que al otro. No hay un por qué, no hay una causa lógica, pero existe esa sensación que muchas veces se siente en el área abdominal y nos recuerda la importancia de escucharse, de confiar en una misma y en esa certeza interior, donde dejas de buscar afuera las respuestas y de depender de la opinión de otros porque sabes que **tú eres tu propia fuente de sabiduría y verdad.**

Si bien la intuición no te garantiza que vayas a tomar la decisión correcta, sí te hace vivir en congruencia contigo misma, ya que actúas de acuerdo con tu esencia, con tu autenticidad y eso es tremendamente importante a la hora de sentirnos responsables de nuestras decisiones. Al hacerlo, estás escuchando y validando tu voz interior, en pocas palabras, estás creyendo en ti.

Es importante dejar atrás la creencia de que el pensamiento lógico o racional es la antítesis del pensamiento intuitivo y emocional. No es un proceso dicotómico. No hay que elegir ni optar por uno o por el otro. Sin ir más lejos, Albert Einstein decía: "La única cosa realmente valiosa es la intuición". Si sigues pensando que es materia del mundo esotérico, paranormal o místico, te invito a que te abras a verla desde una nueva perspectiva.

En la actualidad uno de los referentes más importantes en el mundo de la ciencia y la validación de la intuición es el Dr. William Kautz, del Instituto de Investigación de Stanford, quien fundó en 1977 el Centro para el Estudio de la Intuición en San Francisco, Estados Unidos. Ha dedicado su trabajo a estudiarla de manera científica, llegando a interesantes conclusiones que la validan a tal punto que afirma que todos, sin excepción, podemos desarrollar la capacidad de intuición por medio de la neuroplasticidad cerebral. Dicho eso, **¡es posible el aprendizaje de la intuición!** Te recomiendo al 100% sus publicaciones si quieres indagar más.

Finalmente, la que tiene que decidir qué camino seguir eres tú. Aquí te presento la información y comparto aquello que resuena en mí, pero no tienes que tomar lo que yo digo como un hecho absoluto, sería un gran error hacerlo, ya que eres tú quien tiene que vivir y experimentar estos conceptos para **que sean tu verdad, no la mía. Creer para ver, no lo olvides. Si no lo crees, pues entonces nunca lo manifestarás.**

De eso se trata la fe, esa certeza interior, eso es para mí la espiritualidad; la aceptación del misterio; la creencia absoluta de que hay algo más allá de lo que podemos percibir y demostrar. Para algunas es Dios, para otras el Universo, la fuente o energía; más allá del nombre que a ti te haga sentido, los seres humanos necesitamos creer en algo superior. Un soporte en el que apoyar nuestra fortaleza y esperanza para que se mantengan firmes en los momentos difíciles. Algo que nos dé un sentido y propósito a nuestra vida, pero sobre todo que nos permita confiar.

♥

Cada vez que tengo que tomar una decisión importante intento pausar por un instante el pensamiento lógico y me permito escuchar la emoción, esa "sensación sentida" que corporalmente sí se percibe, y me pregunto:

» ¿Qué es lo que estoy sintiendo al tomar esa decisión?
» ¿Dónde lo siento?
» ¿Cómo podría llamarlo?

En caso de que sea miedo:
» ¿Es un miedo que me paraliza o me moviliza?
» ¿Se siente bien o mal tomar esta decisión?

Sin duda, toda decisión importante y que implique salir de tu zona de confort conllevará incertidumbre y algo de "nervios", es absolutamente normal, pero es muy distinta la emoción del miedo al fracaso —que te lleva a no intentarlo—, a ese miedo al cambio que, a pesar de ser difícil e incierto, te da ilusión porque sabes que es para mejor.

Entonces, ¿cómo puedo saber si será una buena decisión? Por la sensación de paz interior. Cuando esa decisión te da tranquilidad y no se siente como algo molesto o desagradable dentro de ti, entonces te está indicando que por ahí es el camino.

> *Cuando tu alma se está expresando, cuando sientas paz, calma, entusiasmo o alegría sabrás que lo que estás viviendo es lo mejor para tu propósito y evolución.*
> *Cuando respondes a la vida desde el alma, lo haces siempre desde tu propia sabiduría interior.*
> *Tu ego buscará conectar con éxitos y reconocimientos, en cambio, tu alma siempre buscará tu realización personal.*

Miremos dentro nuestro por un instante:
¿Cuáles son las cinco emociones que sientes más frecuentemente durante el día? (Subraya aquellas que sientes más a menudo, no aquellas que te gustaría experimentar o sentir)

Ansiedad, entusiasmo, miedo, amor, ira, tranquilidad, gratitud, tristeza, impotencia, deseo, frustración, odio, esperanza, rencor, alegría, aburrimiento, placer, decepción, vergüenza, orgullo, envidia, serenidad, celos, optimismo, duda, inspiración, culpa, asombro, impaciencia, confianza, inseguridad, plenitud, angustia, gozo, soledad, fortaleza, inferioridad, compasión, lástima, aprecio, disgusto, satisfacción, resentimiento.

Una vez identificada la emoción, quiero que ahondes un poco más en ella, vinculándola a la situación que gatilla su aparición y tu reacción posterior (conducta).
Por ejemplo:
» Siento angustia cuando me enfrento a nuevos desafíos porque no sé cómo abordarlos.
» Siento gratitud cuando me ducho por las mañanas porque me hace conectarme conmigo misma.
» Siento envidia cuando veo a una pareja de enamorados porque aún no he encontrado el amor.

Esto te permitirá elevar tu nivel de conciencia, entender qué es lo que te hace sentir así y buscar una forma positiva en caso de que la emoción te provoque algo negativo, desagradable o, por el contrario, seguir potenciando esas instancias cuando la emoción te conecte con lo positivo, ya que te acercan a tu propósito de vida y a tu evolución.

Siento:................................ cuando:...
porque:...

Siento:................................ cuando:...
porque:...

Siento:................................ cuando:...
porque:...

Siento:............................. cuando:...

porque:...

Siento:............................. cuando:...

porque:...

Si sientes que la mayoría de tus emociones durante el día son desagradables, por favor, no las reprimas. Lo que se niega genera resistencia. Las **emociones negativas** también son necesarias porque, si les das permiso para acogerlas, entiendes que vienen a enseñarte algo y tienen un importante mensaje; no solo podrás crecer, sino que tendrás los recursos necesarios para dejarlas ir, ya que toda emoción que queda guardada o reprimida es la antesala perfecta para futuras enfermedades. **Escucharlas, conocerlas, procesarlas y liberarlas es fundamental para tu bienestar.**

Veamos algunos ejemplos que te ayudarán a entender mejor el significado de ellas:

La soledad

"La soledad te enseña que no cualquiera es compañía".
Anónimo

Vela como un regalo. Es la puerta de entrada para empezar a escucharnos y encontrarnos con nosotras mismas y nuestros pensamientos. Es una linda oportunidad para sentirte cómoda contigo misma y sintonizar con tus sentimientos más profundos. Podemos transformarla en una "soledad positiva", esa que te reencuentra contigo misma, donde no hay carencia o ausencia de alguien o algo. **Estás sola, pero te sientes completa porque sabes que estás contigo misma y eso es suficiente.**

La tristeza

"Es una expresión del amor y la preocupación".

No huyas de ella. Es una forma protectora frente al dolor, nos permite liberarlo y también cuestionarlo. Es una oportunidad para trabajar en nuestro crecimiento personal a partir de una situación dolorosa para nosotras y hacer que esta sea el motor del cambio. Le permite dar significado al dolor. **El dolor sin sentido duele aún**

más. La tristeza nos acerca a la resiliencia. Nos enseña a pedir ayuda. Mi consejo: Respeta tu proceso y déjate sentirla. Siempre **tiene algo que enseñarte.**

"La vida nos habla y lo que pasa es que estamos tan apurados que olvidamos escucharla. ¿Por qué corres tanto?".

El miedo

"Gestionado con éxito, nos ayuda a resolver situaciones de nuestra vida".

El miedo es la emoción que se vincula con la necesidad de seguridad. Es fundamental para asegurar nuestra supervivencia y se activa ante un estímulo que supone una amenaza o peligro físico o psicológico. Nos pone en estado de alerta, nos protege y nos permite reaccionar ante el peligro y mejorar el rendimiento en una tarea, prueba o actividad que consideremos desafiante para nosotras. **Su lado funcional es la asertividad, el aprender a establecer límites y a decir que no.**

El enojo

"La ira descontrolada o la agresión nunca tienen un resultado positivo".

Aquí se trata de "llevar bien" el enojo, ya que bien manejado te predispone a la acción, te moviliza al cambio y te lleva a ser más perseverante en la obtención de un objetivo. La clave es cultivar la paciencia, contar hasta tres y si es necesario hasta cinco, para canalizarlo con éxito y que así no actuemos de manera impulsiva o agresiva, que nada bueno conlleva.

La culpa

"Como si de alquimia emocional se tratara, podemos obtener algo positivo de un hecho negativo. Es una emoción reguladora que nos invita a reparar".

La función de la culpa es permitirnos aprender y mejorar. Para que podamos gestionarla de una manera positiva y productiva, debemos dejar de culparnos y empezar a responsabilizarnos. Asumir la responsabilidad del error cometido en caso de que hayamos hecho algo malo o a mejorar el autocontrol de los pensamientos que elegimos sentir para así aprender de ella y no volver a cometerlos. Es 100% aprendizaje.

La vergüenza

"La vergüenza bien manejada nos hace personas más respetables".

Nos ayuda a regular nuestro comportamiento, ya que nos enseña a inhibir conductas que podrían resultar inapropiadas. Con la dosis "adecuada" de vergüenza, tenemos mayores probabilidades de comportarnos "mejor" y así evitar momentos bochornosos que mermen nuestra seguridad.

La envidia

"Bien manejada puede ser una emoción que nos invite al mejoramiento personal y a la superación".

Cuando aparece la envidia es porque de cierta forma sentimos que estamos en desventaja frente a otros o nos señala que algo no está funcionando correctamente, lo cual puede ser visto como una tremenda oportunidad de mejora. Cuando esta es constructiva se acerca a la "admiración" y nos regala la cuota de inspiración necesaria para invitarnos a cambiar o a mejorar en eso que consideramos una "desventaja" frente al otro. Bien manejada nos impulsa a ser mejores, a superarnos y a acercarnos a quien tanto admiramos desde una arista sana y funcional.

LA AUTOCOMPASIÓN

"Si tu compasión no te incluye a ti mismo, es incompleta".
JACK KORNFIELD

Tratarnos bien, querernos y aceptarnos también implica trabajar un concepto que me gusta mucho y es fundamental para cultivar nuestro amor propio y autocuidado: la **compasión hacia una misma**. Esta solo puede darse cuando ponemos la mirada dentro, que es el camino que hemos estado recorriendo juntas a través de estas páginas.

La actitud de la compasión parte por una percepción clara del sufrimiento de otro, de saber que otra persona lo está pasando mal, pero no es solo empatizar con las emociones, sino también implica el querer actuar para aliviar esa situación. En palabras simples, "prestar una mano". De manera inherente, implica relacionarse con las debilidades o errores de los demás, pero no desde la crítica ni el juicio, sino desde la más honesta comprensión de que todos somos humanos y la vulnerabilidad es parte de nuestra existencia compartida. Hoy puedes ser tú, mañana puedo ser yo, esto nos pasa a todas, sin excepción.

La **autocompasión** es esa misma actividad de cuidado, sin juicio ni evaluación, la única diferencia es que, en vez de estar dirigida hacia otros, ahora está dirigida hacia ti misma.

Cuando sentimos autocompasión nos tratamos con dulzura, ternura y amabilidad, de la misma forma como trataríamos a alguien a quien queremos mucho. ¿Se te viene a tu mente a alguien que quieras con todo tu corazón? La idea es que empieces a tratarte y sentirte de esa misma forma respecto de ti misma, que utilices esas mismas palabras, tono de voz, esa disposición a escuchar y a empatizar, ese cariño tan dulce e incondicional.

Las personas autocompasivas reconocen su vulnerabilidad y son conscientes de sus errores e imperfecciones, y esto las convierte en personas más fuertes y resilientes. Lo considero un tremendo acto de valentía y coraje, ya que sabes y reconoces que el fracaso puede ser una opción, pero eso no te lleva a rendirte y tomar un paso al costado, todo lo contrario, te impulsa y te da más ganas de intentarlo. **Reconocerte como una mujer vulnerable te convierte en una mujer absolutamente poderosa.** ¡No lo olvides nunca!

No vayas a confundir este concepto con victimismo o lástima, ¡por favor no! **La autocompasión implica identificar con total claridad los propios errores, mientras que cuando juegas el rol de víctima huyes de toda responsabilidad.** Son conceptos totalmente distintos.

Tampoco vayas a caer en la "autolástima", que es creer que tus dolores son más profundos y difíciles que los del resto. Esa actitud es muy negativa, ya que en primer lugar hace que te identifiques con el dolor, no que seas alguien que lo sienta o experimente. Es muy distinto el "tengo" al "soy". Por otro lado, te bloquea, ya que desde esa perspectiva y visión más difícil será que quieras buscar soluciones o salir de ahí. Te lleva inevitablemente al estancamiento. **Cuando nos permitimos conectar con nuestra propia experiencia, especialmente con aquellas difíciles y dolorosas, es también cuando nos podemos comenzar a conectar con los demás.**

Ya hablamos páginas atrás de la importancia de ser responsables y del autocuidado, y la autocompasión es un concepto que va muy ligado a ellos. No es extrema indulgencia, tampoco sentir lástima ni pena por una misma, sino que, en palabras de Kristin Neff, una de las psicólogas que más ha estudiado este tema, es: "tratarse con amabilidad, reconociendo lo que tenemos en común con otros seres humanos (es parte de la humanidad) y siendo consciente de los propios déficits o aspectos negativos".

Este último punto es importante en lo que respecta a ser capaces de reconocer aquellos aspectos que no nos gustan de nosotras, como también nuestras derrotas, porque cuando sientes compasión no te culpas, pero tampoco te identificas con lo ocurrido.
Estás atravesando un momento difícil, pero no eres ese momento.
Sabes que es algo temporal, ya que entiendes que los errores son parte de la experiencia de la vida y que siempre hay un aprendizaje o lección detrás de ellos.

♥

Cambia e impacta de manera muy positiva la relación contigo misma cuando trabajas tu autocompasión, ya que dejas de convertirte en tu peor crítica y empiezas a desarrollar una maravillosa relación de autocuidado, de querer lo mejor para ti, de **decir que sí a las necesidades propias y no a aquello que nos daña o lastima.** Todo esto tiene un poderoso impacto en tu autoestima y amor propio, ya que te asumes como una mujer perfectamente imperfecta, y ese es el impulso para trabajar en ti y en tu crecimiento personal. No es quedarse estancadas, tampoco es resignarse, por el contrario, implica una mirada objetiva, consciente y profunda, sin juicios, basada en la aceptación de tu luz y tu sombra para integrar ambas aristas y trabajar en aquello que quieres mejorar. Porque ya sabes que **todo es crecimiento y uno nunca se gradúa de crecer y aprender.**

Por lo general, nos resulta mucho más fácil practicar la compasión con los otros que con nosotras mismas y, por lo mismo, se nos hace mucho más fácil satisfacer las necesidades ajenas que las nuestras. Lo anterior puede ser producto de la educación, mandatos culturales o bien por esa incapacidad de identificar lo que realmente necesitas, intentando buscar fuera respuestas que solo están dentro de ti. Por eso, el trabajo previo en este libro, de conocerte y aceptarte, fue muy importante, ya que seguro ya lograste identificar aquello que te aporta bienestar, tus virtudes, lo que necesitas trabajar para crecer y, en definitiva, que tu amor propio y felicidad son responsabilidad únicamente de ti.

"No siempre podemos obtener lo que queremos. No siempre podemos ser la persona que queremos ser. Cuando negamos o resistimos esta realidad, el sufrimiento surge en forma de estrés, frustración y autocrítica. Sin embargo, cuando esta realidad es aceptada con benevolencia, generamos emociones positivas como la compasión y el cuidado, las que nos ayudan a enfrentar nuestra situación".

KRISTIN NEFF

Este maravilloso concepto ha sido vital en el camino de vivir mi maternidad como madre de tres niños en plenitud, dejando atrás la creencia de "que tengo que ser fuerte y dura para salir adelante", ya que permitirme **conectar profundamente con mi pena fue la llave para abrir y abrazar mi propia compasión.** Esto ayudó a verme como una mujer a la que "sí le pasan balas", y aceptar y permitir en su totalidad mi fragilidad. Reconocerme como una mujer imperfecta y frágil. ¡Sí, lo soy!, ¿y qué?!

Al principio había mucha resistencia de mi parte. Me decía a mí misma: "Esto no me puede ganar", quería negar absolutamente la pena —ya que me produce mucha disconformidad sentirla— y pensaba que a través de la racionalización extrema e ignorarla era la forma de no hacerla crecer. Como no quería escuchar el mensaje de la pena, mejor hacía cosas y de esta forma camuflaba el dolor.

Hasta que el cuerpo habla, siempre te habla, y las emociones que no se expresan se manifiestan de alguna u otra forma. Fue así como en un chequeo médico —el de la prueba del Papanicolau— me detectaron lesiones inflamatorias de alto grado y un carcinoma en mi útero que requirió cirugía inmediata. Sin duda, dado que el útero es el órgano de la maternidad, lo que no había llorado lo había llorado mi útero por mí. Este hallazgo, siento, fue la manifestación más gráfica de mi vulnerabilidad. Asumirla y aceptarla, junto con adoptar una actitud más compasiva conmigo misma, fue una de las grandes lecciones.

La autocompasión implica mirar dentro de uno desde un lugar de plena aceptación, sin crítica y sin juicios.

♥

Cada vez que sientas que estás ahí, en esa situación que te provoca dolor o sientas que las emociones más displacenteras te inundan, **ten tu propio mantra que te dé paz** y te permita tener más recursos para abordarla mejor. La clave es que estas frases o afirmaciones las repitas con mucha intención. Si es necesario, adáptalas con tus propias palabras o con aquello que resuene en ti, por favor, hazlo.

Por ejemplo, podrías decirte:

» Sé que este es un momento doloroso
» Sé que el dolor es parte de la experiencia de la vida
» Yo soy amable conmigo misma
» Yo me entrego a mí misma todo eso que antes buscaba afuera
» Yo puedo siempre ofrecerme la compasión y el cariño que necesito
» Yo me acepto y amo profundamente

Ahora te toca a ti. Recuerda una situación que haya sido difícil o esté siendo difícil de llevar en este preciso momento. Reconócela como una situación dolorosa para ti. Quiero que te aconsejes a ti misma para transitarla con mayor conciencia y, por supuesto, compasión.

Describe la situación con absoluto detalle:

....

....

....

....

¿Cómo te sentiste o cómo te hace sentir?:
Reconoce tus emociones y ¡acepta tenerlas! Comprende que es parte de la vida, no hay nada malo con sentirse así. ¡No eres la única, a todas nos pasa!

....

....

....

....

¿Qué consejo amable te darías?
Recuerda hablarte tal como si fueras a hacerlo con tu mejor amiga. Permítete ser dulce y tierna contigo misma.

....

....

....

....

Finalmente, respira; inhala y exhala profundo, hazlo cuatro veces. Abrázate a ti misma fuerte y date las gracias por estar ahí para ti, de tenerte a ti misma. ¡Qué bien se siente quererte!

Eres tu mejor compañía, no lo olvides nunca.

♥

LOS LÍMITES

Ya hemos llegado al último de los conceptos relevantes a la hora de hacer de ti tu mejor y principal proyecto. Lo que falta es revelar algo fundamental, de lo que se habla mucho, pero no siempre se comprende. Esto es que parte de la autocompasión y del proceso de conocerte, quererte y aceptarte también implica saber hasta dónde puedes llegar, qué eres capaz de soportar y qué no, tanto contigo misma como con el resto.

Los límites son una frontera emocional que tienen por objetivo proteger y cuidar nuestro bienestar y nuestra salud mental. Son parte importante de nuestro autoconcepto y autoestima, ya que nos definimos según los límites que establecemos y qué tanto permitimos que el resto o tú misma los transgredan.

Esa diferenciación es muy importante, ya que la gran mayoría tendemos a pensar que poner límites solamente implica decir que "no" a otros. Si bien el decir "que no" es parte fundamental, también lo es aprender a aplicar este concepto contigo misma; por ejemplo, saber cuándo necesitas parar, pedir ayuda cuando es necesario, dejar de ser siempre la "supermujer" que se las puede con todo, o decir que sí a todo el mundo y después andar quejándote malhumorada porque que no tienes tiempo para ti.

Ser fiel a tus propios límites también cuenta como un acto de autocuidado, amor propio y compasión.

♥

En relación con los demás, establecer límites es crucial para tener relaciones sanas y vincularnos con las otras personas desde la autonomía y nuestra autenticidad. **Recuerda que el resto siempre te va a tratar de la manera que tú lo permitas.** Tú eres quien establece esos límites. Cuando ocurra algo que te moleste y no aceptes, ¡dilo! Por supuesto, hazlo con asertividad y el tono adecuado. Cualquier cosa mencionada de buena forma y con respeto va a tener buena acogida. Es muy distinto decir "Deja de gritarme (gritando)" a decir "No voy a aceptar que me hables así (en un tono calmado)".

Poner límites es necesario. Sé que a veces no es fácil, sobre todo si son amigos y familiares, pero si no lo haces estás transgrediendo tu propio bienestar y valores personales por complacer al resto. Y esa sensación de no ser fiel contigo misma debido a otros no es grata. Si alguien que quieres se aleja porque pusiste límites sanos, te hizo un favor. Quien te quiere de verdad no va a alejarse de ti por eso, simplemente le estás indicando hasta dónde pueden llegar contigo con la finalidad de mantener relaciones saludables y armoniosas. **De hecho, si lo ves en perspectiva, es una forma de proteger la relación.**

"Cuando comencé a amarme a mí mismo, comencé a librarme de todo lo que no fuese saludable: personas y situaciones, todo y cualquier cosa que me empujara hacia abajo. Al principio, mi razón llamó egoísmo a esa actitud. Hoy sé que se llama... amor hacia uno mismo".

KIM MCMILLEN

Los límites y el equilibrio

Cuando eres capaz de poner límites estás diciendo que tus necesidades y tu bienestar importan, les enseñas a los demás que te tratas a ti misma con respeto —por tanto, te tratarán de igual forma—, estableces el estándar de cómo quieres ser tratada, refuerzas tu autoestima (ya que respetas tus propios acuerdos) y proteges tu espacio personal.

Las personas que no establecen límites o generan **"límites permeables"** pueden parecer muy dispuestas y receptivas, pero se exponen a que el resto pase por alto sus derechos o se aprovechen de ellas. Viven tan en función de los demás que se involucran en sus problemas incluso hasta el punto de asumirlos como propios. Finalmente, esto refleja una enorme falta de amor propio, actúan desde el temor al rechazo y la soledad —ya que sienten que si ponen límites los demás se alejarán—, o que para ser validadas y queridas siempre deben estar disponibles para el resto, aunque eso signifique dejar sus necesidades en segundo o tercer lugar. Está bien hacer alguna vez excepciones, pero no hacer de ellas una constante. Hay una dependencia emocional intrínseca en las personas que establecen límites lábiles.

Tampoco se trata de que tengas límites extremadamente rígidos, ya que te aislará del mundo y desde ahí es muy complejo dar cabida a otro, ya que crearás una barrera emocional difícil de traspasar. Establecer buenas relaciones es clave para lograr un bienestar en tu vida. Esto no significa que dependas de otros para ser feliz, pero **tener vínculos sanos y sólidos es muy importante.** Somos seres sociales, y disfrutar de una buena relación o compañía hace que disfrutemos más la vida.

No dependo de ti para ser feliz, pero siento que mi vida es mejor cuando la comparto contigo.

♥

La clave está en establecer **límites sanos y equilibrados.** Esto se logra teniendo claros tus valores, pensamientos, sentimientos y qué cosas estás dispuesta a transgredir y cuáles no. Tú **sabrás identificarlos en función de qué es lo que te hace sentir incómoda o qué no estás dispuesta a permitir, es un ejercicio muy personal.** Si no tienes claro quién eres ni qué quieres, no podrás establecer límites saludables. Los límites sanos son consecuencia de una autoestima sólida, desde la que eres capaz de asumir total responsabilidad de tus acciones y de no asumir culpas ajenas. Es esta misma autoconfianza la que te permitirá manejar tus propios límites con flexibilidad cuando sea necesario. **Aquí los límites no buscan controlar ni ganarse la aprobación de otros, sino protegerte a ti misma.**

Un claro ejemplo de esto es cómo reaccionas a opiniones de terceros cuando se trata de establecer tus límites. Cuando dices: "No me digas lo que tengo que hacer, es mi vida", aunque no lo quieras hay un dejo de agresividad en el mensaje, y lo peor es que no quedó claro si lo que querías era establecer un límite, sino que al contrario, pareciera ser que quieres crear un conflicto. En cambio, si respondes: "Gracias, pero es un tema personal mío y yo veré cómo lo manejo", estableces de manera clara tus límites y hasta dónde pueden llegar los otros con sus consejos. ¿Te das cuenta de la diferencia? Si quieres dejar claros tus límites, la asertividad, calma y templanza en tu respuesta debieran ser la norma. Desde la ira o la rabia todo se ve como un ataque personal, y no queda claro si estás estableciendo un límite o si quieres armar una discusión.

Establecer límites no es ser mala,
egoísta o individualista.
Cada vez que dices "no" a algo que
te daña o que tú sientes que no está
bien hacerlo, te estás diciendo "sí"
a ti. Estás siendo consecuente con
tus valores, con tu esencia, contigo
misma. Y esa sensación de ser fiel
a ti es una de las muestras más
grandes de amor propio.
No lo olvides, si tienes que elegir,
elígete a ti siempre.

Muchas de nosotras tenemos la creencia arraigada de que decir que no está mal. Es como que por el solo hecho de decirlo nos convertimos en malas personas, egoístas o poco empáticas. Y si bien sí es importante en esta vida ser generosas y entregar, ya que creo firmemente en la frase "mientras más das, más recibes", esto jamás debiéramos hacerlo pasando por alto nuestras propias necesidades o haciendo algo que consideramos que está mal. **Nos enseñaron desde pequeñas la importancia de hacer el bien y complacer a otros, pero no de complacernos a nosotras mismas.** Insisto, no se trata de individualismo, sino de estar bien yo primero para luego estar bien para los demás y, desde ahí, en mi mejor posición, poder ayudar al resto. Si tú no eres capaz de velar por tus intereses, nadie más lo hará por ti.

Decir que no incrementará tu bienestar y tu autoestima. No se siente bien decir que sí cuando en realidad quieres decir que no. Sientes que te fallas a ti, que no eres fiel a tus valores, que tu opinión o tu compromiso contigo misma no es tan importante —porque los otros importan más— y, lo que es peor, podemos incluso llegar a pensar que los otros no nos quieren por quienes somos, sino por aquello que hacemos. **Esa angustia o incomodidad que te genera decir que "no" es la señal de que estás yendo en contra de tu propia esencia, es tu intuición y alma hablándote.** Atiéndela, viene a decirte "ojo, por ahí no es".

Cuando dices que no, estás eligiendo a la persona más importante de tu vida: a ti misma.

♥

Hagamos un trabajo de reflexión juntas que te ayudará a ser más asertiva a la hora de decir que no.

Recuerda alguna situación en tu vida en la que hayas dicho "sí", cuando en verdad lo que querías responder era "no". ¿Qué situación era? ¿Dónde estabas? ¿Con quién? La idea es que puedas traer a tu mente esta situación lo más nítida posible, para identificar el contexto en que se dio y con quién estabas. Te aseguro que si te toca atravesar nuevamente una situación similar estarás más preparada.

....

....

....

....

Analiza qué pensamientos y emociones predominaban en ti en ese momento. ¿Actuabas desde el miedo o desde la necesidad de aprobación? ¿Le temes al rechazo? Ponte en el rol de observadora e intenta reconocer y validar la emoción o ponle nombre a lo que sentías en ese momento. Recuerda que toda emoción viene a enseñarnos algo.

....

....

....

....

¿Cómo voy a actuar nuevamente cuando me enfrente a esta persona o una situación similar? La idea aquí es que puedas aprender de tu propia experiencia y así serás más asertiva en el momento en que tengas que pasar lo mismo y reflejarlo en nuevos pensamientos, emociones y conductas más favorecedoras para ti.

....

....

....

....

Un buen consejo para aplicar si te cuesta mucho decir que no es evitar decir el "sí" de inmediato y reflexionar antes de dar una respuesta.

Por ejemplo, una compañera de oficina te invita a una copa después del trabajo porque quiere conversar contigo, pero tú estás muy cansada. Si no quieres decirle que no a la primera porque aún te cuesta, puedes aplazar tu respuesta: "No te puedo responder ahora, déjame mirar mi agenda y te contesto luego". De esta forma podrás luego preguntarte ¿Realmente quiero hacerlo?, ¿Tengo tiempo para esto o hay otros compromisos y prioridades que para mí son más importantes? Y así podrás actuar en función de ello. **Te aseguro que se sentirá muy bien ser consecuente contigo misma, con tus estándares y con lo que para ti es importante.**

Presta atención a las personas manipuladoras que muchas veces utilizan el "chantaje psicológico" para lograr ciertas respuestas en nosotras. Un claro ejemplo de ello es "si tú me quieres de verdad no me vas a dejar solo esta noche" o "tómate un café conmigo, una buena amiga siempre está disponible", dejando entrever que una negativa nos hace ser malas personas. Ante estas situaciones la clave es exponer nuestra respuesta dejando muy en claro que eso no significa falta de amor o amistad: "Lamentablemente no puedo, tengo que terminar algo del trabajo, pero eso no significa que no te quiera o que sea una mala amiga, tú sabes que te quiero mucho".

Y un último consejo... **No des tantas explicaciones**, no te "sobrejustifiques" ni empieces a crear "mentiras blancas" para salir de la situación. Cuando creas una bola de nieve de excusas y explicaciones, incluso algunas falsas, te genera un estado de ansiedad que a la única persona que afecta es a ti misma.

Te puedo asegurar que a ti no te gustaría que te mientan, por tanto, no hagas lo mismo. Simplemente no hagas tú aquello que no quieres recibir. Tenlo como una ley de vida.

♥

Mantenlo simple, anda al grano, sé clara, pero sobre todo muy honesta con lo que piensas.

Mi cuerpo: Mi hogar

★

En este camino de conocernos, aceptarnos y querernos **no podemos olvidar nuestro cuerpo** y que establecer una relación amorosa con él desde la gratitud y la aceptación es la mejor decisión que podemos tomar. Para ello, el concepto de la **triada: mente, alma y cuerpo** me parece la ruta para abordar este tema.

¿Sabías que estas tres aristas conforman lo que eres?
¿Que cultivar cada una de ellas es importante para tu equilibrio y bienestar?
¿Que al ser una triada cada dimensión es igualmente importante que la otra y que todas merecen tu atención y cuidado?

♥

Comprender que todo ser humano es el resultado de la integración de estas tres partes —cuerpo, alma y mente—, que estas están relacionadas entre sí y se afectan mutuamente te permite entender que tu bienestar implica que estas tres dimensiones estén en equilibrio. Por lo tanto, es fundamental **conocerlas, cuidarlas y también nutrirlas a diario**.

Desde mi experiencia y la de mis clientas, es fundamental abarcar el tema del cuerpo y la gestión de la imagen desde la perspectiva del **amor, la aceptación y la gratitud**. Así, no solo comienzas estableciendo una relación positiva con tu cuerpo —de cariño, respeto y cuidado—, sino que además comprendes que gracias a él puedes experimentar desde los sentidos el regalo que es vivir.

Tu cuerpo no es tu enemigo, no es algo que debas esconder o por lo que te deberías avergonzar, al contrario, **es tu templo, tu hogar sagrado, que debes honrar, querer y cuidar a toda edad.** Por supuesto, el paso del tiempo siempre va dejando sus huellas y tu edad jamás debería ser algo por lo cual debieras avergonzarte. Desde hoy te animo a que dejes atrás esa creencia de que debemos ocultar nuestra edad a medida que pasan los años, por el contrario, te invito a que comiences a verla como un reflejo de tu experiencia, de tus vivencias y aprendizajes.

En la medida que más amor y cariño le entregues a tu cuerpo, mejor responderá a tus cuidados y más a gusto y cómoda te sentirás tú con él.

♥

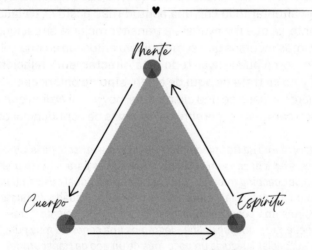

El equilibrio en todas tus dimensiones es fundamental para tu bienestar, para sentirte a gusto y segura contigo misma, para sentir que tu vida tiene un propósito y que tú estás al mando siempre, más allá de las circunstancias o las contingencias inevitables de la vida.

Por nuestra crianza, motivos culturales, mandatos sociales o creencias, muchas veces asignamos más importancia a un área que a otra. Aquí tiene mucho impacto el entorno y familia con la que crecimos, qué vimos y escuchamos —especialmente de nuestras madres o personas cercanas—, ya que finalmente nuestras creencias acerca de lo que es la vida son heredadas y es un trabajo personal comprender cuáles nos apoyan o limitan, y sobre esa base formar **tu propio sistema de creencias y valores según de lo que consideras importante para ti.**

Esas mismas creencias son las que te indican qué áreas son más importantes que otras y configuran dónde pones tu atención. No se trata de depositar siempre la misma energía en todas las dimensiones, ya que hay momentos de nuestra vida que nos llevan a centrarnos más en alguna que en otra, pero sí debiéramos tener siempre en mente el concepto del balance, del equilibrio. Por ejemplo, si estoy con algún tema de salud importante, implica poner mucha atención y movilizar recursos desde lo corporal, pero también es clave no descuidar mi esfera espiritual, ya que será aquello que me dará fuerza en el proceso ya sea por encontrarle un sentido a lo ocurrido o por sentir ese maravilloso apoyo que conlleva la fe y que te hace sentir guiada y protegida. De igual forma y en paralelo, cultivar en mi mente pensamientos que me eleven, potencien y me permitan afrontar todo con una actitud más positiva, es igual de importante, ya que me ayudará a transitar mejor la situación, con muchos más recursos que si me hubiera enfocado en una sola dimensión. Como puedes ver, **todo está directamente relacionado entre sí y no se trata de aquí de elegir, sino de balancear.**

Recuerdo el caso de una clienta mía, hoy ya mi amiga que adoro, a quien cambiaré el nombre por motivos de confidencialidad:

Soledad, mamá de tres niños, profesional y una amante de la vida, se acercó a mí hace ya un poco más de dos años para acudir a una sesión de coaching integral —una instancia individual que combina el aprender a potenciar la imagen desde la autenticidad, y fortalecer el crecimiento y poder personal desde el autoconocimiento—. Tras ese encuentro —que fue online— logramos una conexión muy pura, linda y especial. Luego de un poco más de un año de transcurrida nuestra sesión, me escribió para contarme que necesitaba verme y le urgía tener una sesión de life coaching conmigo.

Tras reunirnos, me comentó que estaba con un cáncer de mama en un grado muy avanzado, ramificado, y que se sentía desesperanzada y perdida. Sin duda, requería apoyo, guía y consejo, ya que el camino no solo se venía muy difícil, sino que además era incierto, y más que una sesión de coaching de preguntas fue una conversación. En nuestro encuentro, además de intentar contenerla, era fundamental transmitirle la importancia de expresar todas sus emociones, vivir su pena, su dolor, pero que supiera que era algo temporal. Que de esto iba a salir más fuerte en la medida en que se cuidara en su totalidad. Que su autocuidado y equilibrio ya no era una opción, sino que eran algo vital y que aprender a balancear estas tres dimensiones iba a ser un desafío complejo, pero con la finalidad mayor de sentirse en su centro, sin miedo y total aceptación.

No era solo asistir y hacerse las quimioterapias, tomarse los suplementos, hacerse los exámenes y alimentarse sanamente, sino que era clave, para estar bien y transitar este camino con propósito y alegría, que se abriera al espacio maravilloso de conectar con su sabiduría interior, de reencontrarse con su espiritualidad; ese camino hermoso que se traduce en fe, certeza o paz, que te lleva a ver estos horribles obstáculos con un propósito mayor, a reconocer que son parte inevitable del camino y que la vida y sus misterios tienen estas formas aparentemente incomprensibles de poner todo en su lugar.

Me permití aconsejarla, algo que evito hacer —ya que las respuestas siempre están en uno— y le sugerí que cada sesión de quimioterapia —que duraban algo así como 45 minutos y no eran menos de 12 las que tenía que hacerse— la afrontara con intención y propósito, con una nueva actitud. Cada una de ellas sería un momento sagrado de conexión personal; en esos 45 minutos de tanta vulnerabilidad y dolor tenía que aprovechar la instancia para escuchar maravillosos mantras que elevaran su energía, junto a meditaciones donde visualizara paso a paso su sanación, que activara su glándula pineal, se dijera afirmaciones positivas de salud y bienestar, y que se conectara con su poder de decretar y ser cocreadora y partícipe de su proceso de sanación.

Esto era una cita con ella misma, claramente bajo circunstancias hostiles —por no decir las peores—, pero ese momento personal, que podría ser en extremo doloroso y sin sentido, se podía transformar en una linda instancia de conexión, de crecimiento y de espiritualidad.

Tras un año de esa reunión, hoy se encuentra absolutamente recuperada, sin lesiones y tuve el regalo de verla hace poco tiempo atrás, tan bella y tan entera, tan fuerte y sana, con su pelito volviendo a crecer. Tras habernos dado el abrazo más profundo y cariñoso que he podido sentir, me dijo: "Si no fuera por esa conversación donde me ayudaste a comprender el proceso de la vida, donde me creaste un plan de acción llamado 'yo, mi mejor proyecto' y a concientizar cómo podía destinar ese 'tiempo muerto' a decretar y trabajar en pos de mi salud, esto no hubiera sido posible. Simplemente gracias, desde lo más profundo de mi corazón".

Yo solo fui la facilitadora de 'destrabar' y darle un sentido a aquello que ya habitaba dentro de ella. Porque la fortaleza, la determinación, el temple no fueron míos. Quien se levantaba cada mañana con el dolor y la que eligió crecer y no desmoronarse fuiste tú.

Con este conmovedor relato, que se siente tan lejano, pero a la vez tan cerca, solo quiero que puedas darte cuenta de lo importante que es cultivar cada una de las dimensiones de tu triada si tu objetivo es vivir una vida con mayor plenitud. **Eres unidad, no eres una suma de distintas partes.**

Veamos algunos ejemplos de lo que ocurre cuando ponemos demasiado énfasis en alguna dimensión y por defecto olvidamos otras:

Mente

Podríamos considerar que **cultivar nuestra mente** es lo más importante en la vida si creciste en una familia que sobrevaloraba el éxito académico. Por tanto, para ti los estudios o desafíos laborales son vistos como la forma más adecuada de "tener una vida", realizarte como mujer y ser feliz. También se da mucho cuando se tiende a pensar que cultivar la mente apunta solo a la esfera racional, al "pensar con la cabeza" —como si fueran sinónimos—, cuando la verdad, como ya hemos visto, es que ser consciente de nuestras emociones y pensamientos, reconocerlos y validarlos, sí implica cultivar y cuidar nuestra mente, ya que sabemos que esto sí incluye la gestión y el bienestar emocional.

Por lo general, cuando crecemos en estos ambientes donde se valora mucho lo académico, lo racional, lo aparentemente "culto e inteligente", ocurre que todo lo que respecta a la imagen, y por lo tanto a la apariencia del cuerpo, es concebido como algo superficial. El resultado es que esto te lleva a dejar de lado la preocupación por tu imagen porque, desde tu visión, no es importante.

El problema que surge es que hoy sientes que no te gustas a ti misma, tampoco te aceptas o no te sientes cómoda en tu propia piel, lo cual te hace sentir frustrada, insegura y triste, con mayor o menor conciencia, pero hay una evidente disconformidad. A veces cuesta reconocerlo y es mejor decir que el cuerpo o la imagen nos causa "indiferencia" o que "no nos importa", pero que no te guste mirarte al espejo o evites hacerlo no está bien, no es lo normal. Si es una decisión consciente porque para ti no es importante, está bien, es tu opción, pero considero que **cuidar tu cuerpo en todas sus dimensiones es un reflejo de amor por ti;** hacerte tus chequeos médicos, alimentarte bien, dormir, ejercitarte y también sentirte a gusto con tu imagen personal. No olvides: **Tu bienestar interior siempre se reflejará en tu exterior.**

Alma

Otro problema recurrente es creer que llevar una vida más orientada hacia la espiritualidad y la trascendencia —aquí descritas como formas de cultivar el alma, no asociadas a una religión— es incompatible con la preocupación de la propia imagen personal, porque desde esa perspectiva solo importa lo de adentro y no lo de afuera. Por tanto, creas el prejuicio de que una "persona espiritual" no debería preocuparse de su exterior, de cómo se ve, de su aspecto y menos aún de gastar dinero en prendas o en objetos materiales, ya que son innecesarios y convengamos que ¡muy poco espirituales! —broma, estoy siendo un poco irónica—.

No obstante, **la espiritualidad se vive en total integración del cuerpo porque comprendes que es el vehículo de tu alma y que es parte fundamental de tu ser.** Aceptar el cuerpo es el primer paso hacia la propia espiritualidad, ya que es la "base material" del espíritu, todo se sostiene en él. Ante los prejuicios y comentarios del resto es importante considerar que **la espiritualidad va más allá de lo aparente,** de hecho, me parece "muy poco espiritual" hacer juicios de otra persona. Simplemente es algo que no nos corresponde ni a ti, ni a mí ni a nadie. No juzgar a otros es una máxima de vida.

"Para saber cómo es realmente una persona, no escuches lo que dicen los demás de ella, escucha lo que ella dice de los demás".
ANÓNIMO

Cada una de nosotras puede vivir la espiritualidad desde su propia autenticidad. No existen mandatos o condiciones de que hay que llevar un determinado estilo de vida para "ser espiritual", sino que se trata de vivir en conciencia plena, acorde con las leyes universales por las que se rige la vida y **poniendo tu personalidad al servicio de tu alma, no del ego.** Implica un profundo autoconocimiento, mirar dentro, romper creencias, caminar "con los ojos bien abiertos" y abrirse al despertar de la conciencia, a aceptar el momento presente como el único momento en el cual podemos hacer los cambios y que somos creadoras de nuestra realidad a través de nuestras emociones, pensamientos y acciones... Es un fascinante proceso de crecimiento e integración que nunca termina y dura hasta nuestros últimos días.

Hay que dejar atrás la creencia de que "por ser espiritual" tu cuerpo o tu imagen no importan, o creer que debes vivir en un estado de carencia y abstinencia total. De hecho, nunca olvides que la espiritualidad se vive en plenitud y abundancia, los cuales no son sinónimos de opulencia ni menos de presumir o aparentar, sino que son la expresión más absoluta y auténtica de tu ser, en plenitud. **Tu cuerpo sí incluye tu imagen.** No están separados. Olvidar el cuerpo es un extremo sesgado y disfuncional, te lleva a escindirte, ya que cuando comprendes que tu cuerpo es tu templo, lo cuidas, respetas, honras y no lo dejas en el olvido. Sientes tanta gratitud y amor profundo por todo lo que hace él hace por ti que amarlo y honrarlo es la única opción.

Si se expresa o no en tu apariencia, es otra cosa, pero **una siempre debiera manifestar una congruencia entre cómo te sientes y cómo lo proyectas. Tu interior siempre se refleja en tu exterior.** Si estoy bien y en paz conmigo misma, mi exterior debiera estar en sincronía, y eso incluye tus espacios físicos en orden y armonía, tus relaciones, tu estilo de vida, tus finanzas, tu prosperidad y, por supuesto, también la relación con tu cuerpo. La belleza exterior no es calzar con un prototipo cultural establecido, sino es una visión subjetiva que tiene como resultado la integración total de tu ser (de tu triada) y es el resultado de la armonía, la proyección de tu luz interior, eso tan único y particular que solo tú puedes transmitir y te hace ser quien eres: **tu esencia.**

Tu imagen es una proyección de tu alma.

♥

Cuerpo

Finalmente, también encontramos casos extremos de personas que viven en función de la apariencia y un culto obsesivo al cuerpo, con total obsesión y rigidez, lo cual se manifiesta en poco o nulo interés de querer desarrollar con la misma energía las otras aristas de la triada. Este tipo de personas son muy vulnerables a lo externo, su atención y enfoque está solo en lo de afuera, y su valía personal y amor propio dependen de otros, del reconocimiento o de todo lo aparente. Identifican el cuerpo como la totalidad de su ser y, por tanto, cualquier cambio corporal que no vaya en línea de lo que para ellas es lo adecuado o el inevitable paso de los años son vistos como amenazas a la propia integridad.

Son personas que bien pueden haber crecido en ambientes muy exigentes con lo corporal y heredaron esas tradiciones, o fueron parte de familias donde nunca se le asignó importancia y en señal de rebeldía inconsciente hoy se manifiesta en una preocupación absurda y obsesiva. Pueden ser muy propensas a dismorfias corporales o trastornos alimentarios. Más allá del estilo de crianza, la excesiva preocupación refleja una falta profunda de autoestima, donde el cuerpo y la imagen "socialmente idealizada" son máscaras para esconder la inseguridad, el sentimiento de sentirse poco suficientes, el vacío interior o es su manera de destacar y ser así socialmente aceptadas.

Existe la costumbre de siempre mirar hacia afuera, de estar pendientes de la vida de otros, de buscar la aprobación externa, de ponernos lindas "para otros", de vestirnos "para otros", de "teñirnos las canas solo cuando sabemos que alguien más nos a ver", como si el verte tú al espejo no fuera importante, justificar nuestras conductas o estados de ánimo en base a otros, de culpar al clima por nuestra falta de actividad física, al jefe por nuestro mal genio y así, muchas cosas más, sobre la base de lo que ocurre afuera.

Como ya hemos visto en estas páginas, para crecer es fundamental mirar dentro y reconocerte como responsable de tus acciones. En psicología esto se llama el *locus* de control interno, que es la percepción de que lo que ocurre en tu vida es producto de tu propio actuar y, por tanto, **la mirada siempre está puesta en ti.** De otra forma no hay posibilidad de crecimiento, de apertura, de conciencia, de florecer. ¿Se requiere valentía? Por supuesto que sí, es mucho más fácil transitar por la vida culpando a otros o evitando mirar dentro de nosotras, echarle la culpa al resto y disfrazarnos en un cuerpo aparentemente perfecto, pero te puedo asegurar que el camino más honesto y auténtico a seguir es cuando empiezas a poner el foco dentro de ti y descubres que solo tú y nadie más que tú te puedes brindar aquello que tanto necesitas.

> *"El éxito no viene del reconocimiento ajeno,*
> *sino de lo que sembraste con amor".*
> Paulo Coelho

Una vez más, la clave, como todo en la vida, es el equilibrio. De ahí que dosificar toda esa energía y atención que se pone en lo corporal y repartirla también a las otras dimensiones es sumamente necesario. Veamos esto con un ejemplo muy gráfico que suelo usar en mis conferencias y talleres:

Piensa por un momento en una mesa que tiene tres patas. Te pregunto ahora, ¿cuál es la función de la mesa? Me imagino que concuerdas conmigo con la idea de que puedas poner algo sobre ella y no se caiga, que esté firme y estable. Ahora, ¿qué pasa cuando una de las patas no está en equilibrio? Seguramente te ha pasado que vas a un restaurante y al momento de comer te das cuenta de que la mesa se tambalea, no está equilibrada y cualquier cosa que pongas sobre ella puede voltearse o derramarse. ¿Qué haces tú? Buscas ayuda con el mesero o haces lo posible para que las patas estén niveladas, quizás poniendo una servilleta debajo de ella, y para que así la mesa cumpla su función de sostener con firmeza y estabilidad. Te cuento esto porque quiero que comprendas que esa mesa eres tú y que lo mismo pasa contigo...

Tú eres esa mesa y cada pata es una de las dimensiones que componen tu ser: mente, alma y cuerpo, y solo cuando están las tres en armonía y equilibrio puedes alcanzar el anhelado bienestar. Qué quiero decirte con todo esto: que **somos una UNIDAD. Somos una totalidad y fortalecernos desde adentro hacia afuera y viceversa hace milagros con tu vida.** No es en una sola dirección, aquí no hay reglas, puedes comenzar desde afuera e impactar por dentro profundamente, o bien, comenzar desde adentro, lo cual se reflejará inevitablemente hacia afuera. Por esto mismo creé el **Método Aplicado de Psicología de Imagen Personal** (MAPIP®), ya que desde mi rol de psicóloga y life coach me permite ingresar por el interior, pero también desde mi rol de coach de imagen puedo entrar por el exterior y desde esta forma abarcar el bienestar desde una manera profunda e integral.

Puedes sembrar un hermoso jardín, con preciosas plantas y flores, pero si no las podas, limpias y sacas la maleza, por más fértil que sea la tierra no será un jardín grato de habitar.

♥

Desde hoy **quiero que empieces a trabajar en cada una de tus aristas para reencontrarte contigo.** No subestimes ninguna, todas son importantes y fortalecer cada una de ellas es un camino personal maravilloso que vale la pena explorar. Si aún no tienes las pistas sobre dónde deberías poner el foco, pregúntate: **¿Qué estoy haciendo para cultivar mi mente? ¿Qué estoy haciendo para cultivar mi cuerpo? ¿Qué estoy haciendo para cultivar mi alma?** Y escribe acciones que estás haciendo en cada dimensión, así como un listado. No olvides que está todo relacionado, así que no te esfuerces por categorizarlas al 100%, ya que, por ejemplo, caminar en la naturaleza puede ser un espacio de pausa personal, pero también de deporte, es decir, tu cuerpo en movimiento, pero en total conexión contigo misma, y eso implica más de una sola arista. Solo quiero que observes dónde tienes menos respuestas o más espacios en blanco, ya que esto te indicará el área que requiere más tu cariño y atención.

FORTALECER MI TRIADA

I
Cultivar nuestra mente

"Cuidar lo que comemos está genial, hacer ejercicio también, al igual que tener buenos hábitos, pero si no cuidamos lo que tenemos en nuestras mentes, todo esfuerzo que hagamos para cuidar nuestros cuerpos será en vano".
Anónimo

Cultivar la mente va más allá de los estudios o éxitos profesionales. La verdad es que, desde mi perspectiva, tiene bien poco de eso. Sí, efectivamente los desafíos profesionales, apuntarse a un nuevo curso para fortalecer tu empleabilidad y aprender una nueva disciplina puede ser desafiante, pero cuando hablamos de cultivar la mente estamos yendo en una dirección distinta. Va más allá de los mandatos sociales o del ego.

Para mí, tiene que ver con identificar y reconocer qué tipo de pensamientos y creencias nutres a diario en tu mente. **¿Eres consciente de qué te permites pensar y qué no? ¿De los discursos que te repites una y otra vez en tu cotidianidad o frente a determinadas situaciones?** Esto implica estar y actuar desde un lugar de plena conciencia para lograr, desde tu trabajo personal y la acción, la vida que quieres vivir. Implica de manera intrínseca la actividad; ya sea la necesidad constante de querer aprender para superarte, de mejorarte como persona, de no quedarte estancada, de elegir cuidadosamente tus pensamientos, manejar con sabiduría tu diálogo interior y actuar en consecuencia. Validar y comprender tus emociones. **En palabras simples: es crear la tierra firme y fértil donde queremos sembrar las semillas para la vida.**

Sentirse realizada es muy importante, pero es una cuestión que tiene que ver más con perseguir nuestro propósito de vida que con buscar logros o reconocimientos profesionales. Sentirse realizada a partir de estos últimos es una señal de alerta importante, ya que si por algún motivo cambias de trabajo o dejas de pertenecer a esa organización, tu realización personal se verá afectada y también tu identidad. He visto en muchas clientas, ejecutivas con cargos importantes, que por diversos motivos dejan de pertenecer a la empresa donde estaban y ahora no saben cómo presentarse ni qué decir frente a otros. Ante la ausencia de cargos o títulos no solo se sienten disminuidas, sino también perdidas.

No olvides que **la autorrealización no depende de factores externos, es más bien una total conexión contigo misma y la vida.** Puedes realizarte con otros, junto a otros, pero no dependes de esos otros para tu propio sentido de realización personal.

II
Cultivar nuestra alma

"Escucha tu alma, ella tiene todas las respuestas,
donde palpite más fuerte tu sonrisa, ahí es".
W. Moreno

Cultivar nuestra alma está lejos de ser un cliché, por el contrario. El no hacerlo muchas veces conlleva una sensación de vacío interno, de carencia existencial y de desconexión. Desde mi perspectiva —y para no entrar en temas filosóficos profundos— **implica descubrir y reencontrarnos con todo aquello que nos hace vibrar, aquello que nos permite conectar con nuestro propósito de vida y que siempre implica el gozo, la paz y la contribución.** Soy una convencida de que la experiencia humana implica el desarrollo de estas tres virtudes: felicidad, paz mental y el amor o servicio a los demás y la espiritualidad es el camino que, por medio de la conciencia y la introspección, nos permite acceder a ello. Es un trabajo interno e individual que nadie puede hacer por otro, pero que tampoco puede hacerse sin los otros, ya que la interacción con los demás es crucial para el aprendizaje a través de nuestras propias experiencias. Cada experiencia en esta vida es la forma que tiene nuestra alma de crecer y evolucionar, porque cada una de ellas, por muy hostil que sea, siempre puede ser vista como un aprendizaje.

> *Preguntarse:*
> *¿Qué me quiere enseñar la vida con esta situación?*
> *Es la pregunta que te permitirá transmutar la ignorancia en*
> *sabiduría, la casualidad por la causalidad, la desgracia por la*
> *lección, el por qué a mí al para qué, el sinsentido al sentido.*

Va más allá de prácticas consideradas por el consenso común como "espirituales"; meditación, yoga, ayuno, no comer carne, abstinencia, etcétera —que pueden ser valiosas instancias de conexión personal, pero de nada sirven si después de meditar sales a la calle juzgando a los demás o regateando el precio del kilo de tomates al señor de la verdulería—. El libro de Robin Sharma, *El monje que vendió su Ferrari*, describe muy bien distintos pasos y acciones que podemos hacer para cultivar nuestra espiritualidad, te invito a leerlo si quieres indagar un poquito más.

En palabras de Gary Zukav, en su maravilloso libro *El asiento del alma*: **"Si tengo un alma, entonces tengo que entender qué quiere mi alma"**. De esta forma, nuestra personalidad y existencia se ponen al servicio de ella y comenzamos a transitar un maravilloso camino de sentido, contribución, alegría y gratitud.

No es fácil conocer y conectar con nuestro propósito. No nos enseñaron en el colegio ni nos dijeron en nuestra casa cuáles eran las preguntas que había que hacerse ni la importancia de indagar o profundizar en ello. No tengo dudas de que si esto fuera parte de una asignatura obligatoria del programa estudiantil primario —sueño con que se llame Educación Emocional I, II y III—, seríamos todos jóvenes con mayor conciencia, tendríamos más recursos emocionales y también seríamos más asertivos en elecciones importantes como qué carrera estudiar o a quién elegir de amistades o pareja, por ejemplo. Si bien hay familias donde los padres han jugado un rol muy activo en criar niños bajo estos conceptos y donde sí se hacen estas preguntas, hay otras donde ni siquiera se menciona y, por tanto, pasa a ser tarea de cada una, con los conocimientos y experiencias que tenemos en ese momento determinado. Depende de cada una indagar un poco más y empezar a preguntarnos cuál es nuestro real propósito en esta vida. Esto va muy relacionado con el despertar espiritual, en el que comienzas a cuestionarte cosas y hacerte preguntas que no te habías hecho antes.

Mark Twain, famoso por su novela Las aventuras de Tom Sawyer, *decía que en la vida de toda persona hay dos días fundamentales: el día en que nace y el día en que descubre por qué. Cuanto menos tiempo pase entre uno y otro, más plena será la vida que quede por delante.*

♥

Veo que hay una gran necesidad de conectar con lo profundo y relevante. Muchas crisis existenciales nacen por no tener claro el porqué de la propia existencia o de sentir que estás viviendo una vida bajo los estándares de otros —lo que los demás decían que era correcto, lo que "debía ser", lo socialmente valorado— y no bajo tus propios términos. Por tanto, **recurrir al silencio y a la soledad son buenas maneras para hacernos las preguntas correctas y escucharnos con atención plena**, lo cual no se da con el ajetreo del día a día, ya que "El ruido no te deja escuchar la música", y sé que hay mucha música dentro de ti. Deja que el silencio se exprese. Sé que tiene mucho que decirte, tan solo lo has estado evitando por mucho tiempo, pero no tienes que temer, **estás a salvo, te tienes a ti.**

Ya ahondamos en el tema del autoconocimiento, formulé muchas preguntas que te dieron luces sobre aquello que resuena en ti. Indagar sobre tu propósito de vida, es decir, el **saber para qué vives, te dará enfoque, dirección, pero sobre todo un gran sentido de vivir.**

Deepak Chopra, en su libro *Las siete leyes espirituales del éxito*, reflexiona sobre la ley del "Dharma" o propósito de vida, y nos hace la siguiente pregunta:

Suponiendo que no tuvieras problemas de dinero ni tiempo, es decir, que tuvieras todo el tiempo y dinero del mundo, ¿a qué te dedicarías?, ¿cómo llenarías tu día?, ¿lo estás haciendo?

Estas preguntas son muy importantes, ya que te ayudarán a darte cuenta de la razón de lo que hoy te motiva, eso que te impulsa a la acción, a crear. Si al contestar esta pregunta tienes muchas respuestas, ¡disfrútalo!, sientes pasión y de alguna forma estás en sintonía con tus talentos singulares. Te gusta lo que haces y eres buena en ello, o bien, ves un claro horizonte de distintas alternativas que podrías explorar. De lo contrario, si no sabes qué responder, no te aflijas, no pasa nada, para eso es esta instancia y ahora puedes profundizar un poquito más... ¡Vamos juntas!

¿Qué cosas te interesan de forma natural? Por ejemplo, si fueras a una librería, ¿qué tipos de libros buscarías? Muchas veces tu propósito está ahí, detrás de aquellas cosas que te interesan y que te encantan, aquellas actividades que haces porque te causan alegría durante el día, lo que escuchas en tu tiempo libre, las conversaciones que te inspiran, los videos que ves en YouTube o los documentales que te interesan, ya que siempre se "esconde" en **esas actividades diarias que te llenan el corazón.**

A su vez, **detecta cuáles son tus talentos** —ya vimos esta pregunta al comienzo de este capítulo—. Lo vuelvo a mencionar porque quiero que comprendas que es muy importante reconocer tus virtudes y talentos, ya que son indicadores de tus dones naturales y tu propósito siempre andará por allí también.

No olvides: cuando descubres tu propósito, tu vida adquiere mayor sentido, de manera intrínseca empiezas a conectarte con la pasión —ya que adoras lo que haces y te llena el alma hacerlo—, o bien, si tu trabajo actual está muy lejos relacionarse con tu propósito, el ya conocerlo te da la guía que necesitas para saber qué rumbo seguir, qué acciones tomar y esa energía tan necesaria (voluntad) para perseguir y hacer realidad tus anhelos más profundos que siempre son el resultado de la pregunta **¿para qué estoy aquí?**

Siguiendo en el proceso de "cultivar nuestra alma", soy una convencida de que conocer y poner en práctica las leyes universales es un camino certero que te acerca a desarrollar la conciencia para llenarte de **conexión, amor, sabiduría y espiritualidad.** Hay mucha bibliografía de esto y al comienzo puede parecer algo confuso, ya que algunos autores hablan de 40 leyes universales, otros de 36, 12, 7, 5 y 4. Personalmente, me encantan los libros de Nicolás Apelt, quien habla de siete leyes universales en un lenguaje sencillo y de una manera muy práctica para su comprensión y aplicación en la vida diaria. También Deepak Chopra, con su libro *Las 7 leyes espirituales del éxito*, entrega hermosas enseñanzas para atesorar. Sinceramente, creo que es un tema importante de profundizar en este camino de ampliar nuestra conciencia, de vivir en plenitud y de quererte incondicionalmente.

Ahora, estas no son leyes humanas ni tampoco normas transitorias, no pertenecen a un país, cultura ni Estado, sino que son leyes inmutables, absolutas y atemporales, no negociables ni modificables y se originan en la más completa sabiduría divina y nos afectan e impactan a todos, sin excepción alguna. En palabras simples, **son principios sobre cómo funciona la vida y, mientras mejor entendamos su funcionamiento, más podremos fluir e influir en ella física, mental y espiritualmente.**

Lo maravilloso es que, a medida que comienzas a conocerlas y comprenderlas, cambias tu manera de ver las cosas, lo que antes era obvio ahora ya no lo es, y te abres a una nueva forma de pensar, más potenciadora y constructiva, y, **al cambiar tu manera de pensar, cambias tu vida. Así de directo y así de simple.** Y, por favor, no me malentiendas, ya que simple y fácil no son sinónimos, puede ser simple saltar una valla, pero fácil no es.

Cuando vivimos bajo el alero de las leyes universales como si fueran una "máxima de vida" es inevitable que sientas la armonía y plenitud que ello conlleva, lo que se da porque todo lo que está dentro de estas leyes fluye y funciona. Por el contrario, cuando vamos en contra de ellas, ya sea por desconocimiento, incredulidad o debido a que nuestras creencias base son tan fuertes que no las podemos internalizar, se refleja en malestar, conflicto, angustia y en esa sensación de que "no fluyes con la vida" y que los obstáculos o la insatisfacción son algo constante. Desde mi perspectiva, ese malestar es una bendición, ya que es una señal que te indica que por ahí no es, que **no es normal no sentirse bien** y te lleva a orientar tus recursos hacia la búsqueda del equilibrio e ir a favor y en sintonía con la ley en cuestión.

III
Cultivar nuestro cuerpo

"Para amarnos más allá del intelecto tenemos que descubrir y acoger nuestro cuerpo: las sensaciones internas y habitarnos por dentro, acoger nuestro cuerpo externo como expresión de nuestra identidad, de esta manera se podrá producir una integración amorosa de todas nuestras dimensiones gracias a ese acercamiento corporal".
ÁLVAREZ ROMERO

Respecto de cultivar nuestro cuerpo, debo reconocer que lamentablemente es el que tiene más mala prensa de nuestra tríada, ya que es visto como la dimensión más superficial, como "aparente" y superflua, pero déjame decirte que es muy superficial creer que amarlo, preocuparte de él y que sentirte a gusto contigo misma lo es.

Nuestro cuerpo es nuestro hogar maravilloso que nos permite ser y existir en este mundo, el problema radica en que tendemos a reducirlo solo a la imagen y lo estético, y olvidamos a menudo todo lo que hace por nosotras.

Aquí los estereotipos juegan un rol muy dañino. Lo mismo que los filtros de las redes sociales que alteran tu cuerpo, rasgos faciales y provocan una dismorfia corporal —preocupación excesiva por la imagen de defectos o imperfecciones que pueden ser mínimos o imaginarios— o crean cánones de belleza irreales y absurdos. Años atrás se jugaba con filtros de orejas de perrito, conejo u otros animales, pero hoy te alteran la totalidad del rostro. Se habla tanto de la "belleza real", pero seguimos viendo cada vez menos aceptación en las redes sociales... En fin, un tema para tener en cuenta.

El problema es que si aún no tienes una autoestima sólida y estás en proceso de aceptación —como en la adolescencia, aunque esto se puede dar a cualquier edad— usar estos filtros o herramientas puede ser sumamente dañino, ya que te llevan a sentir que solo eres valiosa, bonita o "aceptada" cuando los usas, y, por el contrario, cuando no hay filtro alguno y estamos "al natural", al no cumplir con los estándares de belleza valorados por la sociedad, sentimos que no somos suficientes y empezamos a crear una relación de odio, disconformidad o no aceptación hacia nuestro cuerpo, incluso señalándolo muchas veces como el culpable de nuestros desaciertos o fracasos. Los filtros son una gran amenaza para la autoestima y abrazar nuestra unicidad debiera ser el camino siempre. **Nadie es igual que tú, ni mejor, ni peor, simplemente todas somos diferentes y esa diferencia es lo que nos hace únicas, no necesitas parecerte a nadie más. Eres maravillosa y perfecta por el solo hecho de existir.**

Amar tu cuerpo es fundamental para tener una buena autoestima y tu imagen personal es reflejo de lo que sientes por ti.

♥

¿Evitas mirarte al espejo desnuda o en ropa interior?; cuando te miras al espejo, ¿te enfocas solo en aquello que no te gusta y pasas por alto tus atributos? ¿Criticas tu cuerpo constantemente y te refieres a él con un lenguaje poco cariñoso? ¿Has rechazado invitaciones a la playa o piscina para no exponer tu cuerpo frente a otros? ¿No te pones cierta ropa, aunque te gusta mucho, porque crees que está prohibida para tu "tipo de cuerpo? ¿Evitas momentos de intimidad para no mostrar tu cuerpo, y si los tienes te preocupas demasiado por ocultarte? Si contestaste que sí a más de alguna pregunta, es una señal de que la relación con tu cuerpo necesita más amor y aceptación, y es fundamental que comiences ahora a desarrollar más gratitud hacia él. Desde ese estado de inconformidad inicial siempre habrán excusas para seguir sintiéndola, así consigas el peso deseado o realices cualquier cambio de imagen. Porque, **"si no eres feliz ni estás agradecida con todo lo que tienes, con todo lo que no tienes tampoco lo serás"**.

Cuando comienzas a ver tu cuerpo como tu hogar en este mundo, como un maravilloso regalo que te ha sido dado y que tanto te permite en esta vida, dejas atrás aquellos pensamientos negativos que te han llevado a negarlo, criticarlo o no tratarlo bien. Simplemente porque dejas de conectar con él desde la crítica, ya que ahora lo haces desde el amor.

♥

Tómate unos segundos y reflexiona lo siguiente: **¿Te has detenido a pensar todo lo que tu cuerpo hace por ti? ¿Todo lo que te permite experimentar en esta vida? ¿Eres capaz de darte cuenta de que tu corazón trabaja 24/7 por y para ti?**
Cuando me hago estas preguntas no puedo dejar de sentir un amor profundo y emoción por esta "máquina" maravillosa que me permite llevar a cabo mis sueños y proyectos en esta vida, que está ahí para mí y posibilita mi vivencia y existir. Y lo cuido porque lo amo, no porque quiero usar el vestido de mi mejor amiga, cambiar de talla o parecerme a alguien más. Con esto no quiero decirte que la motivación de querer lograr un cambio o un peso saludable esté mal, todo lo contrario, ya que eso habla de un acto enorme de preocupación hacia tu bienestar, salud y te permitirá llevar una vida más longeva. El problema radica cuando queremos hacer los cambios desde una motivación externa (parecerse a otras personas, ser aceptada por otros, "encajar", etcétera), cuando siempre **la motivación debería surgir desde el interior** (sentirme mejor conmigo misma, estar más sana, aumentar mi confianza personal, fortalecer mi autoestima, etcétera).

A tu cuerpo le encanta saber que tú lo amas y siempre responderá de buena manera hacia ti cuando lo cuidas y tratas con amor. Por ejemplo, si te alimentas bien y te mantienes activa, te sentirás mejor, con más vitalidad, tendrás más energía y descansarás mejor, así también, te hará saber a través de distintos síntomas y señales para indicarte que hay algo que debemos atender y que necesita de nuestro cuidado y atención.

El aspecto físico es solo un componente de tu imagen, pero no por eso no va a ser importante; sentirte cómoda con la imagen personal que proyectas es clave a la hora de aceptarte y quererte; **todas las piezas forman un todo para alimentar tu amor propio y**

autoestima. Trabajar la imagen personal va más allá de quedarse en la fachada, es trabajar más profundo para encontrar el propio estilo que te identifique y exprese desde lo visual quién eres, tu personalidad, cómo quieres ser vista y, por supuesto, te permita sentirte segura y a gusto con él. Sea cual sea el estilo que quieras adoptar, es aprender a jugar a tu favor con aquello que te haga sentir cómoda a ti y potenciarlo al máximo.

En este contexto, **la aceptación de nuestro cuerpo es un componente crucial,** ya que, tal como he dicho anteriormente, ¿cómo vas a poder amar algo que no aceptas? Parte del proceso de conocimiento y aceptación es reconocer que hay partes que sí se pueden cambiar y otras que no. La aceptación **nace del trabajo interior de conocerse, y eso implica identificar aquellas partes que queremos potenciar y también aquellas que no nos gustan;** la integración de ambas es la que lleva a aceptarnos en nuestra totalidad. Por ejemplo, sí puedo cambiar mi color de pelo por un tono que me guste o favorezca, o tal vez aumentar o reducir el tamaño de mis pechos si es que eso me va a hacer sentir mejor, pero no voy a poder modificar mi altura, el tamaño de mis pies o la forma de los dedos de mis manos. Respecto de las que no nos gustan... ¡A aceptarlas y a trabajar en potenciar lo que sí nos gusta de nosotras! Podemos jugar con tantas alternativas para sentirnos a gusto con nuestra imagen, solo es cosa de conocerse, ser creativas y también ponerle una buena cuota de actitud.

En el camino de la aceptación **todas las estrategias son válidas en la medida en que te hagan sentir bien y que traten a tu cuerpo con amor.** Hay mujeres que se sienten muy orgullosas de sus estrías, ya que les recuerdan momentos importantes de su vida, mientras otras las muestran en señal de rebeldía contra los estereotipos o simplemente porque no tienen nada de qué acomplejarse por ellas. En cambio, hay otras mujeres a las que no les gustan y las hacen sentir incómodas e inseguras, por lo que prefieren ocultarlas. Da igual cuál sea tu postura, todas son válidas y ninguna es mejor que la otra, ninguna es "más mujer" que la otra y ninguna es "más o menos auténtica" por mostrar u ocultar. En el camino de la aceptación personal la clave es reconectarte con tu cuerpo desde la gratitud, desde la apreciación, para empezar a tratarlo con más cuidado y amor, para sentirnos cómodas con nuestra imagen y comprender que esta es el reflejo de nuestra armonía interior.

Acepta tu imperfección, no agrandes lo que no te gusta de ti y **comienza a hacer los cambios desde un lugar en el que te sientas a gusto contigo misma, desde ahí los resultados son** siempre mejores; te conectas con tu energía positiva, elevas tu vibración, liberas dopamina y te sientes a la larga más contenta y feliz.

Si sientes que hay mucho de ti que no te gusta, te invito a cambiar los "anteojos" con los que te estás mirando. **Los ojos de la crítica** nunca te conducirán a nada positivo, solo a alimentar más tus inseguridades y tu malestar contigo misma. ¿Así es como quieres vivir? Seguro que no. Te invito a reemplazar cada pensamiento negativo acerca de ti por uno positivo que te sustente y apoye. Te puedo asegurar que al comienzo se sentirá raro y quizás te cueste aceptarlo, pero a medida que lo hagas un hábito y de manera automática y constante hagas el reemplazo de negativo a positivo, comenzarás a sentirte mejor, día tras día, y por supuesto que también te verás mejor. Este bienestar se reflejará en ti. Como ya he mencionado antes, siempre tu interior se refleja en tu exterior. Alimenta tu mente con pensamientos que te eleven y, por favor, recuerda: **no hay nada mal en ti, absolutamente nada. Son tus creencias y pensamientos los que te han hecho ver defectos donde no los hay.**

Llevo muchos años trabajando con mujeres apoyándolas en distintas áreas del crecimiento personal, y una de ellas es el fortalecer su autoconcepto y autoimagen para que puedan desplegar y proyectar su más auténtica versión y se sientan felices y a gusto con ellas mismas, y puedo decirles que los resultados son maravillosos. Me conmueve y llena el corazón cuando recibo testimonios que relatan el impacto positivo que tuvo nuestra sesión, que sienten que hubo un antes y un después en la manera como se sienten, como se hablan y como se miran; son mujeres que se aman más, se gustan más, se sienten más seguras de sí mismas y además se sienten mejor, lo cual, por supuesto, se refleja en su apariencia. Todo esto eleva la autoestima y refuerza el amor propio. Son temas estrechamente relacionados.

Muchas veces el punto de partida en sus procesos de transformación personal es "desde afuera hacia adentro", es decir, desde la gestión de la imagen (lo externo), y eso conduce a que inicien un camino que siempre impacta en el interior, donde primero comienzan a **verse** mejor, para luego **sentirse** mejor y finalmente **estar** mejor. Cambia su autoconcepto y se refuerza la propia valía. Entran a un ciclo virtuoso muy positivo de autocuidado y bienestar, donde el hacer pequeños cambios en la imagen fue el puntapié y el estímulo perfecto que necesitaban en ese momento para reencontrarse con ellas mismas, con su feminidad y desde ahí promover los cambios.

Hay tres beneficios muy claros cuando aprendes a **gestionar con éxito tu imagen personal:**

» **Beneficio 1:** De inmediato te brinda **mayor seguridad,** y al tener mayor seguridad, te desempeñas con mayor **naturalidad, desplante y confianza** frente a los demás. Eres más auténtica, sientes que tu imagen proyecta quién quieres ser y está en sintonía con tu ser.

» **Beneficio 2:** A su vez, impacta en tu **autoconfianza.** Al tener mayor seguridad en ti, te sientes más capaz de asumir nuevos desafíos, de tomar mejores decisiones y, por tanto, tu éxito personal y tu **autoestima aumentan.** Tu postura y lenguaje no verbal lo reflejan y adoptas posturas de mayor seguridad. A nivel biológico, esto produce una disminución del cortisol (hormona del estrés) y un aumento de la testosterona (hormona de la dominación), por lo que **aumenta tu sensación de éxito y confianza.** Si quieres indagar más en esto te recomiendo la charla TED de Amy Cuddy, quien investiga en profundidad este tema y me encanta.

» **Beneficio 3:** Te sientes más feliz y disfrutas cuidar más de ti. Liberas hormonas de la felicidad. Empiezas a incorporar nuevos rituales y rutinas positivas, pero, sobre todo, a reencantarte contigo. **Incrementa notablemente tu bienestar y satisfacción personal.** ¡Y esto se contagia!

Si te queda alguna duda y sigues considerando que la imagen personal es superficial, solo déjame darte este último ejemplo muy simple, pero lo suficientemente gráfico para entender: Si tienes que arrendar una casa y hay dos casas disponibles que te quieren mostrar: una de ellas se ve impecable por fuera, muy bien cuidada y mantenida, el jardín hermoso, la pintura perfecta y muy limpia. En cambio, la otra se nota muy olvidada. El jardín está a maltraer, hay escombros en algunos lugares, la fachada está vieja, sucia y se nota un descuido en general. Ante este escenario, te pregunto: ¿A qué casa prefieres entrar? Seguramente a la que luce bien, ¿no es cierto? Ahora, la verdad es que esta casa no te asegura que por dentro sea hermosa, quizás era solo la fachada y, en cambio, la otra, que se veía muy descuidada, sorprendentemente era muy acogedora por dentro; **lo de afuera no te asegura el interior, pero si algo te puedo asegurar es que le vas a dar la prioridad a aquella casa que inspira preocupación y cariño, es decir, la que se ve bien por fuera. Porque lo que es adentro es afuera.** Esa congruencia debiera existir siempre.

Te importe o no lo que piensen los demás de ti, es un hecho que todos los días que sales a interactuar con el mundo exterior tienes que vestirte. Entonces, ¿por qué no hacerlo con prendas que te hagan sentir bien, que reflejen tu personalidad o te den seguridad? ¿Por qué no utilizar el vestuario como una herramienta que potencie lo mejor de ti? La autoimagen tiene un impacto directo en tu autoestima y también en tu actitud ante la vida. **Tu imagen también habla de respeto y cuidado hacia ti misma.**

¿Te das cuenta ahora de cómo todo está relacionado?

En conclusión: **No podemos minimizar el amor propio solo desde la perspectiva de la imagen corporal.** Aceptar tu cuerpo es un paso más entre muchos otros que no tienen que ver con lo físico; es aceptar tu temperamento, tu personalidad, tus emociones, sentimientos, reconocer tus talentos, virtudes y defectos, cuestionar tus creencias, conocer tu luz y tu sombra… por mencionar solo algunos aspectos que van más allá de lo aparente y que se relacionan con nuestra personalidad y área emocional. De hecho, nuestra imagen es el reflejo de nuestro interior, por eso, cuando no estamos bien muchas veces es imposible ocultarlo por más que lo intentemos, nuestro lenguaje no verbal y corporalidad nos delatan. Nuestra mirada habla más que mil palabras y no hay vestuario ni maquillaje que puedan ocultar la pena, amargura o dolor.

Creer que el amor propio consiste solo en aceptarnos con unos kilos de más o de menos, estrías o celulitis, etcétera, es querer minimizarnos solo al plano físico… y evidentemente somos mucho más que eso. Hoy se habla mucho de la aceptación y diversidad corporal, pero eso es solo una "pata de la mesa" y a veces olvidamos que "hay dos patas más". No olvides que el bienestar siempre se da desde el equilibrio de tu tríada.

No se trata de ser perfectas, ni menos de encajar en los absurdos estereotipos, sino de desarrollar una relación positiva, sana y de amor con tu cuerpo e imagen.

♥

Encontrar tu estilo personal va muy de la mano con aceptar, querer tu cuerpo y potenciar aquello que te guste de ti. **No obstante, la propia aceptación también incluye la aceptación de otras posturas y realidades.** Estamos todas tratando de vivir en un mundo más empático, tolerante y diverso, y aceptar las diferencias es el paso para crear sinergia y unión.

Finalmente, nunca olvides: no subestimes el sentirte a gusto contigo misma. **Disfruta quererte, cuidarte, sentirte bien y linda para TI.** ¿Recuerdas cuándo fue la última vez que te sentiste a gusto contigo misma? Busca y reencuéntrate con esa sensación, recuerda dónde fue y qué fue lo que hiciste para sentirte así. Rompe el mito de que necesitas hacer grandes cosas o cambios para disfrutar sentirte mejor. Te puedo asegurar que después de una relajante ducha donde disfrutes ricos aromas y texturas seguro te sentirás muy bien. Identifica esas instancias personales y hazlas tan a menudo como puedas, no solo para "ocasiones especiales", porque nunca olvides:

Todos los días de tu vida son importantes.

♥

Hoy, mírate al espejo y di:

"Soy una mujer maravillosa y haré del mundo un mejor lugar porque a eso he venido. A vivir en plenitud, a dar lo mejor de mí y a recibir lo mismo y más en consecuencia.
Estoy abierta a toda la abundancia que el universo tiene para entregar.
Soy única, valiente y especial.
Disfruto cuidarme, quererme y mimarme, en todos los planos y en todos los sentidos.
Escucho las señales de mi cuerpo, donde siempre se hace presente mi sabiduría interior.
Confío en mi intuición.
Estoy en mi proceso de transformación y sigo mi camino con determinación y compasión.
Me amo profundamente y sé que mi imagen refleja mi amor por y preocupación por mí.
Me gusta lo que veo.
Escojo prendas y accesorios que me hacen sentir bien.
Cuando me visto potenciando lo mejor de mí y no solo preocupándome de disimular, sé que me vinculo con mi cuerpo desde la gratitud y el amor, y de esta forma se me abre un mundo de posibilidades, todo comienza a fluir mejor y cada día disfruto de cuidar más de mí.
Gracias, gracias, gracias"

Ahora, te animo a que trabajemos juntas la aceptación y el amor por tu cuerpo con algunos ejercicios que seguro te van a ayudar a transitar mejor este camino. ¡Agarra tu lápiz y comencemos!

"Mi apariencia refleja mi amor por mí. Nuestra ropa, nuestra casa refleja cómo nos sentimos con nosotros mismos. Cuando ponemos paz y armonía en nuestros pensamientos automáticamente nuestra apariencia y pertenencias se vuelven armoniosas y agradables.

Me arreglo bien cada mañana y llevo ropas que reflejen mi aprecio y amor por la vida. Soy un ser hermoso por dentro y por fuera".

LOUISE HAY

EJERCICIO CON EL ESPEJO

Louis Hay es una de las pioneras con el trabajo en el espejo y de ella he aprendido muchas técnicas valiosas que me han permitido trabajar la aceptación corporal conmigo misma y mis clientas. La admiro y quiero mucho. Creo que su legado es maravilloso y sus audiolibros me han sido de gran ayuda en mi propio transitar.

Es necesario sanar la relación con el espejo. Mirarte al espejo sin miedo, sin los ojos de la crítica e insuficiencia. Cambiando el foco de buscar la imperfección o lo que no te gusta por aquello que sí te gusta y encanta de ti. Sonríe y si puedes también abrázate. Di mirándote a los ojos: **"Me amo y me acepto tal cual como soy"**. Sé que puede ser muy difícil, pero si lo haces a diario cada día te será más fácil y fluido, tanto así, que lo terminarás creyendo porque tu mente no es capaz de distinguir si tu pensamiento viene de la imaginación o de la realidad. No te imaginas lo poderoso que es este ejercicio cuando lo realizas con conciencia plena, es decir, total atención en el momento presente. Hacerlo te permite luego mirarte desde un enfoque menos juicioso, con mayor compasión, pero sobre todo con amor.

Ahora, frente a tu reflejo evalúa cómo es tu cuerpo y qué te provoca; **agradécele por todo lo que te permite** y que muchas veces das por sentado. Reflexiona sobre qué te gustaría trabajar en él, cómo podrías cuidarlo mejor, y en especial cómo quererlo todos los días un poquito más.

A continuación, encontrarás algunas preguntas de reflexión para que empieces desde hoy a crear una relación más amorosa con tu cuerpo e imagen.

¿Cuántas veces has criticado alguna parte de tu cuerpo con la cual no te sientes a gusto? ¿Cuántas veces lo has culpado o hecho responsable de tus errores o fracasos?

Seguro en más de alguna oportunidad te has referido a él desde la disconformidad o la crítica.

Hoy te pregunto... **¿Acaso te has sentido mejor luego de haber sido así de dura contigo misma? Cuanto más ames tu cuerpo,**

mejores elecciones harás con respecto a su cuidado. De igual forma, cuanto más valores tu cuerpo, más probabilidades tendrás de cultivar hábitos de salud positivos.

Porque me amo y cuido mi cuerpo, desde hoy me comprometo a:

1. ....

2. ....

3. ....

4. ....

5. ....

6. ....

7. ....

Por otro lado, algo que no debemos olvidar nunca es expresar gratitud hacia él, agradecerle todo lo que hace por nosotras, recordar que gracias a él podemos estar presentes en este mundo físico, experimentar la vida a través de nuestros sentidos y reconocer todo lo que nos permite y brinda día tras día.

No olvides que la mejor forma de cuidar de tu cuerpo es acordándote de amarlo. Eliminar la crítica es parte del camino y agradecerle es el comienzo para una relación de merecimiento y amor.

♥

En este ejercicio te quiero invitar a que le agradezcas a cada parte de tu cuerpo. ¿Acaso les has dado las gracias alguna vez a tus riñones o a tu lengua? Seguramente no, no obstante, basta que pierdas la salud en alguna de ellas para valorar todo lo que hacen por ti. No lleguemos a ese límite para permitirnos reconocer y agradecer. Puedes hacerlo perfectamente desde la salud y el bienestar. Solo se trata de aumentar tu nivel de conciencia de que **cada día es un regalo y vivirlo en salud y armonía es una bendición.**

Por ejemplo: "Agradezco mis manos, que me permiten acariciar".

Agradece en tu interior cada una de las partes de tu cuerpo mencionadas y en el caso de que haya alguna que no esté en esta lista y quieras agradecer, por favor, también menciónala.

Manos	Pies	Abdomen	Ojos	Oídos	Pulmones
Brazos	Corazón	Riñones	Útero	Piernas	Vagina
Nariz	Cerebro	Columna	Caderas	Muslos	Rodillas
Dedos	Codos	Pelo	Uñas	Hígado	Pechos

Y si hay alguna parte de tu cuerpo que sientes que has criticado más que las otras y que has sido sumamente dura con ella, llegó el minuto de consentirla, de mimarla. Si, por el contrario, sientes dolor físico o tu salud no anda muy bien en esa área, también puedes practicar este ejercicio y por supuesto ir a buscar ayuda de un especialista.

Tu lección es: "Desde HOY cuido mi cuerpo amorosamente".

♥

Ahora vamos a profundizar en aquellas partes que más te gustan de tu cuerpo y también en aquellas que no tanto. Lo haremos desde el agradecimiento y amor, no desde la crítica. Esto es clave para luego desarrollar un estilo personal que contribuya a potenciar todo aquello que te guste y para sentirte mucho más a gusto con tu imagen y tu cuerpo. Día tras día, como una nueva actitud de vida.

¿Qué sientes cuando piensas en tu cuerpo?

....
....
....

¿Qué partes son las que más te gustan de tu cuerpo?

....
....
....

¿Qué partes son las que menos te gustan de tu cuerpo?

....
....
....

¿Qué cosas haré para sentirme mejor respecto de mi cuerpo?

....
....
....

La relación más importante de tu vida es la que tienes contigo misma. Cuando trabajas en cultivar una relación positiva de amor y aceptación no solo te sentirás más feliz, sino merecedora. Reconocerte y estar abierta a recibir es la puerta para que se manifieste toda esa grandeza que hay en ti. Disfrútate, ámate, poténciate y acéptate. Practica la gratitud como si fuera un hábito. Cultiva tu mente, crece y desarrolla tu espiritualidad; exprésate y habita tu cuerpo, trabaja sin descanso en ser tu más auténtica y elevada versión. Y, por favor, no olvides: da siempre lo mejor de ti. No te vas a dar cuenta de cómo todo comenzará a fluir.

Para finalizar este capítulo y el gran trabajo que has hecho, quiero dejarte este texto cuyo autor desconozco y que usé mucho tiempo como fondo de pantalla de mi celular, que me recordaba todos los días la importancia de elegirme a mí:

"Conócete, descúbrete, acéptate, valórate y admírate.
Mira en el espejo la mujer que eres, no la que solo existe ante los ojos de quienes no reconocen tu gran valía.
Si tienes que elegir, elígete siempre, no como un acto de egoísmo, sino como un acto de valentía y amor propio, pues solo quien se ama a sí mismo es capaz de amar a los demás.
Crea límites sanos, di "no" cuando quieras, eleva tu voz, aunque tiembles por completa; ¡eres más fuerte de lo que crees! No eres una princesa en un mundo color rosa, eres una guerrera en un mundo de matices.
Lucha por aquello que quieres en tu vida y saca de ella todo lo que atente contra tu dignidad y paz. No permitas que ninguna persona o situación te etiquete o defina; eres quien eres y punto. Bueno, de hecho, eres mucho más, eres la mujer que puedes llegar a ser, tu mejor versión.
Estás en un constante crecimiento, eres poseedora de hermosos dones y virtudes, ¡algunos de ellos aún por ser despertados! ¡Asume cada amanecer como una nueva oportunidad para crecer!
No cargues pesos innecesarios, no lleves sobre tus hombros cargas que no te pertenecen, aprende a identificar tus cruces. Elimina ya de tu vida todo lo que te hunde, lo que te arrastra, lo que te lleva al abismo.
Eres dueña de ti. No eres un objeto. No eres las palabras que te han herido ni los golpes que te han propinado. No eres tu pasado ni tus errores. No eres un fracaso. No eres nada que te haga sentir inferior.
Corta desde ahora y para siempre con todo lo que te provoque tristeza, dependencia e infelicidad".
Anónimo

PARTE III

Renacer

"Aquellos que no aprenden nada de los hechos desagradables de sus vidas, fuerzan a la conciencia cósmica a que los reproduzca tantas veces como sea necesario para aprender lo que enseña el drama de lo sucedido. Lo que niegas te somete. Lo que aceptas te transforma".

CARL JUNG

Un suceso inesperado

★

SANTIAGO, 28 DE OCTUBRE DE 2021

Este es un capítulo inesperado. Un capítulo que no estaba planificado en este libro y que surge tras un episodio abrupto que cambió radicalmente mi vida. Veníamos hablando de la importancia de cuidarse, de quererse y aceptarse, de detenernos a escucharnos, por tanto, omitirlo cuando ya llevaba tan avanzada la escritura de este libro que tienes en tus manos no era una opción, por el contrario, creo que este libro quería abrirle el espacio a estas reflexiones, o más bien, dado que las casualidades no existen, estaba esperando estos hechos para seguir su curso o tomar un nuevo rumbo.

Hay días que definitivamente nunca olvidaremos: el nacimiento de un hijo, el cumpleaños de alguien que queremos, ese día que cumplimos una meta que nos llevó tanto trabajo alcanzar, el día de tu matrimonio —si es que está en tus planes casarte o ya lo estás— y también aquellas fechas tristes y dolorosas que quedan guardadas en nuestro cofre de los recuerdos como experiencias amargas, que a veces recordamos con nostalgia, otras con dolor, pero que pueden tener una gran trascendencia.

Este día del que les hablaré tiene mucho de eso para mí, y en perspectiva, hoy puedo verlo como un antes y después, **un punto de inflexión real en mi vida. Un renacer.** Fue una "aparente" tragedia que vino a poner a prueba todo lo que como mujer venía trabajando hace años; construyéndome y reconstruyéndome, aprendiendo y creciendo como la mujer que quiero ser, y que de un minuto a otro provocó que todo, literalmente todo, se fuera al suelo.

Por primera vez me enfrenté a la dolorosa experiencia de estar en una situación de riesgo vital y **vino a enseñarme una importante lección.**

¿Hacia dónde corres? ¿Por qué andas siempre tan apurada? Deja de correr. La vida está pasando frente tuyo y por andar tan rápido se te ha pasado por alto lo más importante: vivirla.

♥

Todo comenzó con un dolor de espalda que con el paso de las horas se convirtió en algo indescriptible. Era un dolor que se expandía, me dificultaba la respiración y se volvió tan, pero tan fuerte que ni siquiera podía estar de pie derecha. Pensé que era algo muscular, que se podría pasar, pero luego apareció la fiebre y la situación se hizo insostenible. Rápidamente, junto a mi marido, partimos a la clínica.

¿Qué tenía? Estaba atravesando por un cuadro de tromboembolismo pulmonar (TEP), es decir, un gran coágulo estaba obstruyendo en su totalidad la arteria pulmonar principal y poniendo mi vida en riesgo. Fue todo tan rápido, desde el traslado en ambulancia a la unidad de cuidados intensivos —ya que por ser un caso grave me derivaron a la sede principal de la clínica—, los procedimientos, los múltiples exámenes y la sedación, que no recuerdo con precisión los detalles. Solo tengo el recuerdo muy nítido de verme en la cama de mi habitación, monitoreada, llena de máquinas, con vías en ambos brazos, preguntándome, **¿cómo me puede estar pasando esto si hace unas horas estaba en mi casa disfrutando con mi familia?**

Y de pronto la vida nos detuvo, para dejar de vivir tan rápido, para valorar las cosas más simples. Para comenzar a vivirla.

♥

Enfrentarme a la fragilidad de la vida en primera persona fue una experiencia tan, pero tan potente que me fue imposible no cuestionarme todo. Eran tantas las dudas. Por supuesto, surgió el **¿por qué me pasó esto a mí?** Era inevitable preguntármelo, ya que me cuido bastante, me considero una mujer sana y deportista, sin enfermedades crónicas y con un alto sentido del autocuidado. De cierta forma, sentía que era "una injusticia de la vida", hasta que me permití ver más allá de la experiencia, de mi tragedia y del dolor, para aplicar, una vez más, los aprendizajes y las lecciones que había adquirido en los últimos años. Hoy era distinto. Yo ya no era la misma mujer y surgieron nuevas lecturas. La pregunta **¿qué vino a enseñarme esto?** no paraba de resonar en mi cabeza. Necesitaba un significado, ansiaba encontrarle un sentido a lo que estaba viviendo, y no para dejar la cabeza tranquila, sino para entender a mi corazón. **Sentía que mi alma era la que esta vez quería comunicarse conmigo.**

Desde entonces estuve ausente. Agenda cancelada en su totalidad hasta fin de año —clientas, compromisos, conferencias y eventos fuera—, y entré en un modo de introspección distinto a lo que había vivido años atrás con mi Santi. Porque antes sí, intenté en un comienzo negar el miedo; sí, busqué "no sentir", "no hacer real" eso que dolía y que estaba sintiendo en ese momento, pero también aprendí que no era el camino. Esto me pillaba parada desde otro lugar, quizás con más madurez, más autoconocimiento, aunque con la misma fragilidad de reconocerme imperfecta, vulnerable y simplemente humana. **Esta vez fue distinto. Abracé el dolor desde el comienzo.** Quería vivirlo todo, sentirlo todo, ya no tenía miedo de mirar dentro de mí, sino que tenía ganas, quería hacerlo, ya que sabía que había un mensaje muy potente detrás lo que pasaba y que no podía pasar por alto...

El dolor: motor de crecimiento

★

"En el dolor hay tanta sabiduría como en el placer: ambas son las dos grandes fuerzas conservadoras de la especie".
NIETZSCHE

El dolor muchas veces es necesario para aprender y evolucionar. El dolor te permite lograr ver a través de las emociones, a entrar en el túnel y no temerle a lo oscuro. Una situación que se repite una y otra vez en tu vida es simplemente el susurro de tu alma para que le pongas atención.

Pero no te confundas, el dolor no es la única forma de aprender. Naciste para aprender en dicha y en abundancia, desde el amor y la comprensión. Por supuesto que podemos aprender a través de la felicidad, del gozo y la paz. Es importante que comprendas que **viniste a este mundo a vivir en plenitud**, y por lo tanto, el aprendizaje y las lecciones se deberían dar desde ese lugar.

No obstante, es imposible negar que el sufrimiento existe, sabemos que es parte de la experiencia de vida y que también puede ser una muy buena instancia para aprender y crecer —no la única—. Te sitúa desde un lugar diferente y, por lo mismo, los aprendizajes también lo son. El dolor viene a mostrarte algo que no siempre te entrega el aprender desde la felicidad; te revela **la magnitud de un antes y la importancia de un después.**

¿Por qué tenemos que aprender a través del dolor? No dejo de preguntármelo. Y la verdad, aunque el dolor es inevitable —ya que no todo está a nuestro alcance de ser previsto o modificado—, he llegado a la conclusión de que **el dolor sin sentido duele aún más.** Definitivamente es peor.

No olvides nunca:

Lo que uno aprende en la oscuridad, jamás lo podrás aprender en los momentos de luz.

♥

Siempre está la posibilidad de no aprender de una experiencia dolorosa y de quedarnos estancadas en una eterna situación de sufrimiento, angustia o victimismo —el clásico ¿Por qué a mí?, ¡Qué terrible mi vida!—, atribuirlo al azar —¡Era obvio que esto me tenía que pasar! o, lo que es peor, culpar a otros —¡Tú me hiciste enfermar!—. Cualquiera sea el comportamiento, te recomiendo que te alejes de ahí, ya hemos visto que asumir tu responsabilidad es parte del proceso de recuperar tu poder personal y también de **sanar.**

Mi recomendación es que "resignifiques" esa experiencia dolorosa. Que empieces a considerar al dolor como un gran maestro que viene a tu vida a enseñarte algo; puede ser desde valorar aquello que dabas por sentado, hacerte crecer como persona, vivir una vida más consciente o una invitación a replantear tus prioridades vitales. Seguro has escuchado la frase: "El dolor es inevitable, pero el sufrimiento es opcional", que se refiere a que el sufrimiento es una elección, ya que surge de la no aceptación del dolor, de la resistencia, pero creo que todo es un proceso. Querer evitar el sufrimiento en parte es querer evadir el dolor y sufrir, al contrario de lo que muchos piensan, sí tiene sus ventajas. Abrazar el sufrimiento y entrar deliberadamente en él te da la oportunidad de desafiarlo, de encontrarlo de frente, de observarlo para aprender a tomar el mensaje y luego salir de ahí. **Lo que resistes, persiste. Lo que aceptas, desaparece.**

En nuestra cultura occidental tendemos a rechazar el sufrimiento y todo lo que conlleva. Hacemos todo lo que está a nuestro alcance por evitarlo —y por supuesto que es válido, habría que ser muy masoquista para querer buscarlo y perseguirlo—, no obstante, esto muchas veces se traduce en enfermedades o en la repetición de las mismas situaciones, solo que con personajes y circunstancias distintas, simplemente por no aprender de las lecciones que nos da la vida.

A diferencia de nosotros, en las culturas orientales, y en especial en la tradición budista, valoran y veneran el sufrimiento, ya que lo ven como parte del camino para vivir en gloria y plenitud. Quizás puede parecer muy difícil de comprender cuando estás ahí, viviendo tu dolor, pero no hay que negar que el dolor puede ser de mucha utilidad en la medida en que nos permitamos aprender y hacer del sufrimiento un motor para el cambio y la transformación. No niegues ni evites ni apures tu proceso. Confía en tus tiempos, que son únicos. Hay divinidad en ti.

> *Para apreciar la luz hay que conocer la oscuridad.*
> *En la ausencia de la oscuridad, la luz no se puede experimentar.*
> *La vida siempre te entregará aquellas experiencias*
> *que tu alma necesita para crecer y evolucionar*

Cada una de nosotras tiene la posibilidad de transformar la forma en que vivimos el dolor. No es una habilidad que posean solo algunas personas, sino que es inherente a nuestra existencia; **es nuestra capacidad de reflexión, de resiliencia, lo que nos diferencia de las demás especies.** No podemos subestimar el maravilloso don que tenemos de poder ampliar nuestra conciencia e intentar buscar y darle un significado a los eventos que nos ocurren. Tú puedes, yo puedo, ¡en fin... todas!

La clave para transformarlo comienza con **la propia decisión personal** de animarse a ver las cosas desde una nueva perspectiva y, especialmente, a tomar real conciencia e intentar dejar atrás el piloto automático con el que operas, donde piensas, sientes y haces las cosas sin darte cuenta. Te puedo apostar que más de alguna vez has llegado a algún lugar, ya sea manejando tu auto o caminando, y ni te diste cuenta del camino o la ruta que tomaste. Eso mismo ocurre con muchas áreas de tu vida. Nos acostumbramos a funcionar como un robot automatizado y, en lo que refiere al dolor, mientras más podamos evitarlo y "apagarlo", más ideal. Así "funciona mejor el robot", por lo tanto, bienvenido aquí todo medicamento, sensación o solución rápida que nos ayude a deshacernos de él.

Ojo ahí. Ese no es el camino. Estás apagando el síntoma, pero no tratando la enfermedad. Ante ese suceso difícil, regálate tu espacio personal para encontrar aquel sentido que solo tú puedes darle y busca conectar con tu sabiduría interior, que siempre te dará las respuestas. Detente, reflexiona, escúchate en silencio, luego haz los ajustes y los cambios, y finalmente avanza con más determinación, pero, sobre todo, sentido. **Es necesario que te muevas a un plano superior de percepción, de conciencia; empezar a ver lo que antes no veías, conectar con lo que antes no conectabas y así abrirte a nuevas posibilidades desde el reconocimiento de tu** vulnerabilidad, pero también de tu poder creador. Desde ese lugar de apertura y con la total humildad de reconocerte una mujer con sus propias limitaciones, e inmensamente poderosa a la vez —ya que solo tú puedes darle el sentido a tu experiencia—, te permitirá transmutar el dolor. Pasar de un estado de estancamiento al crecimiento.

Algunas de nosotras necesitamos a veces una llamada de atención para despertarnos y elevar nuestra conciencia.

♥

Disfruta indagar y encontrar tus respuestas, sacar tus lecciones, cultivar la sabiduría del silencio interno para poder escuchar tu verdad. No evites más el silencio, cuando lo haces solo estás escuchando a tu ego, al cual le encanta mantenerte ocupada con su ruido incesante.

En el silencio y en la calma siempre encontrarás señales, luces o respuestas que jamás se dan en el ruido o la actividad. Desde hoy, permítete la pausa, la inactividad, porque, como ya vimos:

> *"Estar siempre ocupado no es bueno,*
> *porque te aleja de lo que realmente importa".*
> Séneca

El suceso de mi trombosis, que fue muy abrupto y doloroso, hoy me atrevo a decir que fue por lejos uno de los mejores regalos que la vida y Dios me han dado. Me permitió dejar atrás a una mujer autoexigente, perfeccionista, amante de la eficiencia, para dar paso a una mujer que realmente puede conectar con el disfrute y el gozo que entrega la calma y no la actividad, y que no olvidará jamás, ni por un instante, que su bienestar y paz mental ya no son negociables.

Hoy no soy la misma de ayer. Algo en mí murió para dar espacio a lo nuevo, a un renacer, a abrirme a un comienzo mejor, más flexible, más consciente, alejada de los extremos y más enfocada en los puntos medios. Darle un lugar especial a aprovechar las segundas oportunidades y decidir tener una vida extraordinaria, más allá de todas las circunstancias. En la parte anterior de este libro te he compartido parte importante de los conceptos del trabajo personal que he hecho, y estos, en definitiva, transformaron mi vida.

No sería extraño que te preguntes ¿cómo le pasa esto a alguien que promueve y cultiva el amor propio, el autocuidado y el bienestar? Mi respuesta es simple: porque soy tan vulnerable y humana como tú, porque la vida no hace excepciones cuando se trata de brindarte las experiencias necesarias para la evolución de tu alma, y para poder **hablarte con toda la fuerza que tiene el relato al vivirlo en primera persona y no desde la teoría.** No se llama inconsecuencia. Se llama crecer, avanzar, evolucionar. ¿Y cómo lo sé? Por la inmensa paz que ahora siento.

Cuando uno aprende desde la felicidad se conecta con el plano de las posibilidades infinitas, pero cuando aprendes del dolor y del sufrimiento te conectas con las limitaciones, y el reconocerme tan vulnerable e imperfecta me permitió ser consciente de mi fragilidad. También fue un llamado a bajar el estándar de perfección y sobreexigencia con los que operaba en el día a día, donde siempre buscaba maximizar las horas e intentaba abarcarlo todo, convirtiéndome así en una prisionera de mis hábitos. Estos, si bien eran positivos, me volvieron un robot automatizado e inflexible, una esclava de una agenda y de cumplir con todos los objetivos que me planteaba para el día, sin importar cuántos o cuán alcanzables fueran.

Por esto, te pregunto: **¿Tiene que pasar algo tan drástico en tu vida para que abraces tu vulnerabilidad? ¿Tienes que enfrentarte a la incertidumbre de seguir aquí en esta vida para hacer los ajustes y poder tomar las medidas?**

No quiero que tengas que atravesar por algo similar para que puedas entenderlo, y menos aún que creas que esta es la única forma de aprender y reaccionar. Eres una mujer inteligente, sabia, que está cada vez más conectada consigo misma y su sabiduría interior. Te cuento mi experiencia personal porque quiero que también saques tu propia lección de esto y sé que seguramente lo harás.

En un instante, sin darte cuenta, la vida te revela toda su fragilidad y de paso, a la vez, te muestra la tuya.

♥

De un minuto a otro todo puede cambiar. La vulnerabilidad está siempre ahí presente y viene a recordarnos que la vida se te puede ir en un instante, que hay que vivirla con ganas, con una buena actitud. **Estar a la altura de este regalo maravilloso que es vivir. Porque a menudo creemos que la vida es un derecho, cuando en verdad es una bendición. Conectarte con la gratitud a diario es la mejor manera de hacerlo.** Disfrutar el asombro de vivir. ¡Cada día cuenta! No esperemos a que sea viernes cuando es recién lunes o que pase rápido el fin de semana porque estamos agotadas de los niños o aburridas en nuestra terrible "soledad". Siempre estamos apuradas por vivir o tendemos a dejar las cosas para después, como si ese "después" fuera una certeza, como si siempre existiera. Pero no siempre hay un después:

> *"Porque después el té se enfría, después el interés se pierde, después el día se vuelve noche, después la gente crece, después la gente envejece, después la vida se termina; y uno se arrepiente por no haberlo hecho antes, cuando tuvo la oportunidad".*
> ANÓNIMO

Si eres capaz de aceptar la pena y el dolor como sentimientos inevitables, sufrirás menos. Busca qué vienen a enseñarte. Aceptar y abrazar el sufrimiento siempre te convierte en una mujer más fuerte y resiliente.

> *"Y una vez que la tormenta termine, no recordarás cómo lo lograste, cómo sobreviviste. Ni siquiera estarás seguro si la tormenta ha terminado realmente. Pero una cosa sí es segura. Cuando salgas de esa tormenta no serás la misma persona que entró en ella".*
> MURAKAMI

Reconecta con tu poder
★

CREENCIAS QUE POTENCIAN, CREENCIAS QUE LIMITAN

> *"Si aceptas una creencia limitante, se convertirá en una verdad para tu vida".*
> LOUISE HAY

Esta última parte del libro, "Renacer", recibe este nombre porque sé que surgió de algo nuevo en mí y para que ello ocurriera tuve que dejar marchar una parte de quien yo era y que me impedía crecer. Esto también implicó conectar con mi poder personal a través de un recorrido muy íntimo y especial, que en las siguientes páginas iré compartiendo contigo.

En nuestra vida, todas, de una u otra forma, tenemos esa oportunidad de renacer. No es necesaria una enfermedad ni una experiencia trágica para sentir que algo nuevo nació en ti, por el contrario, la vida misma —con todos sus regalos— te invita a descubrir desde la gratitud y con esa mirada apreciativa a conectar con lugares donde antes no lo habías hecho. Pueden ser muchas las formas, las posibilidades son ilimitadas: desde una conversación profunda o tal vez empezar a escucharte en el silencio, la meditación, trabajar en tu autoconocimiento y autoaceptación, por solo nombrar algunos caminos. **Es maravilloso salir en la búsqueda de tu renacer, que se da en este camino del crecimiento personal y espiritual.**

Para esto es fundamental que vuelvas a **conectar con tu poder personal**, ya que de esta forma podrás poner en marcha todo lo que has aprendido, ir dando acción y crear la vida que tú quieres vivir. Y para ello es clave revisar tus creencias, en especial aquellas **creencias limitantes**, que son las que más daño te hacen, puesto que obstaculizan tu desarrollo y potencial. Es imposible omitirlas y continuar sin hacer una revisión de ellas, ya que te aseguro que hoy hay muchas creencias limitándote, saboteándote y, de cierta forma, no te están permitiendo avanzar en el camino que quieres seguir.

Si tuviera que mencionar una de las acciones que me ha permitido **aumentar mi poder personal y sentirme merecedora de mi vida**, ha sido el enfrentar mis creencias y reconocer cuáles de ellas me limitan y cuáles no, para así hacer los cambios. Si estás pensando: "yo soy así, no puedo cambiar" o "no tengo estas habilidades para hacerlo", déjame decirte que todas podemos cambiar, es un tema de conciencia, actitud y voluntad, no de genética, supertalentos o dones especiales. Pero, antes de profundizar en ellas, quiero comenzar con este breve cuento que seguramente te permitirá entender todo esto mucho mejor.

La fábula del elefante encadenado, de Jorge Bucay

"Cuando yo era pequeño me encantaban los circos, y lo que más me gustaba de los circos eran los animales. Me llamaba especialmente la atención el elefante que, como más tarde supe, era también el animal preferido por otros niños. Durante la función,

la enorme bestia hacía gala de un peso, un tamaño y una fuerza descomunales… Pero después de su actuación y hasta poco antes de volver al escenario, el elefante siempre permanecía atado a una pequeña estaca clavada en el suelo con una cadena que aprisionaba una de sus patas. Sin embargo, la estaca era solo un minúsculo pedazo de madera apenas enterrado unos centímetros en el suelo. Y, aunque la cadena era gruesa y poderosa, me parecía obvio que un animal capaz de arrancar un árbol de cuajo con su fuerza, podría liberarse con facilidad de la estaca y huir.

El misterio sigue pareciéndome evidente. ¿Qué lo sujeta entonces? ¿Por qué no huye? Cuando tenía cinco o seis años, yo todavía confiaba en la sabiduría de los mayores.

Pregunté entonces a un maestro, un padre o un tío por el misterio del elefante. Alguno de ellos me explicó que el elefante no se escapaba porque estaba amaestrado. Hice entonces la pregunta obvia: «Si está amaestrado, ¿por qué lo encadenan?». No recuerdo haber recibido ninguna respuesta coherente. Con el tiempo, olvidé el misterio del elefante y la estaca, y solo lo recordaba cuando me encontraba con otros que también se habían hecho esa pregunta alguna vez.

Hace algunos años, descubrí que, por suerte para mí, alguien había sido lo suficientemente sabio como para encontrar la respuesta: El elefante del circo no escapa porque ha estado atado a una estaca parecida desde que era muy, muy pequeño. Cerré los ojos e imaginé al indefenso elefante recién nacido sujeto a la estaca. Estoy seguro de que, en aquel momento, el elefantito empujó, tiró y sudó tratando de soltarse. Y, a pesar de sus esfuerzos, no lo consiguió, porque aquella estaca era demasiado dura para él. Imaginé que se dormía agotado y que al día siguiente lo volvía a intentar, y al otro día, y al otro… Hasta que, un día, un día terrible para su historia, el animal aceptó su impotencia y se resignó a su destino. Ese elefante enorme y poderoso que vemos en el circo no escapa porque, pobre, cree que no puede. Tiene grabado el recuerdo de la impotencia que sintió poco después de nacer. Y lo peor es que jamás se ha vuelto a cuestionar seriamente ese recuerdo. Jamás, jamás intentó volver a poner a prueba su fuerza".

Todos somos un poco como el elefante del circo: vamos por el mundo atados a cientos de estacas que nos restan libertad. Vivimos pensando que "no podemos" hacer montones de cosas, simplemente porque una vez, hace tiempo, cuando éramos pequeños, lo intentamos y no lo conseguimos. Hicimos entonces lo mismo que el elefante, y grabamos en nuestra memoria este mensaje: No puedo, no puedo y nunca podré. Hemos crecido llevando ese mensaje que nos impusimos a nosotros mismos y por eso nunca más volvimos a intentar liberarnos de la estaca. Cuando, a veces, sentimos los grilletes y hacemos sonar las cadenas, miramos de reojo la estaca y pensamos: No puedo y nunca podré.

Debes estar preguntándote: ¿Cuáles son mis estacas?, ¿a qué cadenas del pasado estoy atada y ni siquiera me lo he cuestionado o dado cuenta? Seguro que hay algunas por ahí que es necesario identificar y reconocer para poder aceptarlas, soltarlas y dejarlas ir o, mejor aún, cambiarlas por **creencias positivas** que te apoyen y eleven, resignificarlas y darles un nuevo enfoque potenciador.

El elefante podría avanzar, pero no lo hace porque desde pequeño se hizo la idea de que ese palo y cadena eran más fuertes que él. Esto mismo pasa contigo. Lo que sucedió en tu pasado puedes transformarlo, no te determina si tomas en cuenta lo que estás pensando hoy, precisamente ahora. Puede parecer simple o complejo, pero es importante que comprendas que, si cambias tus procesos de pensamiento, transformarás tu realidad. Las creencias simplemente son pensamientos y **un pensamiento siempre se puede cambiar.**

Si quieres cambiar tu exterior, tienes que cambiar los procesos de pensamiento dentro de ti.

♥

Tal como el elefantito del cuento que tuvo su creencia desde pequeño, nuestro principal sistema de creencias generalmente se origina en la infancia, proviene de nuestros padres u "otras personas significativas" con quienes crecimos. De ahí que la infancia juega un rol crucial, ya que las creencias limitantes que nacen en esta etapa generalmente se traducen en problemas de falta de autoestima, de confianza y también de sentirnos poco merecedoras y suficientes. A medida que somos más grandes y también más conscientes, interactuamos con otros y de acuerdo con nuestra propia experiencia sumamos nuevas creencias a la estructura inicial que ya teníamos de base. Finalmente, andamos por la vida cargando una gran mochila de creencias que no somos capaces de percibir, ya que están tan arraigadas que las consideramos nuestra verdad absoluta.

Construimos estas creencias limitantes a través de nuestras experiencias y también de la influencia de los demás. Las creencias con las experiencias se retroalimentan constantemente.

♥

Por lo tanto, tu sistema de creencias —que no es ni más ni menos que tu manera de pensar cómo eres tú y cómo es el mundo que te rodea— se conforma por lo que te dijeron o enseñaron tus padres o quienes te acompañaron en tus primeros años, en tu colegio, el contexto donde creciste, tu ciudad y país, la interacción con las personas con quienes te relacionabas —y que te decían qué era lo correcto y qué no—, y así, tú creciste con esta "programación adquirida", basada en lo que los otros te decían, a la que luego sumaste tus propias creencias en relación con lo que viste, escuchaste o experimentaste en tu vida.

A modo de ejemplo, si cuando eras muy chiquitita, a eso de los cuatro o cinco años, te decían en forma constante "eres una inútil" y que hacías todo mal, seguramente tus creencias limitantes y problemas de autoestima pueden derivar de ahí. O bien, si creciste con un padre que desde pequeña te dijo que "para triunfar en la vida hay que trabajar duro", por supuesto que para ti es normal pensar que el éxito solo se consigue con mucho esfuerzo, o si escuchaste frases como "el dinero no crece en los árboles", "la riqueza no es espiritual", te llevaron a tener hoy prejuicios respecto al dinero.

De esta forma vamos aprendiendo de la vida; de las experiencias a las cuales tú les das cierto significado e interpretación, y también de la interacción con otras personas, que aportan su propio significado, es decir, su verdad, pero no la tuya: es un software heredado. Así, las creencias son aprendizajes o "huellas" en tu vida y que plasmaste de manera inconsciente, como si fueran normas de vida que cuesta mucho desarraigar o cuestionar. Esto, ya que son "lo familiar" para ti y tu cerebro —que para ahorrarte energía y privilegiar tu supervivencia, busca protegerte y te aferra a lo conocido—, de ahí que identificarlas y cambiarlas no sea tarea fácil.

A pesar de que muchas de nuestras creencias nos acompañan desde la infancia, tal como mencioné anteriormente, no busco que vayas a cuestionar el amor de tus padres o de las personas cercanas con las que creciste, al contrario, ellos también tienen un sistema de creencias heredadas de sus padres u otras personas significativas, de hecho, se transmiten mucho entre generaciones, hasta que alguien amplía su perspectiva y decide ponerle pausa. Lo importante aquí no es reconocerlas para culpabilizar a otros, sino para **avanzar, para crecer, para recuperar tu poder, perseguir tu dicha y seguir tu verdad.**

Sentirte incómoda significa que estás en el camino correcto.

♥

No es fácil observar y darse cuenta de que estás atada a una estaca o que llevas cadenas que te han limitado por mucho tiempo, pero esa incomodidad es todo lo que necesitas sentir en este momento para ampliar tus niveles de conciencia y empezar a cuestionar lo que antes era incuestionable. Si no lo haces, tu cerebro les seguirá dando libre entrada a estos pensamientos (tal como lo ha venido haciendo hasta ahora), los que tienen el poder de convertirse en profecías autocumplidas en tu vida —ya que quieres ser fiel a ti misma, es decir, actuar de acuerdo a tus creencias y pensamientos, necesitas sentir esa sensación de congruencia interna—, que se reflejan luego en tu decir y actuar.

Siguiendo el ejemplo del dinero, si creo que las personas que tienen dinero son corruptas, lo más probable es que tenga problemas de dinero, no tenga suficiente para ahorrar ni menos sepa lo que es una inversión, ya que siempre he asociado que la gente mala tiene dinero y, como no me quiero sentir así, "vivo con lo justo, mes a mes". Esto, porque creo que tener más es dañino, convierte a las personas en seres malvados y codiciosos. El tema es que —y esto está comprobado— el 70% de la personas que ganan la lotería pierden su fortuna a los pocos años, lo cual no es más ni menos que el reflejo de sus creencias limitantes respecto al dinero, que los llevaron a una mala gestión financiera, sin saber administrarlo y continuar arraigándose a su propia mochila de creencias, como "lo bueno dura poco", "el dinero que llega fácil, fácil se va" o "la única forma de conseguir dinero en esta vida es trabajando" y no se considera la gestión de la inversión como otra estrategia de ingresos. **¿Te das cuenta de cómo te limitan este tipo de creencias?** Reducen tu campo de posibilidades, te atascan e impiden crecer y avanzar.

No haber cuestionado hasta hoy tus creencias limitantes no significa que seas una mujer ciega que anduvo por la vida con una venda tapándose los ojos, sin darse cuenta de las cosas o desconectada de ti misma. Primero, identificarlas no es simple y no son nada obvias, porque no solo son inconscientes, sino que además **esa percepción limitante te protegía, prevenía o proveía de algo. Te daba a cambio algo positivo**, no estaba ahí por nada. Continuando con el ejemplo del dinero, tal vez esa creencia te estaba previniendo de sentirte poco capaz por no conseguir el dinero suficiente para vivir, o te proveía de comodidad, ya que así no tenías que buscar nuevas formas o alternativas para conseguirlo, pero, sin darte cuenta, esta creencia estaba limitando tu potencial, puesto que tal vez esa falta de dinero era el gatillante perfecto que te daría el impuso extra para desarrollarte, reconocer tus talentos y vivir de lo que amas. Quizás era armar algún emprendimiento, o hacer algún curso y trabajar en aquello que estudiaste. Te puedo asegurar que siempre hay potencial oculto o una manera más potenciadora detrás de una creencia que te limita.

Por eso, las creencias limitantes no son un tema fácil de resolver, ya que te son útiles de alguna u otra forma, "te permiten sostener tu historia", "creerte tu cuento", a veces te dan certeza, a veces estabilidad. No obstante, hoy, al ampliar tus niveles de conciencia, empiezas a darte cuenta de que esa manera empobrecida de ver el mundo lo único que hace es **limitar tu potencial y el desarrollo de tu verdadero yo y, sobre todo, te cierra a la abundancia y al merecimiento.**

La vida se trata de crecer, evolucionar y aprender, y para eso es indispensable confrontar las creencias que nos han impuesto o lo que nos han dicho que es lo correcto. Ocurre que llegas a un punto en que sientes que dejas de creer. A veces esto se siente como un vacío, a veces es inconformidad, malestar o ruido interno. Se trata de una certeza interior que te invita a mirar adentro. Y el día que empiezas a hacerlo es un hito maravilloso, un punto de inflexión donde no hay vuelta atrás. De esto se trata, de empezar a mirar adentro: de comprender que tu **mirada y realidad son un reflejo de tus pensamientos y que si logras transformar tus pensamientos tu realidad cambia.** Esto tiene mucho sentido, ya que de acuerdo a cómo piensas vas tomando decisiones en la vida y así se va creando la experiencia que vives todos los días. Si quieres saber cómo va tu vida, observa tu exterior, ya que es un reflejo de tus procesos de pensamiento y creencias.

> *"Hay una gran mentira: que somos limitados.*
> *Los únicos límites que tenemos son los límites que creemos".*
> Wayne Dyer

Llegó la hora de detenernos a mirar. De que te preguntes qué creencias controlan tu vida. ¿Te han servido de algo?

Trabajemos en **identificar tus creencias limitantes.** Es un ejercicio inicial, simple pero no fácil, que te permitirá dar una primera e importante aproximación a **"hacer consciente lo inconsciente".** Agarra nuevamente tu lápiz y disfruta esta oportunidad de trabajar en ti. Recuerda que escribir lo que piensas es mucho más potente que solo pensarlo. Anímate a sacarle todo el provecho a este ejercicio y a escribir tus pensamientos a continuación.

"Las creencias limitantes son como caramelos que en su día nos tragamos, muchos de ellos sin siquiera quitarles el envoltorio y ver qué había dentro. Y ahora, necesitamos sacar esos caramelos, desenvolverlos, ver qué hay dentro y decidir si nos los volvemos a tragar o no".

DAVID GÓMEZ

Ejercicio 1: Detectando creencias

¿Qué creo u opino acerca de?:
Al lado de cada área vas a escribir lo primero que se te venga a la mente respecto de este tema:

El dinero es:...

La vida es:..

Las relaciones amorosas son: ....

Las relaciones interpersonales son : ....

La confianza es: ....

El amor es: ....

El trabajo es: ....

El ocio es: ....

El sexo es: ....

La vejez es: ....

La salud es:..

El éxito es: ....

La imagen personal es: ....

El peso corporal es:..

El deporte es: ....

El esfuerzo es: ....

El descanso es: ....

El emprender es:...

El placer es:...

El tiempo es:..

La felicidad es:..

Los errores son: ....

La belleza es: ....

Los pensamientos que has escrito son las normas interiores inconscientes con las que riges tu vida. **No podrás hacer cambios positivos mientras no conozcas tus creencias negativas respecto de estas importantes áreas de la vida. Hoy mismo puedes comenzar a darles un nuevo significado.**

Ten en cuenta lo siguiente: si esas creencias te ayudan a lograr tus objetivos, te permiten crecer, expandirte, ver nuevas opciones y perseguir tus sueños, entonces son potenciadoras. Son como tesoros, por lo mismo, cuídalas, aliméntalas y riégalas, ya que son las semillas que quieres cultivar en tu mente, te movilizan y te dan recursos para transitar mejor la vida. Ahora, si por el contrario, te frenan, minimizan tu potencial, no te permiten ver nuevas soluciones ni alternativas, te bloquean con el fluir de la vida y no te permiten crecer, son limitantes y esas son las que debes resignificar y cambiar.

Lo que sí es seguro es que si te encuentras en un punto de la vida donde no te sientes 100% a gusto con tu realidad personal y tus resultados y quieres un cambio, llegó el momento de cuestionarlas y redefinirlas.

Ahora, volviendo a tu listado anterior, quiero que identifiques cuáles de estas creencias son potenciadoras y cuáles, por el contrario, son limitantes. Revisa qué escribiste y pon al lado de cada afirmación la letra P (si es potenciadora) o la L (si es limitante).

Ejercicio 2: Identificando creencias limitantes más comunes

Ahora, subraya o marca con una X aquellas afirmaciones que resuenen en ti.

- ○ "No tengo suficiente talento para tener éxito"
- ○ "El éxito es solo para los adinerados"
- ○ "No merezco esto, ha sido cuestión de suerte o del azar"
- ○ "Este mérito no es mío" (síndrome de la impostora)
- ○ "No tengo suficiente experiencia para hacer eso"
- ○ "No tengo suficiente tiempo para hacer eso"
- ○ "No soy creativa"
- ○ "Soy pésima en eso, jamás podría hacerlo bien"
- ○ "No vale la pena intentarlo, sé que no lo haré bien"
- ○ "Yo no sirvo para emprender"
- ○ "Emprender es un lujo"
- ○ "Es imposible conseguir empleo a mi edad"
- ○ "A mi edad es imposible aprender algo nuevo"
- ○ "Si no tengo pareja, me quedaré soltera"
- ○ "No puedo vivir sin ese trabajo"

- ○ "Los otros son mejores que yo"
- ○ "La suerte de la fea la bonita la desea"
- ○ "Si fuera más bonita me iría mucho mejor"
- ○ "Es imposible comenzar de cero"
- ○ "No se puede confiar en nadie"
- ○ "No puedo lograr las metas que me he fijado"
- ○ "No merezco el amor de los demás"
- ○ "No es compatible ganar dinero y ser espiritual"
- ○ "Alguien con cosas o artículos lujosos no es espiritual"
- ○ "Es difícil ser feliz en esta vida"
- ○ "Sin una pareja uno nunca podrá ser feliz"
- ○ "Disfrutar del sexo no está bien"
- ○ "No está bien pensar en uno misma primero"
- ○ "No está bien cometer errores"
- ○ "La gente es envidiosa"
- ○ "En esta vida viniste a sufrir"
- ○ "Mis hijos tienen que dedicarme tiempo y atención"
- ○ "Mi pareja debe saber qué es lo que me gusta"
- ○ "La vejez es el comienzo de la muerte"
- ○ "Soy muy joven para empezar"
- ○ "La gente que confía en sí misma es arrogante"
- ○ "No puedes confiar en la gente"
- ○ "Todos los hombres son iguales"
- ○ "Todas las mujeres son unas arpías"
- ○ "No se puede ser feliz en el trabajo"
- ○ "El trabajo es incompatible con la vida familiar"
- ○ "Si ya fracasaste alguna vez, busca opciones más estables"

Mucha atención aquí con las "creencias trampa", que aparentemente se ven nobles y buenas, pero que mal gestionadas pueden ser trampas en tu vida, por ejemplo, **"Ayudar a otros es bueno"**. Si te excedes con esto, corres el riesgo de postergarte y satisfacer las necesidades de los otros antes que las tuyas. O la creencia **"Si soy buena profesional, debo ser la primera en llegar y la última en irme de la oficina"**. Aquí claramente privilegiar tu trabajo versus tu vida personal conlleva un menoscabo de tu bienestar. Miremos el caso de **"Una buena madre nunca descansa"**, lo cierto es que una buena madre necesita sus tiempos y espacios y solo de esta forma podrá estar bien para sus hijos —no olvides la metáfora de la máscara del avión—. Finalmente, detengámonos en **"Una buena madre no llora frente a sus hijos"**. Al no llorar estás demostrando que es algo no permitido, que no está bien o que es algo negativo, y como ya vimos en capítulos anteriores, expresar y validar todas nuestras emociones es fundamental para el equilibrio y bienestar personal. Si ellos te ven llorar, desarrollan empatía, y no solo eso, después también tienen el permiso para hacerlo.

Si bien hiciste un buen trabajo inicial al identificar tus creencias potenciadoras y limitantes, es solo una primera aproximación. Recuerda que las creencias potenciadoras te conectan con un mundo de posibilidades y te empoderan, en cambio, una limitante solo te mantiene en la realidad de lo que es tu creencia. No te abre nuevos horizontes ni alternativas. **Todas las creencias en sí tienen el potencial de crear o de destruir.**

Para empezar a trabajar en eliminar las creencias limitantes (ya que son las más nocivas) hazte las siguientes 10 preguntas en cada una de aquellas que lograste identificar con la letra L:

1. ¿En qué momento surge esta creencia?
2. ¿Qué me está impidiendo conseguir esta creencia? (El saber qué me estoy perdiendo muchas veces puede ser el motor del cambio)
3. ¿De qué me sirve mantener esa creencia?
4. ¿Siento paz o estrés con esa creencia?
5. ¿Qué me aporta esa creencia?
6. ¿La quiero seguir teniendo?
7. ¿Por qué creencia positiva podría reemplazarla y cómo mejoraría mi vida?
8. ¿Qué costo tiene para mi vida seguir manteniendo esa creencia?
9. ¿Cómo sería mi vida si no tuviera más esa creencia?
10. ¿Cómo sería mi vida si deseo mantener esa creencia?

Te puedo asegurar que, si logras identificar tus creencias limitantes y luego en cada una de ellas hacerte las 10 preguntas señaladas, será un gran avance que te permitirá tomar conciencia de ellas y hacer el cambio. Y quiero detenerme un momento en la segunda pregunta: ¿Qué te está impidiendo conseguir esa creencia? Esta es muy potente, ya que, cuando te vinculas con todo lo que sí podrías tener y lo que hoy te estás perdiendo por seguir pensando así, te anima e impulsa a cambiar.

Ejercicio 3: Rompiendo la creencia limitante

Una vez que ya has identificado con mayor profundidad cada una de tus creencias limitantes es importante conocer de dónde proviene ese pensamiento para que así logres darte cuenta de que tan solo fueron creadas en tu mente y, por tanto, está en ti poder cambiarlas.

Para esto, pregúntate en cada una de las creencias limitantes que ya identificaste: ¿Por qué pienso así sobre...?

Tú creas tus creencias, tú las has desarrollado en tu mente, tú permites que habiten ahí, les puedes dar vida y alimentarlas, o erradicarlas. Por lo tanto: **¿Qué eliges creer?**

Hay muchas otras técnicas de PNL (programación neurolingüística) muy eficaces que te invito a indagar si quieres trabajar este tema con mayor profundidad. Está la reprogramación subconsciente, muy recomendada por su alta efectividad, que se utiliza mucho en el mundo del coaching, a través de preguntas poderosas y visualizaciones.

Es un viaje desafiante, que requiere coraje y valentía, pero reconoce hoy tu trabajo. Acabas de dar el primer gran paso, reconocerlas e identificarlas, es decir, tomar conciencia de tus creencias. Avanza tanto cuanto creas que necesites y busca ayuda de un profesional certificado y con experiencia que te permita transitar este proceso con el apoyo y contención que podrías requerir. Lo importante es que sea cual sea el camino que escojas, hoy te conoces más que ayer y eres más consciente. Estás recuperando tu poder.

> *"Cuando alguien cree que puede hacer algo, lo hace".*
> Anónimo

Es tu tarea y de nadie más avanzar en convertirte en la mujer que quieres llegar a ser. No olvides, tus creencias determinan tu vida. ¡Y tú eres quien crea tu vida! Puedes cambiar el curso de las cosas, perseguir tus sueños. Recuerda que tu biografía e historia no te determinan, que tus pensamientos no te detengan. Conéctate hoy con la sintonía de tu prosperidad, de tu abundancia, con tu éxito. Demuéstrale a tu mente cuáles son tus nuevos paradigmas y deja atrás aquellas viejas normas que de nada te servían, así irás alimentando tus creencias potenciadoras y harás de tu vida el lugar donde siempre has querido habitar.

Simplemente, te lo mereces.

> *"Somos lo que hacemos; y sobre todo lo que hacemos para cambiar lo que somos".*
> Eduardo Galeano

TUS PENSAMIENTOS: DOS CARAS DE UNA MONEDA

Como ya has podido ver, **tener el control de tus pensamientos es crucial. No es una opción**, no es algo que te sugiero que elijas, sino que lo considero fundamental a la hora de querer vivir una vida más plena y avanzar en suelo firme. Si bien sabemos que hay sucesos que no vas a poder controlar, es importante que comprendas que sí hay cosas que dependen única y exclusivamente de ti, y una de ellas son tus pensamientos.

Tendemos a creer erróneamente que, como no vemos los pensamientos —ya que no tienen forma ni materia—, o porque a veces no los decimos —ya que seguramente muchos de ellos se quedan en tu mente—, estos "quedan en el aire" como si no existieran, no fueran importantes y, por lo mismo, les restamos importancia y poder, cuando la verdad no es así. De hecho, **el proceso de creación se inicia con el pensamiento** y en lo práctico no hay nada en este mundo que no haya sido creado previamente por medio del pensamiento puro. Por lo tanto, podríamos decir que **el pensamiento es el primer nivel en el proceso creativo, luego le sigue la palabra y finalmente la acción.**

La manera como pensamos determina la manera como nos sentimos.
No podemos cambiar la realidad, pero sí cómo la vemos.
Tus pensamientos crean tu vida y tú siempre puedes elegirlos.

♥

Cuando logras comprender e internalizar esto, te conectas con tu poder creador, tú, mujer creadora de tu realidad. Si bien no puedes tener el control de todo, sí puedes tenerlo en lo que respecta a pensamientos, actitudes y sentimientos. Nada ni nadie puede meterse en tu cabeza y hacerte decidir qué pensar o no. Siempre eres tú la que elige. Siempre.

Para que puedas comprender que tus pensamientos sí son importantes, es fundamental que entiendas **cómo opera la relación mente-cuerpo**, ya que comprender tu propia biología te permitirá hacerte cargo de ella y así entender cómo funcionas. **Ese entender es determinante, ya que solo a través de él podemos saber cómo actuar.** Te lo explico con un ejemplo muy simple: si no entiendes cómo funciona un auto —dónde se prende, cómo se maneja, si necesita combustible, diésel o electricidad, etcétera—, te aseguro que te va a durar con suerte un par de semanas. Le pondrás agua donde se pone la bencina y seguramente sobrecalentarás el motor hasta que deje de funcionar, no porque quieras, sino porque no sabías.

Lo mismo ocurre contigo. Mientras mayor conocimiento tengas de cómo funcionan ciertos mecanismos de tu mente, biología y cerebro, más herramientas y conocimientos tendrás para manejar estos procesos a tu favor y acercarte a la vida que quieres vivir y experimentar. Por lo tanto, el mensaje es el siguiente: **presta más atención a tus pensamientos**, especialmente aquellos negativos y que despiertan emociones displacenteras en ti, como culpa, miedo, angustia, odio o rencor. Todos ellos te debilitan y no te ayudan a crecer.

Tú no eres la negatividad ni la angustia ni tus miedos. Muchas veces estamos acostumbradas a que se hagan parte de nuestra vida, creemos que son la norma y nunca les tomamos el real peso de todo lo que provocan y que desencadenan en nuestro cuerpo. Me detendré unos instantes en esto para que lo comprendas mejor. En palabras simples, todas nuestras emociones son reguladas por el sistema nervioso autónomo (SNA), que nos permite procesar cómo interpretamos y luego reaccionamos ante estímulos o situaciones, y es el que nos ha permitido sobrevivir como especie.

Este sistema se compone de dos grandes partes, que son como dos caras de una misma moneda: el **sistema simpático** y el **sistema parasimpático**. Ambos son los responsables de mantener nuestro organismo en un constante equilibrio u homeostasis. De acuerdo a cómo nos sentimos y cómo procesemos las situaciones del entorno, se activará una parte versus otra y esto, con el tiempo, creará redes neuronales que definirán nuestra forma de reaccionar. Si, por ejemplo, nos sentimos agobiadas, inseguras, amenazadas o sentimos que algo no anda bien, nuestro sistema nervioso autónomo lo interpreta desde el sistema simpático, es decir, estamos actuando desde el miedo y se activará la respuesta de "lucha-huida" o activación corporal. Nos preparamos para la acción. En cambio, cuando nos sentimos confiadas, seguras y en calma, se activa el sistema parasimpático, el responsable de volver al estado de equilibrio y conservación después de la activación del sistema simpático. Aquí se produce el crecimiento psicobiológico, es decir, se activan las funciones superiores del pensamiento, como la reflexión, el pensamiento lógico, la empatía, etcétera. De ahí la importancia de "pensar en frío", ya que, cuando estamos presas de la emoción que se deriva desde el miedo (rabia, angustia, temor, etcétera), tenemos nublada la razón y actuamos simplemente en "modo supervivencia", que es lo que tu cerebro sabe hacer en ese momento.

Estas dos caras de la misma moneda se encargan de mantener nuestro cuerpo en equilibrio ante los distintos estímulos externos. Sin embargo, la principal diferencia reside en sus funciones: mientras que uno activa nuestro cuerpo en respuesta a las amenazas ambientales, el otro es responsable de relajarlo y volver al organismo a su estado natural, y es ahí donde surge el espacio para la creatividad, la reflexión y el desarrollo de funciones más elevadas del pensamiento.

Si bien el miedo cumple una función adaptativa, ya que nos prepara para la huida o evitación cuando sentimos una situación como amenaza —por ejemplo, si alguien grita ¡peligro! en la estación del metro o dentro de un centro comercial, lo más probable es que te llevará a actuar —, **cuando se vuelve constante deja de ser de utilidad y se convierte en algo patológico.**

A diferencia de nuestros antepasados, hoy no escapamos de leones ni huimos de fieras que nos obliguen a reaccionar y salir corriendo, sino que **son nuestros pensamientos los que se han convertido en nuestros peores enemigos** y activan este sistema de permanente alarma en nosotras. Y aquí algo muy importante: nuestro cerebro no es capaz de distinguir si el pensamiento proviene de algo real o imaginario, es decir, lo que realmente te sucede o lo que piensas que te sucede tiene el mismo impacto neurológico para tu cerebro y la misma validez. **Pensar en tus problemas o tenerlos realmente es exactamente lo mismo para tu cerebro.**

Lo peor es que muchas veces son solo imaginaciones, nada de lo que piensas ha pasado, pero para el cerebro no hay diferencia entre real e imaginario, o entre pasado, presente o futuro. Todo es vivido en el aquí y ahora, por lo mismo, siente el pensamiento como una amenaza y activa el mecanismo.

Cuando nos dejamos llevar por el miedo, la angustia o ansiedad, todas nuestras funciones más elevadas se desactivan; la reflexión, la empatía, la creatividad, la alegría, el altruismo, la bondad y, además, el exceso de cortisol —la hormona del estrés— desencadena procesos inflamatorios que son la cuna para futuras enfermedades.

Para nuestro bienestar y equilibrio es fundamental salir de ese estado y tomar el control de tus pensamientos. Respirar o enfocarte en el aquí y ahora son excelentes medidas para hacerlo. De esta forma, activamos la respuesta de relajación —en el sistema nervioso parasimpático—, se activa el modo de crecimiento biológico, y salimos del miedo y la negatividad. Se activan emociones y sentimientos de bienestar: seguridad, apertura, claridad mental, alegría, plenitud, paz interior. Los músculos se relajan, baja la presión arterial y se comienzan a liberar las hormonas de la "felicidad" —el famoso "cuarteto" de que hablamos capítulos atrás—. La respuesta de relajación reduce el daño celular ocasionado por el estrés, dormimos mejor, estamos mejor e incluso ¡nos vemos mejor!

> *"Tus pensamientos crean tu vida. Tú puedes elegirlos".*
> Louis Hay

El mensaje clave es el siguiente: **¡Cuida tus pensamientos! ¿Te imaginas si más de la mitad de estos son negativos qué tipo de hormonas le estás dando a tu cuerpo a diario?** Según estudios científicos, se estima que tenemos unos 60 mil pensamientos diarios, más del 90% se repite y más del 80% de ellos son negativos. Te pregunto, entonces: ¿En qué lado te quieres situar? ¿Quieres ser parte de esas estadísticas, o prefieres ser de la que desea retomar el control de su vida?

¿En qué lado sueles transitar más en tu vida?
¿En el del miedo o ansiedad, o en el del bienestar y la paz mental?
¿Tú controlas tus pensamientos y emociones, o ellos te dirigen a ti?

♥

Una fórmula que me gusta mucho —que aplico conmigo misma cuando me siento ansiosa, negativa o insegura—, y que, en vez de aumentar el malestar y el dolor a través de la escucha del "crítico o diálogo interno negativo", que ya sabemos que nada bueno conlleva, es la **autorregulación para volver al equilibrio.** Esto lo hago por medio de dos prácticas:

1. Trato de conectar con el aquí y el ahora a través de la respiración. La ansiedad en general se da por el exceso de pensamientos negativos de cosas que ni siquiera han sucedido: una "demasía de futuro". Nuestra mente crea escenas trágicas e interpretaciones disfuncionales de la realidad, teñida de nuestros miedos y temores.

Al respirar de modo calmado y en pausa le mandamos señales a nuestro cerebro de que estamos bien, que no estamos bajo amenaza, que nada grave está pasando y de esta manera nuestro cuerpo comienza a activar la respuesta de relajación, que te saca del estresante modo lucha-huida. En cambio, si respiramos de manera acelerada o corta nuestro cerebro lo interpreta como una señal de alerta, ya que así lo hacemos cuando tenemos miedo o sentimos ansiedad.

Para ello me encanta la **técnica del 4-7-8**, del Dr. Andrew Weil, que ayuda mucho a reducir la ansiedad. Primero, inspiro silenciosamente por la nariz durante cuatro segundos, luego aguanto la respiración durante siete segundos y finalmente expulso el aire con fuerza por la boca por ocho segundos. Repito este ciclo cuatro veces con los ojos cerrados y en calma. De esta forma, logras salir del estado de ansiedad y puedes conectarte con el modo de crecimiento biológico del cual ya hablamos. Sé que esta técnica te va a ser de utilidad, de hecho, se recomienda mucho para controlar la ansiedad y también para personas que sufren de insomnio.

2. Ya en el estado emocional de calma que buscaba, sello lo anterior con un gesto "ancla". El anclaje se usa mucho en el mundo del coaching, ya que es una técnica de programación neurolingüística (PNL) que permite asociar un estímulo o acción a un estado emocional, es decir, te ayuda a situarte emocionalmente en un lugar donde quieres estar a través de la realización de ese gesto o movimiento. Así como los aromas o una canción te trasladan a estados emocionales concretos, a través de la elección de un "gesto ancla" o acción que definas (que puede ser cualquier cosa; saltar, sacudir la mano, tocarse la frente, agarrar un lápiz, etc.), y vinculándolo a un estado emocional deseado, con la repetición y activación constante cada vez que hagas ese movimiento te llevará a esa emoción.

En mi caso, mi gesto ancla "de vuelta a la calma" luego de la respiración 4-7-8 consiste en llevar mis manos al pecho, hacia el lado de mi corazón y repetir internamente la siguiente palabra tres veces, como si fuera un mantra: "Gratitud - Gratitud - Gratitud". Muchas veces, cada vez que necesito un impulso de confianza extra o de autocompasión, recurro a mi ancla, que inmediatamente me entrega bienestar y tranquilidad. Este pequeño ritual me ayuda a salir de la negatividad, recuperar la calma, conectarme con el aquí y ahora, y, lo más importante, me ha permitido enfrentar mejor los momentos difíciles y tratarme con el cariño y amabilidad que solo yo puedo brindarme. **Recuerda que nadie te va a cuidar mejor que tú misma.**

Cuando sales del miedo y del estado de amenaza, puedes pensar con claridad, te sentirás mejor física y emocionalmente, y podrás enfocarte en lo que sí quieres lograr, en vez de quedarte estancada en el problema. Por lo tanto, cuando te sientas atrapada en ese estado, no olvides activar tu respuesta de relajación a través de la respiración, de la conexión con el momento presente y recuerda "crear tu ancla" para recurrir a ella cuando la necesites. **Eso es autocuidado. Eso es quererte y tratarte bien.**

EL PENSAMIENTO POSITIVO

Dado que ya eres capaz de ver y entender todo lo que el pensamiento negativo conlleva y lo nocivo que es para tu salud, veamos ahora la otra cara de moneda, es decir, **el impacto de los pensamientos positivos.**

Muchas de nosotras asociamos los pensamientos positivos a una práctica algo mística o esotérica, cuando la verdad es que tiene una base científica muy certera. Hoy la ciencia no solo los avala, sino que los promueve, ya que se ha observado que su influencia no es algo meramente "cosmético" o superficial, por el contrario, sus efectos son tan beneficiosos y positivos que incluso se han observado cambios a nivel de estructura cerebral y de la expresión genética de las personas que los practican de manera continua.

Perla Kaliman, doctora en Bioquímica y autora del libro *La ciencia de la meditación: de la mente a los genes*, aborda este tema desde el concepto de la epigenética, ciencia emergente que estudia cómo nuestro entorno, estilo de vida y el estrés influyen en nuestros genes, derribando así la creencia de que nuestra genética es inalterable.

Por mucho tiempo se creyó que la información genética que recibimos al nacer era inmodificable y determinaba todas nuestras características. Hoy se sabe, gracias a estos nuevos estudios, que la información genética es flexible, que el entorno juega un rol fundamental en "apagar o encender" ciertos genes y que no solo tenemos un genoma, sino también un epigenoma —*epi*, palabra griega que significa "por encima" del genoma—. Por lo tanto, nuestro ADN experimenta cambios a lo largo de la vida según el miedo y las circunstancias.

Finalmente, todo esto se traduce en que, si tu percepción es capaz de alterar incluso la actividad de tus genes, significa que también tienes **la habilidad de cambiar los resultados de tu vida si modificas tu manera de pensar.**

Si bien puedes encontrar muchas investigaciones y bibliografía que avala el poder del pensamiento positivo desde la biología y la ciencia, tiendo a inclinar más mi creencia del poder de ellos desde la perspectiva de la metafísica, la psicología del ser y la espiritualidad, donde los pensamientos son concebidos como decretos que dan órdenes a la vida sobre cómo direccionarse. Personalmente, que la ciencia avale o no algo me parece importante, pero no es el único criterio por el cual me rijo en la vida. Siendo franca, hace poco más de cuatro años atrás la ciencia afirmó que mi hijo no caminaría, que no sería autónomo y que tal vez ni pensaría y hoy, a sus cinco años, es un niño que camina, corre, sube escaleras y está aprendiendo a saltar. Aún no se sube a una bicicleta, pero sé que pronto lo hará, de hecho, ya la tiene. Entiende conceptos y también el juego simbólico. Piensa, siente, ama, hace bromas, se expresa y comunica, a su manera y con apoyo de algunas herramientas, pero lo más importante es que es a su propio ritmo. Como madre, sé que sus tiempos son divinos, que puedo estimular para producir progreso y avance, pero que finalmente son los tiempos de Dios. Que la ciencia avale algo es un dato más. Un dato "reconocido", por cierto, pero finalmente lo único que importa es tu verdad, en qué decides creer y qué es lo que resuena en ti.

El Universo te apoya. Dios te apoya. Confía.

♥

Desde esta mirada más integral, los pensamientos positivos se acogen al principio del mentalismo, una de las principales leyes universales —de las que ya hablamos antes— y que se refiere a que el Universo es mental, es decir, que cada una de las cosas que vivimos depende de nuestro pensamiento. Por tanto, desde esta ley, **la vida que nos rodea es un reflejo de lo que pensamos,** y la verdad es que me hace total sentido. Para algunos la vida es un campo de batalla donde hay que salir a luchar todos los días, para otros es un precioso regalo que merece la pena vivir la diferencia entre unos y otros está en sus pensamientos, en su manera de percibir el mundo lo que va creando su propio universo personal.

En resumen:

El Universo en que vivimos es mental y responde a lo que elegimos pensar en cada momento.

♥

Por esto, es fundamental que tengas mayor conciencia y control sobre tus pensamientos y que este conocimiento lo utilices a tu favor. Creo profundamente que cuando piensas positivo atraes cosas positivas, lo que va alineado a la **ley de la atracción** —que se refiere a que, si emitimos una energía determinada, recibiremos una similar a la que proyectamos—. Si bien hasta hoy la ciencia no la ha reconocido, sí podemos ver que tenemos mecanismos como el sistema de activación reticular (SAR), que, como ya veremos, atraerá más de aquello en lo que pones tu atención. Cuando te enfocas en lo que quieres lograr, a diferencia de lo que no quieres, surgen un mundo de posibilidades y opciones que te podrán ayudar a llevar a cabo tu objetivo y tendrás más claridad para conseguirlo. Y sí, creo que el Universo, Dios o como quieras llamarlo, siempre te apoyará en base a lo que sientas y pienses. **Cuidar de tus pensamientos también es cuidar de ti y cuidar de ti es quererte.**

Por esto, y tal como lo vimos en páginas anteriores, utiliza y **conéctate con el poder de la intención**. ¿Qué quieres sentir? ¿Qué es lo que realmente quieres en esta vida? ¿Es amor, abundancia, prosperidad, encontrar una pareja, tener dinero, ser feliz? **Comienza a experimentar aquello que deseas sentir y deja atrás la creencia de que no hay suficiente de eso para ti.**

Seguro en más de una ocasión has sentido que no tienes suficiente tiempo, que no tienes suficiente dinero, que no hay suficientes recursos, que no hay suficiente amor, en resumen, has vivido la sensación real de que hay carencia de eso que necesitas. Deja atrás esa mentalidad de que falta y conéctate con pensamientos positivos que te eleven y te permitan conseguir aquello que deseas. Ya sabes que tu forma de pensar determina tu realidad —lo hemos visto a través de muchos ejemplos—, entonces, te toca decidir qué escoges para ti: seguir en el modo negativo que a nada conlleva, o abrirte a las posibilidades, al crecimiento y a la abundancia que el pensamiento positivo te entrega.

Ya lo dije: **creer para ver. Si no crees, jamás lo obtendrás.**

Quizás esto te puede hacer mucho sentido, pero aún te preguntas: ¿cómo lo hago para experimentar y sentir eso que ni siquiera tengo? ¿Simplemente pienso "hay suficiente" y lo obtendré? Para responderte, quisiera citar al novelista Neale Donald Walsh, que en su maravilloso libro *Conversaciones con Dios*, bien plantea:

"En ese minuto exacto en que sientas que no hay suficiente, ese exacto preciso momento en el que sientes que no tienes suficiente de eso que necesitas, sal y busca a alguien que tenga menos que tú y dale aquello que sientes que te falta. Sí. Cuando creas que no hay suficiente, encuentra a alguien que tenga menos y dale eso de lo que no tienes suficiente. ¿Por qué? Porque esto es una **vívida demostración de tu suficiencia**, y lo que te demuestras en tu momento presente te será demostrado en tu propio futuro.

Aquello que deseas que te pase, proporciónaselo a otro que tenga menos que tú. Sé la fuente de lo que te gustaría tener en tu vida a través de la vida de otro".

Dale a otro eso que quieres recibir. De esta forma, el Universo comprende que eso que anhelas ya lo tienes, que ya habita en ti y, así, te dará más de lo mismo.

Y **recuerda que tu cerebro no distingue si el pensamiento viene de la realidad o la fantasía**. No se trata solo de estar atenta a los pensamientos negativos que te generan ansiedad y estrés, sino también de utilizar a tu favor los pensamientos positivos a través del poder de la visualización.

¿Por qué dedicas tanto tiempo y energía en crear en tu mente escenas tan nítidas de tus miedos o fracasos, que ni siquiera han ocurrido, y mejor no destinas todo ese poder e intención para recrear con total detalle aquello que sí quieres conseguir? Se nos olvida que tenemos el superpoder de pensar en lo que queramos. Solo tú y nadie más que tú puede controlar lo que entra por tu cabeza, nadie puede meterse en ella y hacerte "pensar" o sentir ciertas cosas. Tú siempre eres la persona responsable de tus pensamientos y sentimientos. Siempre.

Visualiza eso que tanto quieres y conéctate con esa emoción. Hazlo todas tus mañanas, todas tus noches o en cualquier momento del día. Busca ese espacio de calma y conexión, cierra tus ojos algunos minutos y empieza a visualizar todo eso que quieres de manera nítida, con todos los detalles, en todos los colores; conéctate con esa emoción placentera de haberlo logrado, de ser eso que quieres ser, de conseguir eso que tanto anhelas y, una vez ahí, pregúntate: Si esto se siente tan bien, **¿qué debería trabajar en mí o qué acción podría tomar para acercarme a esto?** Porque sí, pensarlo no es suficiente y tomar acción es el paso siguiente.

LA ACTITUD

En este proceso de autoconocimiento, en qué decides enfocarte marca una gran diferencia en tu manera de ver y concebir la vida. Está claro que cuando una va alegre por la vida, sentimos que todo va mejor; el tráfico nos molesta menos, somos más amables, hasta la espera en la fila del supermercado es más grata. Por el contrario, cuando una anda amargada todo va mal, todo molesta, todo se exacerba desde un prisma negativo; el tráfico es terrible porque todos manejan mal, ahora la cajera del supermercado es una ineficiente y por eso hay fila y todo, todo se tiñe de un velo de amargura donde tú aparentemente no tienes responsabilidad alguna. Lo siento, pero sí eres responsable, eres responsable de tu actitud.

Si quieres ver cosas malas, siempre las vas a encontrar y por el contrario, si quieres ver cosas buenas, entonces esas serán las que verás. ¿Por qué tras mirar a la misma hora, el mismo día, por la misma ventana, algunas personas ven una linda vista y otras ven los vidrios sucios? Todo radica en la actitud. Porque, por más negativos que puedan ser los hechos, **tú siempre puedes elegir en qué deseas enfocarte y cómo quieres vivir.** Y ahí radica tu poder de elección, ya que, como ya te he dicho, nadie puede meterse en tu cabeza y obligarte a elegir tus pensamientos o hacerte sentir de una forma u otra.

Hay cosas en nuestra vida que siempre se nos escaparán de las manos. Si bien somos maestras y creadoras de nuestra realidad, no podemos tener el dominio y control de todo. Yo no puedo decidir si mañana va a haber sol o estará nublado, tampoco si la cajera del supermercado me atenderá con una sonrisa o si el tráfico va a estar despejado para ir hacia el trabajo, pero sí puedo elegir qué actitud adopto frente a esto, en qué decido enfocarme. Si quiero buscar basura en el camino, la voy a encontrar, pero si decido ver las calles limpias, también las veré. Ambos escenarios y posibilidades están ahí. Todo depende de dónde decides poner tu atención y esto es crucial aplicarlo en la vida diaria.

Cuando estés ahí, en el dolor, en la angustia, pregúntate: **¿Cómo podría ver esto diferente?** Siempre hay otra forma de mirar las cosas. Finalmente, se trata de ver el lado positivo de la vida. Sé que es una frase bastante manoseada y "cliché", pero no deja de ser verdadera. Y, de cierta forma, es bueno ver y reconocer lo negativo, ya que de esta manera podremos también saber cómo se siente el lado positivo —no sabemos lo que es arriba si no sabemos lo que es abajo, o podemos reconocer cuando tenemos calor, ya que sabemos lo que es tener frío—. Lo importante es no quedarse "atascada ahí", ya que desde ese estado mental afectas tu frecuencia vibratoria —vibras más bajo— y, por lo tanto, atraes situaciones y personas que están en esa misma frecuencia vibracional, algo de lo cual hablaremos en las siguientes páginas.

Hay una frase que usamos mucho en el coaching y la psicología, que apunta a que **"Aquello en lo que te enfocas, se expande"**, y es absolutamente cierta. Para que te quede más claro, déjame mostrártelo con un simple ejemplo: "Estás embarazada y luego, cuando sales a la calle, te das cuentas de que hay muchas otras mujeres que también lo están. O te compraste ese maravilloso par de zapatos rojos que tanto querías y luego ves a muchas otras mujeres que también están llevando zapatos rojos". Eso no es casualidad. No es que antes no había mujeres embarazadas o que no usaban zapatos rojos, sino que tú no eras capaz de verlo, ya que tu atención no estaba centrada en eso.

Esto ocurre porque tu cerebro funciona bajo el sistema de activación reticular (SAR), una especie de "filtro natural" o guardián de entrada de tus pensamientos que permite que solo prestes atención a aquello en lo cual tu mente está enfocada.

El sistema de activación reticular —también conocido como SAR o RAS, por su sigla en inglés— está ubicado en la base del cerebro, donde se conecta con la médula espinal. Tiene un impacto importante en la cognición y funciona como un filtro de aproximadamente unos ¡ocho millones de bits de información subconsciente! Tu cerebro constantemente recibe millones de impulsos con información sobre tu entorno, ambiente, y abarcarlos todos sería imposible, ¡te volverías loca! No podrías enfocarte en una tarea, escuchar una conversación y ni siquiera conducir un auto, ya que estarías constantemente invadida por exceso de información. Por tanto, este "sistema de jerarquización de pensamientos" te permite hacer foco solo en aquello que es considerado importante para ti. En palabras simples: es el filtro que permite la entrada de aquellos pensamientos que te interesan, en lo que pones tu atención o en lo que te enfocas. **Por lo tanto, no es casualidad, ni tampoco misticismo, que siempre vas a ver o tener más de aquello en lo que te enfoques.**

Vemos más en lo que nos centramos nuestra atención.
Y eso es fundamental de entender.
Aquello en lo que te enfocas, se expande.

♥

El SAR funciona tanto para lo bueno como para lo malo. El subconsciente no sabe distinguir ni clasificar. Si te enfocas en lo que no te gusta, entra; si te enfocas en lo que te gusta, entra también. Sin duda, eso es lo más interesante, ya que siempre tienes la posibilidad de configurarlo con tus intenciones y enfoque. **¡Tú estás al mando siempre!**

Por lo tanto, y conociendo cómo funciona este mecanismo de nuestro cerebro, más nos vale enfocarnos en aquello que sí queremos conseguir que en aquello que no. El SAR puede convertirse en tu mejor aliado a la hora de querer alcanzar tus objetivos y lo mejor de todo es que ¡puedes programarlo! Puedes usarlo para que busque información e ideas que te lleven hacia resultados exitosos.

¿Cómo hacerlo? No es tan difícil. Una manera sencilla de reprogramar tu filtro reticular es visualizar el estado final de un proyecto u objetivo que quieres lograr. Para ello, cierra tus ojos por unos segundos y permítete imaginar. Lleva tu mente al resultado deseado, mientras más detallada sea tu visualización, mejor funciona. Una vez que tu mente ha "visto" qué es lo que quieres conseguir, adapta automáticamente tu filtro a esa meta.

¿Te das cuenta del poder que tienes para crear y recrear tu realidad?

♥

Si empiezas a comprender cómo funciona el sistema de activación reticular, entiendes también cómo puedes crear la vida que quieres, simplemente por pensar en ello, sentirlo y hablarlo. El filtro reticular te muestra automáticamente las oportunidades que llegan a tu vida para que luego, mediante tu acción, puedas llevar a cabo tus sueños.

Si te enfocas en lo negativo o en lo que no tienes, más de eso tendrás y, por el contrario, **si te enfocas en todo lo hermoso que te rodea, más de eso verás y obtendrás.** La ciencia lo afirma y la metafísica también, finalmente tú, elegirás qué enfoque te hace más sentido y en cuál creer.

"Nuestra actitud hacia la vida determina
la actitud de la vida hacia nosotros".
JOHN N. MITCHELL

EL PODER DE LAS PALABRAS

"El lenguaje no solo describe la realidad,
sino que además es capaz de crearla".
DR. MARIO ALONSO PUIG

No descuides tus palabras. Esto te lo digo porque no basta con poner tu foco en lo que quieres y pensar en positivo. "El pensamiento expresado" es clave para la acción y tener el control de tus palabras es tan importante como tener el control de tu mente.

> *Todo lo que recibes en la vida*
> *es el resultado de lo que*
> *dices, piensas y haces*

Como ya vimos páginas atrás, el proceso de creación de todo lo que hay en tu vida comienza con el pensamiento. De ahí que habernos detenido en revisar tus creencias y que puedas comprender la importancia que tienen tus procesos de pensamiento, tanto positivos como negativos, es fundamental a la hora de tomar el control de tu vida y avanzar con pasos firmes en el camino de tu transformación personal.

También hemos visto la importancia de las palabras que usas para hablar de ti misma, de dejar atrás la mentalidad de queja, la mala costumbre de verbalizarla y la crítica constante, y que el "hablarte bonito" sea tu nueva norma. A su vez, poner ojo y controlar tu diálogo interno nocivo es igual de importante, ya que sabemos que influye de forma directa en tu actuar o comportamiento. En definitiva, y como puedes ver, todo está profundamente relacionado y lo más lindo —y que no deja de sorprenderme— es que todo pasa por ti, por tu mente, en qué decides enfocarte y en cómo quieres sentirte. Tú eres la directora de esta orquesta y tienes el poder de hacer y deshacer, ya que **la única que puede tener control de qué decide pensar eres tú.**

En el segundo nivel del proceso creativo encontramos las palabras, las que tienen en sí más fuerza que el solo pensamiento respecto a crear tu realidad, estas son la consecuencia de tu pensar, es decir, la verbalización de tu sistema de creencias y procesos de pensamiento.

No está de más reforzar que la palabra hablada siempre tiene un peso mayor. A lo largo de la historia hemos visto cómo grandes líderes han construido imperios y civilizaciones a través de la palabra y cómo también se han cometido asesinatos y destrucción a través de ellas. A diferencia de los pensamientos, que quedan en tu mente, las palabras, si son emitidas con intención, impactan no solo en ti, sino también en los demás.

Hay una refrán típico en el mundo del coaching y es un supuesto básico de la PNL: "El mapa no es el territorio". Este se refiere a que cada uno de nosotros hace un "mapa" de un lugar determinado, pero dicho mapa que hacemos no coincide exactamente con la realidad (o el territorio). En palabras simples: **es tu marco de referencia personal, subjetividad pura.**

Veamos esto con un ejemplo. Supongamos que andar en bicicleta es tu medio de transporte favorito y cada vez que visitas una ciudad te preocupas de buscar las rutas para ciclistas y puntos de entrega y retiro de estas. Sin duda, a la hora de crear tu mapa de ese territorio (ciudad) incluirás las ciclovías más importantes y todo lo relacionado para que puedas transitar en bicicleta con total comodidad. En cambio, si a otra persona le pedimos que haga un mapa de la misma ciudad, pero para ella no son importantes las ciclovías, sino las rutas del transporte público como el metro y bus, seguramente incluirá esa información en su mapa y ni mencionará las bicicletas. Como puedes ver, dos territorios iguales y dos mapas absolutamente distintos.

¿A qué voy con esto? **El lenguaje nos ayuda a codificar la realidad, pero a la vez es un mundo de subjetividad.** Cada una de nosotras hace una representación del mundo que nos rodea sobre la base de nuestras creencias, procesos de pensamiento, experiencias, y así vamos creando "nuestro propio mapa". No obstante, el desafío apunta a ir un paso más allá, ya que **la transformación personal implica la ampliación de tu mapa.** Quedarte con él tal cual está te limita. Y, para, ello empezar a ser más consciente de las palabras que utilizas en tu día a día y en cómo te hablas también lo es.

Si tus palabras generalmente hacen referencia a carencia, a crítica, a disconformidad o a temor, las experiencias que generarás en tu vida serán de esa misma línea, por lo tanto, tu "mapa" no crecerá, ya que el lenguaje que utilizas no es expansivo, por el contrario, te cierra y restringe. Por ejemplo, si eres de aquellas personas que ante un desafío se expresa con frases como "para mí es imposible hacer eso", "es que yo no puedo", "no estoy en edad para eso" o "jamás lo voy a aprender", tu mapa, por supuesto, será mucho más limitado que el mapa de otra persona que solo ve posibilidades: "me gustaría aprender eso nuevo", "no hay edad para seguir aprendiendo", "enséñame, quizás me va a costar, pero sé que puedo lograrlo", "me entusiasma aprender". Un lenguaje te coarta, bloquea y no te permite crecer, mientras que el otro solo ve apertura, nuevas posibilidades y expande el potencial de tu yo.

El mensaje es claro, entonces: **¡Cuida cómo te hablas y cómo te expresas!** Si aún no lo has notado, **tu lenguaje es capaz de cambiar completamente tu experiencia.** Por ejemplo, si te refieres a tus debilidades como "problemas", seguramente siempre serán dificultades, una carga pesada, en cambio, si te refieres a ellas como "retos" u "oportunidades", les estás dando el poder de ser transformadas y de crecer. De ahí que el lenguaje que utilices no es trivial. Bien lo dijo Humberto Maturana: "El lenguaje construye realidades", y es totalmente cierto, ya que no solo afecta la percepción de tu vida, sino también influye en tu estado de ánimo, tus emociones y, en consecuencia, en tu actuar.

Es fundamental que comiences a prestar atención a cómo te hablas y las palabras que dices, y que, desde ahí, hagas pequeños grandes cambios.

» Deja atrás el "debería" por el "podría".

» Cambia el "tengo que" (que se refiere a una obligación) por el "quiero" o "voy" (aquí asumes tu responsabilidad).

» Reemplaza el "es que" (que siempre le sigue una excusa) y cámbialo por el "hay que" (que te impulsa a la acción).

» Reemplaza **"pero"** por la palabra **"y"** o **"sin embargo".**

Así cambia absolutamente la perspectiva. Por ejemplo, si dices "quiero comer postre, pero estoy a dieta" y, en cambio, dices "quiero comer postre y estoy a dieta", en la primera oración tienes que escoger y esa elección por supuesto puede producir tensión o estrés, en cambio, en la segunda no tienes nada que elegir, sino que te entrega una visión más objetiva de la situación y no te obliga a ponerte en el rol de decidir.

Puedes creer que son cambios semánticos sutiles, pero el impacto que tienen en tu vida diaria es enorme. **Tu forma de hablar tiene el poder de transformar completamente una situación y** cambiar tu perspectiva desde una limitante a una potenciadora. Además, influye directamente en tu estado emocional, ya que las emociones que se generan al decir y escuchar estas palabras son muy distintas. El "debería" genera ansiedad debido a la obligación y la ansiedad paraliza, mientras que el "podría" genera entusiasmo, posibilidades e inspiración, te moviliza.

Te propongo entonces que cada vez que vayas a decir algo, te preguntes: ¿Me siento a gusto expresándome así? ¿Me hace bien decir esto?, y empieza a hablar y expresarte con las palabras que te ayuden a avanzar, construir y crecer.

De hecho, está comprobado científicamente que las palabras afectan en forma directa tu salud y bienestar, modificando tu biología. Mark Waldman y Andrew Newberg, autores del libro *Las palabras pueden cambiar tu cerebro*, demostraron que cuando una frase comenzaba con la palabra "no", el cerebro inmediatamente comienza a segregar cortisol, la hormona del estrés y que, en cambio cuando la frase comienza con "sí", de inmediato se libera dopamina, la hormona del bienestar. **La manera como hablamos determina la manera en que nos sentimos.**

De seguro te ha pasado que, tras leer un titular del diario o escuchar en las noticias palabras como "muerte", "enfermedad", "miseria", inmediatamente te generan miedo, ansiedad y malestar. Esto es porque las palabras generan pensamientos y los pensamientos despiertan emociones. Al comunicar, las palabras son capaces de activar y gatillar ciertos mecanismos de nuestro sistema nervioso haciéndonos reaccionar de distintas formas. De ahí que también es superimportante tener conciencia de qué es lo que escuchas y consumes a diario, y no solo de lo que dices.

> *"Las palabras son las herramientas más poderosas que tienes como ser humano, el instrumento de la magia. Pero son como una espada de doble filo: pueden crear el sueño más bello o destruir todo lo que te rodea".*
> Don Miguel Ruiz

El libro *Los 4 acuerdos*, de Don Miguel Ruíz —que sin duda te recomiendo leer—, ha sido bestseller del *The New York Times* por más de diez años, y ha vendido más de cinco millones de ejemplares en todo el mundo. Se basa en el conocimiento y mensaje de la sabiduría tolteca, una civilización mexicana milenaria de científicos y artistas que exploró y atesoró el conocimiento espiritual de sus ancestros y que se traduce en estas enseñanzas. Es un libro maravilloso —me atrevo a confesar que está entre mis favoritos—, de una profundidad increíble, y que en un lenguaje simple y ameno te ayuda a tomar conciencia de la palabra hablada, de su poder, de soltar aquellas creencias que no te permiten avanzar, de abrirte a la vida y a su plenitud desde la responsabilidad y la conexión.

Se basa en **cuatro acuerdos fundamentales** de los que quiero compartir mis reflexiones contigo:

Primer acuerdo: Sé impecable con tus palabras

Este acuerdo habla de la importancia de manejar de manera correcta tus palabras, ya que ellas tienen un poder creador; pueden cambiar una vida o destruirla. De ahí que es clave que exista un **proceso reflexivo previo antes de la expresión** y las utilices de manera consciente y responsable, sin juzgarte ni criticarte a ti, pero tampoco a los demás. Es una invitación a dejar el chisme, el hablar de otros, a "escuchar más y hablar menos", a "que si no tienes nada bueno que decir de otra persona, mejor guarda silencio", a evitar la agresividad y a usar nuestro lenguaje con responsabilidad.

"Tu mente es como un campo donde cada palabra, idea y opinión es una semilla de donde saldrá una planta. Debes considerar sembrar semillas de amor y no de odio, ya que eso es lo que tendrás en tu vida".
Don Miguel Ruiz

Segundo acuerdo: No te tomes nada personal

Este acuerdo me parece importante, ya que en la medida en que entiendes que las palabras de otros expresan su sistema de creencias y su realidad personal, dejas de tomarte las cosas como si solo se tratara de ti. Es como el refrán "Lo que Juan dice de Pedro, dice más de Juan que de Pedro", es decir, toda palabra te habla del mundo interior del otro, no de la realidad en sí. Recuerda que **lo que dicen las otras personas son solo palabras y tú eres quien les asigna el significado a ellas en tu vida.**

Es una invitación a dejar de buscar y depender de la aprobación externa, a desprenderte del ego —que se toma todo en primera persona y cree que todo gira a su alrededor— y a vivir en libertad. Es recibir el mensaje teniendo en cuenta que "expresa la posición de otro", la que puedes respetar, pero al mismo tiempo puedes decidir no engancharte emocionalmente a ella. De esta forma no solo te evitarás muchas decepciones, sino que además dejarás de sufrir.

"El ego es el yo soberbio que se resiente cuando atacan, no tu esencia, sino tu imagen. Si te centras en tu esencia divina y espiritual, no te importará que hablen mal y serás inmune a las críticas. Solo tomarás lo que te sirva para mejorar como ser humano".

DON MIGUEL RUIZ

Tercer acuerdo: No hagas suposiciones

Este acuerdo se refiere a que todos sin excepción tendemos a hacer suposiciones. El problema es creer que aquello que supones es cierto, lo que es la cuna para el malestar, pérdida de poder personal, angustia y también extrema emocionalidad.

Aquí hay que distinguir entre suponer y la intuición de la que hablamos anteriormente. Al suponer, partes de la base que tienes la verdad absoluta, la suposición se rige por el ego y tu patrón establecido de creencias. En cambio, la intuición es el lenguaje del alma. Son dos conceptos radicalmente opuestos. El mensaje es claro: **ideja de hacer suposiciones! Siempre es mejor preguntar que suponer.**

"Recuerda que antes de emitir un juicio debes pasar tres filtros: ¿lo que voy a expresar es verdadero?, ¿es bueno? y ¿es útil? Si no pasas esos filtros, cállate y no hagas daño. Somos dueños de nuestro silencio y esclavos de nuestras opiniones. Todos los sabios han sido amantes del silencio".

DON MIGUEL RUIZ

Cuarto acuerdo: Haz siempre tu máximo esfuerzo

Según el autor, este último acuerdo permite que los tres anteriores se conviertan en un hábito en tu vida. Se refiere a dar siempre tu mayor esfuerzo, sin importar las circunstancias o el resultado. Es un llamado a dar lo mejor de ti en todos los planos de tu vida. No se trata de ser perfectas, sino de **"haz lo que puedas de la mejor manera posible"**, y esto se manifiesta en un total control y responsabilidad de tus pensamientos, emociones, palabras y acciones. Es salir de la zona de confort en búsqueda de alcanzar tu máximo potencial. Es tomar la decisión consciente de decir quiero ser un aporte donde quiera que vaya, quiero ser una mejor persona cada día de mi vida, no voy a descansar de crecer y creer en mí.

La maravilla de este acuerdo es que para lograrlo te habla de una plena aceptación personal, de esforzarte en aquellas áreas tuyas que quieres mejorar, e implica amarte y quererte con todo tu corazón.

"Siembra lo mejor y lo mejor recogerás".
DON MIGUEL RUIZ

Sin duda me parecen cuatro acuerdos maravillosos que, en la medida en que seas más consciente de ellos, los lleves a la práctica, cambiarán tu vida por completo. Y, como puedes ver, el origen de todo está en las palabras. No subestimes más su poder.

Para reforzar aún más este punto, que es crucial, hay una fábula oriental muy antigua que expresa muy bien el poder de la palabra y cómo esta crea realidad. Siempre me han encantado las fábulas, creo que son luz, entregan sabiduría y nos ayudan a comprender mejor las distintas circunstancias de la vida. Aquí te comparto la de la rana sorda:

Un grupo de ranas viajaba por el bosque y, de repente, dos de ellas cayeron en un hoyo profundo. Todas las demás ranas se reunieron alrededor del hoyo. Cuando vieron lo profundo que era, le dijeron a las dos ranas en el fondo que era imposible salir de ahí y que, para efectos prácticos, se debían dar por muertas. Las dos ranas no hicieron caso a los comentarios de sus amigas y siguieron tratando de saltar fuera del hoyo con todas sus fuerzas. Las otras ranas en la superficie seguían insistiendo que sus esfuerzos serían inútiles. Finalmente, una de las ranas puso atención a lo que las demás decían y se rindió. Ella se desplomó y murió. La otra rana continuó saltando tan fuerte como le era posible. Una vez más, la multitud de ranas le gritaba y le hacía señas para que dejara de sufrir y que simplemente se dispusiera a morir, ya que no tenía caso seguir luchando, que era imposible salir de ahí. Pero la rana saltó cada vez con más fuerzas hasta que finalmente logró salir del hoyo. Cuando salió, las otras ranas le dijeron: «Nos da gusto que hayas logrado salir, a pesar de lo que te gritábamos». La rana les explicó que era sorda, y que pensó que las demás la estaban animando a esforzarse más y salir del hoyo.

Son muchos los aprendizajes que podemos extraer de este cuento; podríamos hablar de la importancia de la perseverancia, de creer en ti y de luchar con convicción por perseguir tus sueños, pero hay una gran lección: el inmenso poder que tienen las palabras: **una palabra puede ayudar a levantarte o destruirte, tiene poder de vida y muerte.**

En mis momentos de mayor debilidad, cuando a veces pensé que se me estaba haciendo muy difícil avanzar, empecé a conectar con el poder de la palabra, del decreto, de las afirmaciones positivas, del poder del yo soy. Desde que comencé con estas prácticas maravillosas y las establecí como mis rituales sagrados, mi vida se transformó y hasta el día de hoy comienzo mis mañanas recitando mis propias afirmaciones y mantras. Siempre cuido mis palabras, porque sé que ellas cuidan de mí.

Las palabras son energía

Es importante comprender que las palabras no son solo conceptos con significados que te permiten comunicarte, expresar tus ideas o pensamientos. A veces las subestimamos con frases como "las palabras se las lleva el viento", restándoles la importancia que pueden tener —claro que esto puede ser importante a la hora de firmar un contrato o un documento legal donde necesitas tener papel de respaldo—, pero, como ya vimos, las palabras sí importan, y mucho, dejan huella, no se las lleva el viento, van moldeando tu vida, son como pequeñas semillas que producen frutos. Si no te gusta actualmente tu cosecha (vida), pregúntate: **¿qué palabras son las que estoy sembrando en mi día a día?**, ya que, según sean las semillas (palabras) que plantes, esos serán los frutos (experiencias) que recogerás.

Pero, además de lo anterior, y siguiendo una arista más espiritual, creo que el poder de la palabra es tan profundo que actúa como decreto. La gran maestra en metafísica Conny Méndez bien lo expresaba en sus enseñanzas y en sus libros. La palabra hablada tiene energía, es tan poderosa que te puede anular, reducir tu percepción, cambiar tu estado emocional, o hacerte crecer y transformar tu universo personal. Si tuviéramos más conciencia sobre esto, te puedo asegurar que cuidarías mucho más tus palabras. Nuestra mente racional es una mente lingüística, se expresa por medio de las palabras, el tema es que:

Siempre hemos considerado a las palabras como un medio de expresión, pero no como un medio de creación.

♥

De ahí que el pensamiento expresado tenga más poder que solo intencionar afirmaciones en tu mente, ya que al verbalizar estás emitiendo una energía creadora al universo. Y el universo te escucha siempre. Por tanto, presta atención a qué cosas estás hablando, ya que al hacerlo estás creando.

"Las palabras y los pensamientos son energía,
vibraciones que forman puentes espirituales,
cargados de emociones e intenciones, positivas o negativas".
Anónimo

Ya lo dijo Einstein, **"Todo en este mundo es energía"**, y también Nikola Tesla: **"Si quieres entender el universo, piensa en energía, frecuencia y vibración"**, y si bien todo lo referente a la energía ha sido un campo asociado a la metafísica, el misticismo y la espiritualidad, tal como hemos visto, la ciencia se ha unido cada vez más a integrar esta realidad.

Todo en esta vida está formado por moléculas, que a su vez se componen de átomos y estos de protones, neutrones y electrones que vibran produciendo energía vibracional en forma de ondas que poseen una amplitud y frecuencia particular.

En palabras simples y sin caer en tecnicismos de la física, la frecuencia es la cantidad de veces por segundo que oscila una onda y se mide en hertz (Hz), donde un hertz equivale a un ciclo por segundo. También encontramos los megahertz (MHz), donde uno equivale a un millón de hertz. Sé que es engorroso y no es necesario que lo entiendas en profundidad, pero sí es clave que te familiarices con estos conceptos para que comprendas que **posees e irradias una frecuencia,** y que si la frecuencia es lenta, hablaremos de vibración más baja y, por el contrario, si es más rápida, hablaremos de vibración más alta.

Por lo tanto, **todo vibra y está en constante movimiento. Tú eres energía, yo soy energía y todo lo que nos rodea también lo es, sea visible o no a los sentidos.** Los seres humanos solo podemos percibir una muy pequeña parte de estas ondas, pero todas ellas están presentes y estamos expuestos a ellas en todas nuestras actividades diarias, como el sonido o la luz. Una prueba muy simple es poner música fuerte en un parlante y dejar a su lado una copa de vidrio con agua. Vas a ver cómo el agua se mueve y vibra al ritmo de la música, pero no eres capaz de ver las ondas en sí que producen el movimiento. Y así pasa con todo, con el amor pasa lo mismo, con la envidia, la empatía, el miedo. Los puedes sentir, pero físicamente no los puedes ver ni tocar.

"El Universo es más bien música que materia".
Donald Hatch Andrews

Dicho esto, es importante que comprendas que **las palabras en sí son energía** también. Sin ir más lejos, hoy podrás encontrar muchos estudios que avalan la relación entre emociones, palabras y frecuencia vibracional. Quiero destacar especialmente el gran legado que dejó el reconocido psiquiatra Dr. David R. Hawkins, quien fue uno de los pioneros en Occidente en vincular la espiritualidad con la ciencia, de hablar de energía, vibración y bienestar, y de la importancia de salir del campo vibracional bajo si lo que quieres es salud y dicha en tu vida. Afirmaba Hawkins que tan solo con escuchar a un paciente ya sabía la causa de su enfermedad; eran personas que hablaban de frustración, de resentimiento, de dolor, atribuían su malestar a causa de otros, "mi pareja me hizo enfermar", "mi hijo me enfermó" o "fue culpa de mi trabajo", se eximían de responsabilidad, eran víctimas de la vida y las circunstancias, y muchas de ellas estaban cargadas de ira y rencor. Fue así como Hawkins observó que estas emociones y pensamientos negativos, reflejados en el discurso y "la historia que se contaban", era lo que generalmente enfermaba a las personas; juzgar, tener rencor, sentir odio o resentimiento pone a las personas en un campo vibracional muy bajo, creando las condiciones perfectas para las enfermedades. Tú tienes tu propia energía y, al igual que el mundo que te rodea, tú también estás vibrando, tienes una energía vital y, lo mejor de todo, es que tú puedes elegir tu propia vibración.

Hawkins, en su obra *El poder contra la fuerza* (2002), y tras numerosas investigaciones, publicó la "escala de la conciencia" o "escala vibracional", donde deja de manifiesto que, según la frecuencia que vibremos, eso será lo que atraeremos. En esta escala explica cómo los diferentes niveles de conciencia (visión) se asocian con ciertas emociones, niveles de energía y procesos de existencia. Va desde los 0 MHz, que es la muerte, hasta los 1.000 MHz, que es la iluminación, fuente, Dios, poder universal o como tú quieras llamarlo. El psiquiatra pudo determinar en sus estudios que **el cuerpo físico se fortalece o debilita dependiendo del nivel vibracional en el cual nos encontremos**, así que, cuanto más bajo estemos en la escala, menos energía vital tendremos, y por lo tanto experimentaremos más pensamientos negativos, más emociones displacenteras, más enfermedad, carencia, malestar y miseria.

En sus estudios afirma: "Todos los niveles bajo 200 MHz a la larga destruyen la vida en el individuo, y en la sociedad y todos los niveles sobre 200 MHz son expresiones constructivas de poder". Los 200 MHz son el umbral que divide las áreas generales entre creación y destrucción, entre el miedo y el amor.

Entonces, es inevitable preguntarse al ver esta escala: **¿En qué frecuencia deseo vibrar?** Como ya sabes, tú eres la única responsable de tus creencias, pensamientos y emociones, y puedes influir y modificar cada uno de ellos, y, así también, **tú eres la responsable de tu vibración.** Cuando elevas tu nivel de vibración, aumenta tu nivel de conciencia, tu nivel de conexión con la vida, con Dios, el Universo, con el amor, y te conectas también con tu sabiduría interior y la inteligencia universal. Mejora tu salud, tu nivel de felicidad, tu bienestar en general y ¡hasta te ves mejor! Irradias armonía. Por el contrario, cuando vibras bajo, tu nivel de conciencia es reducido y limitado, sientes que vives frecuentemente con miedo, angustia o depresión, te sientes cansada, con poca energía y estás propensa a atraer malestar y enfermedades.

Visión de Dios	Visión de uno mismo	Nivel de conciencia	Calibración	Emoción	Proceso
Yo	Es	Iluminación	700 -1000	Indescriptible	Pura conciencia
Ser universal	Perfecta	Paz	600	Bendición	Iluminación
Uno	Benigna	Alegría	540	Serenidad	Transfiguración
Amoroso	Completa	Amor	500	Veneración	Revelación
Sabio	Significativa	Razón	400	Comprensión	Abstracción
Misericordioso	Armoniosa	Aceptación	350	Perdón	Trascendencia
Edificante	Esperanzadora	Voluntad	310	Optimismo	Intención
Consentidor	Satisfactoria	Neutralidad	250	Confianza	Liberación
Permisivo	Factible	Coraje	200	Consentimiento	Otorgar poderes

NIVELES DE VERDAD ▲   /   ▼ NIVELES DE FALSEDAD

Indiferente	Exigente	Orgullo	175	Desprecio	Engreimiento
Vengativo	Antagonista	Ira	150	Odio	Agresión
Negativo	Decepcionante	Deseo	125	Anhelo	Esclavitud
Castigador	Atemorizante	Miedo	100	Ansiedad	Remordimiento
Altivo	Trágica	Sufrimiento	75	Remordimiento	Desalento
Censurador	Desesperación	Apatía	50	Renuncia	Censurador
Vindicativo	Maligna	Culpa	30	Culpabilidad	Destrucción
Desdeñoso	Miserable	Vergüenza	20	Humillación	Eliminación

La clásica frase "vibrar bajo" se refiere exactamente a que las emociones más nocivas, como el miedo, la ira, rabia, envidia, como puedes ver en esta escala, vibran a frecuencias muy bajas, entre 20 y 50 MHz, en cambio, emociones como la alegría, el amor y la paz tienen vibraciones entre los 500 y 700 MHz. **Al decidir empezar a vibrar en esos niveles tu vida cambia por completo.** Sin darte cuenta la conexión, la prosperidad, la abundancia, el gozo y el bienestar se convierten en tu forma de vida, ya que estas vibraciones altas te permiten expandirte y crecer. Lo mejor de todo es que **te conviertes en un imán de atracción positiva,** ya que atraes frecuencias que están en tu misma sintonía o nivel, y tu SAR contribuye por su parte a que te enfoques más en ello y más de eso obtendrás.

Esta escala es maravillosa porque nos permite tomar aún más conciencia de nuestros estados emocionales, nivel de conciencia y las palabras que nos decimos.
Tus palabras emiten una vibración y el Universo siempre responderá a esa frecuencia vibratoria emitida.

♥

Soy una aficionada al tema de la vibración hace muchos años. Tengo varios autores que me encantan y que me han ayudado en mi crecimiento espiritual, como Louis Hay, Sergi Torres, Esther y Jerry Hicks, Conny Méndez, Rhonda Byrne y Wayne Dyer, y todos, desde distintos acercamientos —ciencia, metafísica y espiritualidad—, confirman la importancia de elevar la frecuencia vibracional y de ponerlo en práctica en la vida cotidiana, ya que cada situación, cosa, persona o circunstancia tiene su propia energía.

Es fascinante ver cómo esto se extiende incluso al campo de los alimentos. Sabemos que son una fuente de energía, pero no estoy hablando en términos de información nutricional o de calorías. Hoy está muy de moda el concepto de "comida de alta vibración", que se refiere a que todo lo que comemos vibra y su sintonía afecta nuestra propia frecuencia energética. El ingeniero francés, André Simoneton (1928) fue pionero en el estudio de la medición de la frecuencia vibratoria en los alimentos y llegó a interesantes conclusiones que harán que pensemos dos veces antes de comer.

El científico afirma que hay alimentos de alta y de baja vibración. Al consumir alimentos carentes de frecuencia vibratoria o de baja frecuencia —tal como los procesados, la comida rápida, azúcares y edulcorantes artificiales, enlatados, pasteurizados, animales que han sufrido, etcétera—, estamos indirectamente contaminando nuestro cuerpo, nuestras emociones y pensamientos. Por el contrario, cuando comemos frutas, vegetales, cereales integrales, semillas, legumbres, todo aquello que ha sido plantado y cuidado con amor, toda esa energía positiva está entrando a nuestro cuerpo y le brinda a nuestras células una parte de esa vibración. Mientras más naturales y frescos sean los alimentos, mejor, y mientras más procesados, manipulados o pasen por la cadena de producción, más van perdiendo vitalidad y por tanto vibración.

¡TODO ES ENERGÍA!

Seguro te ha pasado más de alguna vez que tras conversar con alguien te sientes muy agotada, como que quedaste "sin energía" o te deja "bajoneada", en un estado de ánimo pesimista. Por el contrario, hay personas que te hacen sentir inspirada o motivada, con entusiasmo y vitalidad. Estamos todos implícitamente conectados más allá del espacio y del tiempo, y es fácil captar las vibraciones de algunos, pero es importante que comprendas que **depende de ti cómo quieres sentirte**. Tú siempre puedes elegir elevar tu frecuencia —ya que generas tu vibración personal desde tu interior— a través de todas tus decisiones y, cómo no, tus pensamientos, palabras y emociones. Es así como te comunicas con el mundo exterior.

Lo mismo ocurre con frecuentar ciertos lugares, ambientes y también circunstancias; no es la misma energía que se desprende de un velorio o la sala de espera de un hospital, versus la que encontrarás en un parque de juegos, en una sala de clases o en un centro deportivo.

Aprender a elevar tus vibraciones es algo crucial si quieres llevar una vida más plena. Cuanto más alta sea tu frecuencia, más te logras conectar con tu sabiduría interior, con la intención, con la intuición, es decir, te acercas a niveles más elevados de conciencia, al espíritu, a la verdad. Por el contrario, mientras más baja sea tu vibración te alejas de esa fuente de verdad universal, tus problemas son vistos como catástrofes, tu vida muchas veces es concebida como miserable y te sientes presa de la mala suerte, de la desdicha, las circunstancias externas te afectan enormemente y también las opiniones y reacciones de los demás. Al estar en paz contigo y vibrando alto, estos problemas desaparecen —no porque no estén o dejen de existir, de hecho, sí pueden estar ahí—, sino porque cambió tu forma de pensar y de experimentar la realidad.

Veamos esto con un ejemplo sencillo: imagínate por un instante que quieres sintonizar una emisora en la radio, la frecuencia 90.5. Seguramente desde esa frecuencia puedas captar la señal de las radios "vecinas" que están cerca de ella, como la 89.3, 90.9, 91.5, pero no vas a lograr escuchar la emisora 100.9, ya que está muy lejos de tu punto inicial. **Lo mismo pasa con tu frecuencia vibracional: "atraes lo que vibras".** Si estás vibrando siempre desde emociones como la queja, el resentimiento, la ira y la frustración, no esperes sentir ni experimentar armonía, plenitud y amor, por el contrario, vas a atraer experiencias, personas y situaciones que estén alineadas con tu misma energía, es decir, con la frecuencia que estás emitiendo.

Esto último lo aprendí de las maravillosas enseñanzas de Wayne Dyer, uno de los psicólogos que más ha escrito sobre el campo de la espiritualidad y que es todo un referente en el crecimiento personal. Él hace hincapié en que **"Atraes lo que eres, no lo que quieres"**, lo que se refiere a que, si quieres hacer un cambio real en tu vida, este no puede darse en una sola arista, sino que **debe darse desde la totalidad de tu ser, de lo contrario, seguirás teniendo los mismos resultados.** No basta con cuidar tu lenguaje si no va alineado a un cambio en tus creencias, pensamientos y en tus acciones. Eres un todo, y ese todo debe estar en perfecto equilibrio, coherencia y sintonía.

"No se puede solucionar un problema desde el mismo lugar de donde se creó".
ALBERT EINSTEIN

No vas a producir cambios desde la misma forma de pensar, el mismo enfoque o nivel de energía desde donde atrajiste o creaste ese problema. Así nunca será una solución definitiva, será algo momentáneo o temporal, una "solución parche". Para que realmente se resuelva un problema es fundamental un cambio de perspectiva, desafiar nuestras barreras mentales y abrirse a explorar nuevas formas de pensar más enriquecedoras. Esto es parte del camino del crecimiento personal, es salir de la zona de confort, del aparente equilibrio y estabilidad, y tener el coraje y la valentía de cuestionar lo incuestionable, de aceptar tu responsabilidad como creadora de tu vida.

La vida en sí es maravillosa, pero no olvides que también tienes que hacerla maravillosa. Tú juegas un rol activo en eso.

♥

AFIRMACIONES POSITIVAS

Dentro del contexto del lenguaje y las palabras, no podía dejar de referirme las afirmaciones positivas, una práctica que, llevada con constancia y regularidad, transformó mi vida.

¿Qué son las afirmaciones positivas? Si aún no estás familiarizada con ellas, no son ni nada más ni nada menos que **frases o declaraciones positivas que te pueden ayudar a reforzar tu autoestima, confianza o amor propio.** Te permiten acercarte a lograr tus sueños, objetivos o metas, y a sentirte más plena respecto de eso que estás afirmando. Algunos ejemplos son: "Yo soy merecedora de toda la abundancia del Universo", "Mi negocio prospera día a día", "Me amo y me acepto tal cual soy", entre otras.

Ahora se encuentran muy de moda, pero la verdad es que su origen es muy antiguo. Ya estaban presentes en la sabiduría del antiguo Egipto, donde las utilizaban a modo de cánticos y oraciones para transmutar la energía y restablecer el equilibrio físico y psíquico. Hoy **son los "nuevos mantras" del siglo XXI.**

Hay muchos mitos al respecto y se tienden a asociar a lo esotérico, pero hay muchos estudios y bibliografía que apoyan, desde la ciencia, el uso de las afirmaciones positivas. Sin ir más lejos, desde la psicología se las vincula a la teoría de la autoafirmación[5], ya que las afirmaciones positivas contribuyen a la autointegración, esto es, la propia capacidad de responder de manera eficaz y flexible a las distintas situaciones de la vida, mejorando nuestra capacidad de adaptación y actuando en consecuencia, de una manera que merece nuestro reconocimiento. Por ejemplo, si mi afirmación positiva dice: "Yo soy una mujer valiente y segura de mí misma", me lleva a querer buscar y sentir eso en mí, actuando como una fuente de motivación.

Clayton Critcher, psicólogo de la Universidad de Berkeley, y David Dunning, PhD en Psicología de la Universidad de Míchigan, son dos grandes referentes en esta materia y cuentan con numerosos estudios y publicaciones que comprueban cómo el uso constante de las afirmaciones positivas tiene un efecto positivo en la actitud de las personas, ayudándolas a manejar mejor el estrés, a mantener una actitud potenciadora, ya que facilitan ver los aspectos positivos en las situaciones adversas y permiten reducir el efecto nocivo de las emociones negativas. La neurociencia avala lo anterior a través de estudios de imágenes cerebrales obtenidas mediante resonancia magnética, que muestran que los sujetos que

5.   Steele, Claude M. *La psicología de la autoafirmación: el mantenimiento de la integridad del yo*, Volumen 21, páginas 261-302, 1998.

practicaron con periodicidad una serie de afirmaciones positivas generaron mayor actividad en las áreas del sistema de recompensa del cerebro, mostrando así que las afirmaciones podrían ayudar a enfocar a las personas en el logro de sus metas y también a reforzar su autoestima[6]. Por tanto, no son solo un "tema espiritual", energético o como quieras llamarlo, sino que también hay fundamentos científicos y biológicos detrás de ellas. Déjame explicarte esto brevemente para que puedas entenderlo mejor.

Como ya hemos visto, tu cerebro cambia y se reorganiza de acuerdo con tus creencias, experiencias y también según tus pensamientos. Recuerda que para él, a nivel de la información que recibe, tiene el mismo impacto lo que te sucede en la realidad (experiencia) que lo que piensas que te sucede (interpretación, creencia o pensamiento). Estas experiencias, pensamientos o ideas van creando nuevas rutas neuronales y, tras la repetición constante, se genera el aprendizaje, es decir, se refuerzan ciertas conexiones para "aprender" algo que se queda fijo en el tejido. De esta forma, al estar ya "la ruta creada" se te hará más fácil pensar y actuar de la misma forma en que lo has venido haciendo.

¿Recuerdas capítulos atrás el ejemplo del sendero que se crea por pasar constantemente sobre el pasto? Desde la biología, esto se denomina neuroplasticidad dependiente de la experiencia, es decir, tu cerebro se va moldeando, cambiando y creando redes neuronales de acuerdo con lo que vas viviendo, sintiendo, pensando y experimentando. Esto en ningún sentido te limita, por el contrario, te permite cambiar, integrar cosas nuevas y aprender. ¿Te imaginas si no existiera la neuroplasticidad? Esos patrones o rutas neuronales quedarían rígidos y no existiría la posibilidad de adquirir nuevos aprendizajes ni de integrar nuevas perspectivas o de aprender de la experiencia. Ser consciente de esto y utilizarlo a tu favor es también tu superpoder, ya que te permite crear y reforzar aquellas experiencias que son relevantes para ti no solo desde lo práctico y funcional, sino sobre todo desde los recursos emocionales para enfrentar las circunstancias de la vida.

Si aún no te has dado cuenta, esto está directamente relacionado con las afirmaciones positivas. La repetición constante de ellas crea esas nuevas rutas neuronales en tu cerebro, que luego se transforman en rasgos neuronales, es decir, quedan fijas y te permiten salir de la negatividad, del pesimismo y el malestar, y te

6. Critcher, Clayton R; Dunning, David, *Self-affirmations provide a broader perspective on self-threat.* Personality and Social Psychollogy Bulletin, Volumen 41, número 1, páginas 3-18, 2014.

acercan a lo que sí quieres sentir y experimentar. Si estas rutas no estuvieran creadas, te sería mucho más difícil tener recursos para salir de la negatividad.

A su vez, las afirmaciones positivas activan el mecanismo de relajación o de crecimiento biológico —activan tu sistema parasimpático—, te sacan del estrés de la respuesta de lucha-huida —sistema simpático— y por tanto te permiten conectarte con las funciones más elevadas del pensamiento, con la empatía, la gratitud, expandirte y crecer.

Finalmente, también se asocian con la profecía autocumplida, ya que según su autor, el sociólogo Robert K. Merton, las personas responden a la percepción y al sentido que le dan a una situación y esto influirá en la conducta que adoptarán en ella. Es decir, si creemos que una situación puntual va a ser negativa, haremos los cambios en nuestra conducta para comprobar lo que nos dice nuestra creencia, prediciendo así el resultado final. Esto se da mucho en el día a día, por ejemplo, cuando te dan la opinión de alguien que no conoces. Supongamos que es un comentario negativo de esa persona —"él es superegocéntrico, solo habla de él"—, tu mente se esforzará por hacer los ajustes necesarios para confirmar esa afirmación. O es tan simple como si creemos que fracasaremos en una tarea y nos autoconvencemos de esto, es muy posible que nuestra conducta y nuestros actos se vayan modificando para que esto sea lo que ocurra, ya que esta creencia condiciona nuestra actitud, respuestas y nuestra manera de interpretar la realidad.

No obstante, la profecía autocumplida también puede ser aplicada desde una perspectiva favorecedora. **Las afirmaciones positivas te pueden ayudar a construirla, y para esto se requiere entrenamiento, constancia y disciplina, ya que hay que enseñarle a la mente a ser más positiva.** Lamentablemente, nuestro cerebro opera bajo el sesgo de negatividad, que nos ha permitido subsistir, resistir, luchar y evitar la amenaza, de ahí que la negatividad es parte de nuestro proceso evolutivo, ya que la mayoría de las experiencias positivas no te aseguraban la subsistencia. Por esto, la única forma de poder ver las cosas desde una perspectiva más positiva es entrenar a nuestra mente para "volver importantes" las experiencias positivas, repitiéndolas de manera constante para crear nuevas rutas neuronales; y con las afirmaciones positivas estamos dando pie para que ello ocurra.

"La mente es como velcro para las experiencias negativas
y teflón para las positivas".
RICK HANSON

Una vez que los eventos negativos son percibidos, se almacenan rápidamente en la memoria, en cambio, las buenas experiencias necesitan al menos 10 segundos o más para ser transferidas de la memoria de corto a la de largo plazo[7]. De esto se desprende que las experiencias positivas pueden quedar fuera del cerebro y las negativas se absorben de inmediato.

Dicho esto, **ia practicar tus afirmaciones positivas!**, pero ten en cuenta que no son mágicas. No van a cambiar las situaciones. No te van a mejorar de una enfermedad o de una quiebra económica, lo que sí, es que tienen el potencial de ayudarte a transformar tu realidad y a cambiar la forma en cómo percibes lo que te ocurre, es decir, la interpretación de lo que te sucede. Al reemplazar la queja, la carencia y la negatividad por pensamientos más positivos y enriquecedores, estimulas nuevas zonas de tu cerebro, creando nuevas rutas y rasgos neuronales a través de la verbalización de experiencias positivas en el momento presente, que para tu cerebro tienen el mismo carácter de verdad que si te estuvieran ocurriendo en el aquí y ahora. Recuerda que tu mente no distingue entre pasado, presente y futuro, imaginación y realidad.

"Las afirmaciones abren puertas.
Son puntos de partida en el camino hacia el cambio".
LOUISE HAY

¿Y si no funcionan?

He tenido algunas clientas en mis sesiones de life coaching que me han contado que han perdido la capacidad de creer en las afirmaciones positivas, ya que, por más que lo intentaron, no vieron resultados, y sintieron que a ellas no les funcionaron. Si bien es imposible garantizar su éxito total, ya que no se trata de una receta ni píldora milagrosa que les sirva a todas, cuando se hacen teniendo en cuenta algunas claves fundamentales pueden ser una herramienta muy efectiva. Y, como ya vimos, la ciencia así lo confirma.

7. Hanson, K. L., Cummins, K., Tapert, S. F., y Brown, S. A. (2011). *Changes in neuropsychological functioning over 10 years following adolescent substance abuse treatment.* Psychology of Addictive Behaviors, 25(1).

Hay varios puntos que considero importantes antes de hacer tus afirmaciones positivas. Todos ellos requieren de compromiso y disciplina, ya que de lo contrario se convertirán en una linda carta de buenas intenciones y no pasarán a ser más que eso. Hay una gran dosis de responsabilidad personal a la hora de empezar a trabajar con ellas. No es algo tan *light* como aparentemente puede verse.

Lo primero y muy importante es **hacerlo con intención**. Es la emoción, el significado y la energía que asocias con tus afirmaciones lo que las hace poderosas. Al leer tus afirmaciones positivas no se trata de recitar por recitar, de leerlas rápido para "hacer la tarea" en un tono plano, como si estuvieras leyendo un reporte de economía o la lista del supermercado. Por el contrario, es fundamental que, al crear y leer cada afirmación, sientas que esa energía fluye en ti y que lo hagas desde el corazón, con la más profunda convicción e intención, o no te servirán y formarás parte del grupo de "a mí no me funcionaron las afirmaciones positivas". Tu tono de voz debe ser el apropiado: energético y lleno de ilusión. Leerlas genera entusiasmo, no es una tarea tediosa. Para ello, conéctate con eso que estás afirmando, sintiendo la emoción que te da esa afirmación y que te permitirá experimentar en tu mente la dicha de "lo bien que se siente" haberlo obtenido o logrado. Esa es la sensación que debes buscar y perseguir. Debes conectarte de corazón con eso que deseas, jamás pidiendo —ya que vimos que la petición refleja en sí una carencia y el universo no te dará aquello que no tienes—, sino que agradeciéndolo por adelantado, como si ya fuera parte de tu vida. Toma a tu favor el hecho de que tu mente no es capaz de distinguir si las emociones y pensamientos que tienes provienen de la realidad o de tu imaginación, así que utilízalas para crear la vida que deseas experimentar. No olvides: **no obtienes lo que deseas, sino el sentimiento de aquello que dices desear**. Debes creer en tus afirmaciones, que tengan total sentido para ti, con palabras que resuenen en ti y que te acerquen a todo lo que te sientes digna y merecedora de recibir. Conéctate con el maravilloso poder de la intención y haz que sucedan.

"Soy realista. Espero milagros".
WAYNE DYER

Asimismo, no sacas nada con empezar a afirmar si en paralelo no tomas el control real de tus pensamientos negativos. Es fundamental ser consciente de tus pensamientos y escogerlos cuidadosamente. Cuando entiendes que tu manera de pensar provoca tu manera de sentir, comprendes que cada emoción y sentimiento te habla de tu mundo interno, de cuál es el nivel de tus pensamientos y también qué frecuencia vibracional conlleva (según la escala de Hawkins), y te será más fácil tomar conciencia y hacer los cambios. Pregúntate: ¿Ando muy ansiosa? ¿Me he sentido triste últimamente? ¿He estado desanimada? Seguro que si te detienes a analizar a qué tipo de pensamientos les has abierto la puerta de entrada en el último tiempo, te será más fácil hacer los cambios.

Ese control interno, del diálogo interno negativo y de no hacer la queja y la negatividad un hábito constante, es fundamental. Tu desconexión con el momento presente tiene mucho de eso, ya que el malestar ocurre de estar siempre esperando, de crear escenas terroríficas de cosas que no han pasado o de vivir en el recuerdo y la nostalgia de que el tiempo pasado era mejor. Cuando, si aún no lo sabes, **tu mejor momento es ahora, ya que hoy es cuando puedes hacer los cambios y disfrutar de las experiencias.**

No sacas nada con leer tus afirmaciones con ganas e intención si luego vas a estar vibrando en baja frecuencia, colmada de pensamientos negativos, criticando a tu vecino, a tu hijo, a tu pareja, quejándote de la economía, de la poca seguridad, etcétera... Debe haber consistencia entre tu sentir, pensar, hablar y actuar. Ser intachable y dar lo mejor de ti, siempre. Y sí, para eso se requiere esfuerzo y autocontrol. De eso se trata, de querer superarte cada día, de ser tu más auténtica versión y para eso salir de tu zona de confort no es una opción, es una prioridad, ya que solo de esta forma ocurrirán los cambios y el crecimiento.

Otro factor importante es la repetición. Tal como ya vimos, si lo que queremos es crear nuevas conexiones y patrones neuronales de pensamiento, no sirve de nada leer tus afirmaciones una vez a la semana. Recuerda: para que se haga el sendero sobre el pasto hay que pasar sobre él varias veces. Según el reconocido psicólogo Ronald Alexander, del Open Mind Training Institute, las afirmaciones pueden repetirse hasta tres o cinco veces al día para reforzar la creencia positiva. Además, sugiere que escribir las afirmaciones en un diario y practicarlas en voz alta frente a un espejo es un buen método para hacerlas más poderosas y efectivas.

Lo que haces todos los días importa más que
lo que haces de vez en cuando.

♥

Si quieres que tus afirmaciones funcionen, debes ser muy constante en la repetición y convertirlas en un hábito, para que se vuelvan parte de tu vida. Es como si las palabras cobrarán vida. ¿Has escuchado la frase **"fíngelo hasta lograrlo"**? Amy Cuddy, destacada psicóloga social, reinventó esta frase por "fíngelo hasta que llegues a serlo", y lo comprueba en su charla Ted *El poder del lenguaje no verbal*, donde confirma que tras cambiar una postura corporal que refleja inseguridad por posturas corporales poderosas —aunque no te sientas segura ni poderosa en lo absoluto— comienzas a cambiar la percepción que tienes de ti misma, ya que le estás dando la señal a tu cerebro de que "te sientes confiada, estás segura", cambiando la química de tu cuerpo —disminuye el cortisol y aumenta la testosterona, hormona de la asertividad y la resolución—. Con las afirmaciones ocurre lo mismo: **ipractícalas a diario hasta lograrlas!**

Vengo trabajando con las afirmaciones positivas hace ya varios años. Al principio, por el año 2019, las escribí en las notas de mi celular y las leía todas las noches en silencio, antes de dormir. Luego, al darme cuenta de que me hacían bien, ya que conciliaba mejor el sueño y me dormía con una visión más optimista de la vida, más en paz, empecé a leer la misma lista en la mañana, apenas me despertaba, pero en voz alta mientras me duchaba; es decir, las leía dos veces al día. Finalmente, decidí grabar en mi teléfono un audio leyendo todas mis afirmaciones. Ese audio lo conservo hasta hoy, lo hice en el verano del 2020 y ha sido la forma que más me ha gustado y mejores resultados me ha dado. No imaginan la intención que le daba a cada frase cuando me grababa, cada palabra la leía como si se tratara de mi realidad actual, como si ya tuviera los resultados, cuando la verdad es que muchas de las cosas que afirmaba estaban lejos de serlo. Sin ir más lejos, había sido diagnosticada con un carcinoma *in situ* en el cuello del útero, me sentía débil y con miedo. **Cuando despertaba y me miraba al espejo me sentía muchas veces cansada, que no tenía la energía suficiente para enfrentar el resto del día. No obstante, en mis afirmaciones agradecía mi salud perfecta y mi vitalidad incesante.** Te cuento esto para que entiendas que con tus afirmaciones puedes empezar a poner los "ladrillos de la casa que quieres construir", y no resignarte a construirla con "los que tienes ahora", porque no olvides: **tú siempre puedes elegir cómo quieres vivir y darle la vuelta a las circunstancias o a tu tragedia del momento.**

Sin mentirte, creo que estuve ese año completo escuchando el audio todos los días por las mañanas, al punto que ya me lo sé de memoria y deben ser no menos de 50 afirmaciones positivas. Con el paso del tiempo, fue maravilloso ver cómo muchas de las cosas que afirmaba efectivamente sucedían. No es magia. Por supuesto que las afirmaciones ayudaron, pero las complementé con un trabajo personal importante y mucho control interior. De hecho, hoy, ante una situación negativa o que considere injusta, de inmediato activo mis afirmaciones positivas, para darle vuelta a todo lo negativo que conlleva permanecer en esa emoción y me digo a mí misma, por ejemplo, "sé que al igual que otras veces resolveré con éxito esta situación", o cuando siento algo de miedo en una situación puntual, afirmo "estoy divinamente protegida y guiada, mis ángeles están siempre conmigo". Mis afirmaciones me brindan mucha paz, energía interior y me permiten sentirme conectada a mi propia sabiduría y a Dios.

Aquí te dejo un pequeño extracto de mis afirmaciones para que puedas hacerte una idea:

» "Hoy es otro precioso día sobre la Tierra y voy a vivirlo con alegría.

» Gracias por poder vivirlo, estar aquí presente. Agradezco mis piernas, brazos, manos y pies, que me llevan y movilizan de un lugar a otro. A mi útero, que dio vida a mis hijos, mis pulmones, corazón y cada parte y órgano de mi cuerpo que me mantiene viva y me permiten ser y existir en este mundo.

» Tengo el control total sobre mis pensamientos y emociones. Yo mando sobre mí.

» Estoy sana en cuerpo, mente y alma. Soy fuerte, saludable, vital y cada célula de mi cuerpo vibra de manera sana y positiva. Niego cualquier tipo de enfermedad, ya que en mi cuerpo todo es luz y armonía.

» Por las mañanas, cada vez que me miro al espejo, siento una fuerza interior que me llena. Veo que en mis ojos arde un fuego increíble que me llena de fuerza. Soy imparable.

» Me encanta lo que veo.

» Amo y soy amada. A donde quiera que vaya prospero.

» Tengo energía de sobra para hacer todo lo que quiero. Soy poderosa e invencible.

» Soy auténtica. Soy una antena de abundancia y desprendo un halo maravilloso y magnético allá donde voy. Atraigo a gente alineada con mi sueño.

» Mis afirmaciones funcionan de manera inevitable, las crea o no.

» Tengo una confianza increíble. Creo en mí, sé que puedo.

» Cada cosa que hago, la hago para ser una mejor persona. Impacto positivamente en la vida de los demás.

- » Tengo una familia hermosa. Un matrimonio sólido con mucho amor y unos hijos sanos que son fruto de ello. Me encanta mi vida familiar.
- » No tengo tiempo para perder en rencores, chismes ni resentimientos. Tengo amistades sólidas que me quieren mucho y yo también a ellas. En esta vida no hay nada que conseguir, solo cosas que DAR. Agradezco a Dios por poner gente tan linda en mi camino. Soy feliz.
- » Me siento plena dando lo mejor de mí. Me gusta saber que cada día es una oportunidad para dar siempre lo mejor a los demás.
- » Expreso amor allá donde voy.
- » Me rodeo de gente buena y cariñosa.
- » Permito que la prosperidad entre en mi vida en un nivel en el cual nunca entró. Merezco lo mejor y estoy dispuesta a recibirlo y aceptarlo. Estoy abierta a la prosperidad de pensamientos. Soy un imán de ideas buenas y fructíferas. Soy abundante.
- » Controlo mi propia realidad y creo mi propia felicidad.
- » Tengo el poder de quien me creó, y expreso para mí misma la grandeza que soy. Soy una expresión de la vida, divina y magnífica, y estoy abierta y receptiva a todo lo bueno.
- » Sé que puedo con todo. Sé que todo saldrá bien. Tener la vida que quiero es algo sencillo, es algo que simplemente sucede.
- » Todo lo que necesito viene a mí en el momento y lugar oportunos.
- » Estoy alineada con mi propósito de vida. Y desde ese entonces todo se ha vuelto mágico y maravilloso en mi vida.
- » Esta es mi vida, esta es mi hora. ¡Ahora!
- » Siempre estoy a salvo y bajo protección divina.
- » Gracias, Dios, ángeles protectores, ancestros y amado Universo.

Si aún no lo has hecho, quiero que hoy te animes a experimentar y crear tus propias afirmaciones. Es una tarea simple, fácil y lo mejor de todo es que es gratis, así que aprovecha la oportunidad de trabajar con ellas. No tienes nada que perder, al contrario, el solo hecho de pensar en ellas y escribirlas será muy constructivo e inspirador. **Pero no olvides, no creas nada de lo que te digo, solo quiero que lo practiques para que sea tu verdad, no la mía.**

Nuestras vidas se forman a partir de nuestras creencias y pensamientos. **Tú puedes tomar el control de tus propios pensamientos y de tus palabras para crear la vida que realmente quieres vivir.** Te aseguro que si lo haces con intención constancia —cuidando también tus creencias, pensamientos y actuar— verás magníficos resultados.

Pero antes de que empieces a trabajar en tu propia lista es importante que tengas en cuenta **cinco principios clave** para que tus afirmaciones sean efectivas.

1
Tus afirmaciones deben ser en primera persona

Aquí la frase "Yo soy" es sumamente poderosa. Desde una perspectiva espiritual, se habla de que todo lo que venga después del "Yo soy" tiene un inmenso poder para definir y crear tu realidad, ya que es la presencia de lo divino, de Dios o como tú quieras llamarlo; en ti y así como tú te describes, es lo que creas. Tener ese soporte espiritual es muy potente. Si quieres indagar más, las enseñanzas del maestro Saint Germain se refieren a ello con mucha precisión en sus textos y audiolibros.

Lo importante aquí es que uses el "Yo soy" a tu favor porque todo lo que precede esta frase tiene un potente poder creador

♥

Algunos ejemplos:
» "Yo soy merecedora de todo el amor infinito"
» "Yo soy salud, y cada célula de mi cuerpo vibra en perfecta armonía"
» "Yo soy próspera y atraigo todo lo bueno a mi vida"
» "Yo soy un imán de abundancia"

2
Haz tus afirmaciones siempre en positivo o afirmativo

Si lo que no quieres en tu vida es pobreza, que falte el trabajo o que no te enfermes, presta mucha atención a cómo lo afirmas. Si dices "Yo no me quiero enfermar", "Yo no quiero pobreza" o "Quiero bajar de peso", detrás de cada uno de esos enunciados hay cosas que no queremos o que nos llevan al estado actual donde no estamos a gusto. Para que tu afirmación funcione debe ser positiva, es decir, el enunciado en sí debe llevarte al resultado deseado, por lo tanto, reemplaza el "no me quiero enfermar", por "tengo una salud espectacular". Dicen que el universo no responde al "no", pero sí a la positividad, por esto, piensa bien cómo las enuncias.

Algunos ejemplos:
» "Yo no quiero reprobar mi examen" por "Apruebo con éxito mi examen"

» "Quiero encontrar una pareja que me ame" por "Tengo una pareja que me ama profundamente"

» "Yo pierdo cinco kilos" por "Tengo un peso saludable que me hace sentir muy bien"

En cada afirmación no solo el enunciado está en positivo, sino que se está dando por hecho que ya ocurrió. Es como terminar una oración diciendo "Gracias por el favor concedido".

"Camina como si lo fueras, habla como si lo fueras, actúa como si lo fueras. El Universo escuchará esas señales que estás mandando con todo el cuerpo, con toda la mente y la actitud, y te enviará lo que necesitas. Sueña, piensa, decreta y materializa. El universo te acompañará".

ANÓNIMO

3
Haz tus afirmaciones siempre en el momento presente

Si haces tus afirmaciones en el tiempo futuro, allá se quedarán. Para afirmar debe ser en el presente, recuerda que "estás agradeciendo algo que ya ocurrió". Mucho cuidado con expresiones como "tendré", "ganaré" o "lograré", ya que te llevan a futuras situaciones. Si, por ejemplo, tu objetivo es tener un mejor trabajo, no vayas a afirmar "Encontraré un trabajo que me encante" y reemplaza ese verbo por el momento presente: "Encuentro un trabajo que me encanta y satisface todas mis necesidades". Las afirmaciones siempre deben hacerse en tiempo presente. Si las haces en el futuro ahí se quedan, fuera de tu alcance.

4
Haz tus afirmaciones con palabras que para ti tengan sentido

No sacas nada con recitar afirmaciones de otras personas, de cosas que no crees, que no tienen sentido o con palabras que no resuenan para ti. Es superimportante que creas en tus afirmaciones y que cada enunciado tenga total sentido. Sé selectiva en cada palabra. Si, por ejemplo, la palabra "dinero" para ti tiene una connotación negativa —ojo con la creencia limitante que hay ahí—, puedes reemplazarla por una palabra que te genere emociones positivas; quizás es abundancia, ingresos, etcétera. De ahí que las afirmaciones sean muy personales. Uno se puede inspirar en otros relatos, pero finalmente tú eres la única que sabe qué necesita y qué palabras te conectan con la emoción.

Haz tus afirmaciones de la manera más concreta posible

Usa frases cortas y sencillas, sé específica y anda al grano. Si lo que quieres es conseguir un nuevo trabajo, detalla cuál es ese trabajo, dónde es, qué posición tienes. Y si no tienes claro qué trabajo es, pero sí que quieres un cambio, agradécelo: "Tengo un trabajo que me encanta y lo disfruto plenamente". Dicen que el universo no responde a oraciones muy largas y complejas, por lo que sé concisa en tu afirmación y no te des cien vueltas para decir algo que puedes resumir en una frase.

Veamos este ejemplo:

Afirmación inicial: "Dado que soy una mujer trabajadora, fuerte, ya que he superado adversidades y me lo merezco, tengo una casa que me encanta porque es grande, le llega el sol en las mañanas y es barata".

Reemplazo: "Tengo una casa luminosa, que me encanta y que puedo pagar fácilmente".

Ejercicio 1: Creando mis afirmaciones positivas

Lo primero es identificar en qué áreas de tu vida quieres mejorar. Puede ser una o muchas. Tú decides. Lo importante es que cada área debe tener su afirmación positiva. Respecto del mismo tema puede ser solo una o varias. Por ejemplo, si lo que quieres es encontrar una pareja y enamorarte, puedes crear la afirmación "Tengo una pareja de la cual estoy profundamente enamorada", o bien, varias afirmaciones respecto de lo mismo, "Amo a mi pareja", "Estoy enamorada y feliz con mi pareja", "Me encanta mi vida en pareja". Finalmente, quien tendrá que leerlas eres tú, así que ve qué tiene más sentido para ti.

Identifica qué áreas de tu vida son importantes y merecen que trabajes con afirmaciones positivas (salud, relación de pareja, autoestima, dinero, hijos, maternidad, sexualidad, hogar, carrera, peso corporal, contribución, trabajo, proyectos, etc.)

....

....

....

....

....

A partir de ese levantamiento, empieza a crear tus afirmaciones positivas por cada área importante. Recuerda hacer los enunciados en primera persona (si en algunas puedes agregar la frase "Yo soy", aún más poderosa tu afirmación, en positivo, en presente, con palabras que te hagan sentido y específicas).

Área: ....
Afirmación 1: ....
Afirmación 2: ....

Área: ....
Afirmación 1: ....
Afirmación 2: ....

Área: ....
Afirmación 1: ....
Afirmación 2: ....

Área: ....
Afirmación 1: ....
Afirmación 2: ....

Área: ....
Afirmación 1: ....
Afirmación 2: ....

Área: ....
Afirmación 1: ....
Afirmación 2: ....

Área: ....
Afirmación 1: ....
Afirmación 2: ....

Finalmente, un buen consejo para que no dejes tus afirmaciones positivas a merced del tiempo que tengas cada día o de acordarte de ellas, es que las anexes a algo que hagas a diario para que así se vuelvan un hábito. Por ejemplo, puede ser leerlas en la ducha de la mañana, en el camino a tu trabajo en el auto o bus, antes de apagar la luz de tu velador a la hora de dormir... Así sabrás que cada vez que hagas esa acción es el momento de poner en práctica tus afirmaciones y tras la repetición constante las tendrás incorporadas en tu rutina. ¿Te apuesto que no te vas a dormir en la noche sin antes lavar tus dientes? Es exactamente lo mismo.

¡Te felicito por dar este gran paso hacia todo el amor, el éxito, la salud y la felicidad que te mereces!

Tomar acción
★

Llevamos un maravilloso recorrido juntas y quiero felicitarte de todo corazón por estar aquí. Ya estamos en la recta final, y por esto te invito a mirar algunas páginas atrás, vuelve a leer tus respuestas en los ejercicios y sorpréndete del gran compromiso que has demostrado contigo misma; ¡hasta firmaste uno en las primeras páginas! Date cuenta de cuánto has interiorizado y reconócete los méritos. Mientras leías este libro y, de paso, trabajabas en ti, otras personas estaban viendo una serie en Netflix, revisando el *feed* de Instagram o quizás durmiendo, que no quiero decir que esté mal, pero quiero que logres reconocer que escogiste un camino distinto, un camino que te lleva a mirar hacia dentro, que es la ruta más apasionante de la vida. Tomar la decisión de agarrar este libro y preferir la ruta del crecimiento, el autoconocimiento y la transformación requiere no solo valentía, sino sobre todo amor propio, y me encanta saber que estás amándote, priorizándote, queriéndote.

Muchas veces, cuando se acerca la etapa final de un proceso, tarea o desafío, viene lo más difícil, que es llevar a cabo eso en que has venido trabajando, que se manifieste, poder verlo y experimentarlo. Es como correr esa maratón para la que has venido tanto tiempo preparándote. **Es tomar acción, es hacer que las cosas sucedan, recopilar todo el trabajo personal que has hecho y traducirlo en acciones concretas y reales;** nuevos hábitos, prácticas y rituales. Solo de esta forma podrás acercarte a tus sueños, a experimentar lo que quieres vivir, a permitir que ocurra la manifestación.

"Una idea sin ejecución es ilusión".
Robim Sharma

Sabemos que este camino no es lineal, que implica avances, retrocesos y también tropiezos. Que cambiar y dejar atrás antiguas creencias, patrones de pensamiento y hábitos es necesario si quieres ver resultados, de lo contrario, todo lo que has leído y aprendido quedará aquí, en estas páginas, quizás en tu mente, pero carecerán de la potencia que tiene la acción, el último paso en el proceso de creación.

Como ya vimos, el proceso de creación se inicia con el pensamiento, continúa con la palabra y luego viene la creación, último y tercer nivel. El final es la acción, son tus palabras en movimiento; eres tú manifestando, creando, siendo. Y destaco *siendo*, ya que es importante que amplíes tu perspectiva respecto de lo que es tomar acción, ya que no siempre se trata de incorporar nuevos hábitos o establecer nuevas rutinas según objetivos concretos que te has planteado para tener eso que anhelas, sino que ese actuar, **ese ejecutar, ese "hacer" para que sea sustentable en el tiempo debe nacer desde algo superior; desde el ser, sí, simplemente de permitirte ser.**

PARADIGMA SER–HACER–TENER

Hace años atrás, cuando me estaba certificando como life coach, aprendí uno de los principios universales básicos, el paradigma **ser-hacer-tener.** Lo quiero compartir contigo, ya que cambió en 180 grados mi manera de concebir la vida.

No cabe duda de que vivimos en una sociedad que ha sobrevalorado el tener. **Crecimos con la creencia de que cuanto más hagamos, más tendremos.** Y cuanto más y mejores bienes o cosas materiales acumulemos, más seremos valoradas como personas. Desde pequeñas seguramente nuestros padres nos decían: "Si tienes buenas notas (tener), podrás salir a jugar (hacer) y seguro eso te pondrá muy contenta (ser)", y, por tanto, comenzamos a asociar que necesitábamos tener ciertas cosas para hacer aquello que queríamos llegar a ser.

> *El punto es que esta creencia, ampliamente arraigada, te lleva a ver que "el ser" es un estado pasajero, algo que depende de otras cosas o acciones, cuando la verdad es que no hay nada más permanente y atemporal que "ser". Puedes perderlo todo, puedes no hacer nada, pero nunca dejarás de ser.*

Creemos que si tenemos más de una cosa —puede ser tiempo, dinero, amor, trabajo, estudios, etcétera— podremos hacer algo con eso y que finalmente esto que hacemos nos permitirá ser aquello que queremos, buscamos o deseamos ser o sentir. Puede parecer engorroso en palabras, pero pongámoslo con un ejemplo simple: "Si tengo más tiempo, podré hacer deporte y así estaré más delgada y seré feliz", "Cuando tenga dinero, haré el curso que tanto quiero y me sentiré más segura", "Cuando tenga un nuevo trabajo, podré tomar vacaciones y recién ahí me relajaré".

Como puedes ver, pueden ser numerosos los ejemplos del ser-hacer-tener. Lamentablemente, cuando revertimos este paradigma olvidamos algo crucial e importante: que tener no produce ser, sino que todo lo contrario, te aleja de él.

♥

¿Por qué esta idea parece tan difícil de aplicar? ¿Por qué puede parecer tan linda y lógica en la teoría, pero tan difícil de llevar a cabo en el día a día? Me imagino que la gran mayoría de las personas, me incluyo, en alguna etapa de la vida hemos vivido con el paradigma invertido. ¿Qué ha pasado en nosotras y en nuestra sociedad que no nos damos cuenta de que hemos estado actuando de la manera inversa? La respuesta es simple: Porque esta creencia está directamente relacionada con nuestro instinto primario de supervivencia, ya que no cabe duda de que un "mejor tener" nos asegura mejores posibilidades de sobrevivir; mejor comida, mejor refugio o vivienda, más comodidades, mejores acceso a salud, educación, etcétera.

Es importante que comprendas que esta creencia está errada. En un minuto puede haber sido ser muy útil, te permitió tal vez tener una carrera, trabajo, obtener grandes logros, quizás la casa propia o un buen nivel de ahorros, pero con el paso del tiempo deja de ser sostenible o no te satisface por completo. Es como ver a una persona rodeada de bienes y lujos, viajes y experiencias exquisitas, aparentemente en constante compañía, pero que se siente muy sola, alguien que pareciera tenerlo todo, pero que siente un profundo vacío, ya que no hay objeto material ni experiencia placentera momentánea que le puedan entregar sentido a su existir. **Esto ocurre porque el "ser" está asociado a tener o a hacer cosas y de esta forma siempre eso que buscas ser será algo pasajero, efímero, momentáneo, es un estado poco sostenible en el tiempo.**

Si crees que necesitas un masaje para estar más relajada, efectivamente te puede ayudar en el momento y va a ser una experiencia exquisita, pero te aseguro que al cabo de un par de días nuevamente necesitarás tener o hacer otra cosa para volver a sentirte así.

¿Por qué no podemos mantener aquello que queremos ser? ¿Por qué pasa esto? Porque al funcionar de esta manera lo hacemos a la inversa del proceso creativo del universo —y la vida es muy sabia, ya que el no lograrlo es la prueba evidente de que estás actuando en contra de las leyes universales, de que por ahí no es el camino—. **La fórmula correcta que te llevará a experimentar aquello que realmente quieres comienza al revés: ser-hacer-tener;** es decir, **comienza siendo aquello que quieres ser,** que quieres experimentar, sé tú la fuente de eso que anhelas y, como consecuencia natural, **actuarás en base a aquello que te has propuesto ser y finalmente tendrás eso que buscas. El tener empieza por el ser.** Ese es el orden correcto, eso es ir en sintonía con cómo funciona la vida, ya que siempre eres por el solo hecho de existir, de hecho, nunca puedes dejar de ser.

Te puedes estar preguntando: ¿Cómo puedo ser segura si no me siento segura? ¿Cómo puedo ser próspera si no me alcanza para llegar a fin de mes? O, ¿cómo puedo ser algo que no tengo o no siento? Utilizando el poder de la intención, de tu pensamiento, de tu libre albedrío, tu voluntad y tus palabras: de decidir ser aquello que quieres ser. Es decir, utiliza todos los recursos que te han sido dados por el solo hecho de nacer y estar en este mundo; eres creadora, visualízate siendo eso que anhelas, experiméntalo a través de hacerlo o darlo a otros, y utiliza tus afirmaciones positivas aprovechando el poderoso "Yo soy".

> *"Las palabras 'YO SOY', sean sentidas, pensadas o habladas, descargan el poder de crear instantáneamente".*
> MAESTRO SAINT GERMAIN

De esta forma, comienzas siendo; siendo amor, siendo respeto, siendo confianza, siendo abundante, siendo exitosa, por medio de tu voluntad, intención, pensamiento, palabras y afirmaciones, para que se "active el maravilloso mecanismo de creación de la vida" y trabajas con la fuerza creativa del universo, en sintonía con los principios universales. Da igual si no lo sientes, da igual si no lo eres en este preciso instante, porque siempre **tú tienes el poder de ser quien quieres llegar a ser.** No necesitas tener nada para ser, no necesitas un título, una cuenta corriente repleta de dinero o tener tiempo libre a disposición, ya que **el ser es independiente del tener.** Convéncete de eso. Nos han venido contando la historia de la manera opuesta.

¿Cómo ser aquello que quiero ser? Comienza afirmándolo, con convicción, y luego actúa como si ya lo tuvieras. Si lo que quieres es amor, entonces que todo tu actuar y relaciones con los demás operen desde ese centro, desde ser eso que anhelas, ser amor. Pregúntate: ¿Cómo actuaría si fuera amor? ¿Cómo procedería desde ese nivel de ser? ¿Qué sentiría al hacerlo de esa manera? Así vas a actuar desde este nuevo paradigma, haciendo las cosas de una manera distinta, que puede implicar acciones como cambiar tus creencias, romper viejos hábitos o relaciones, reforzar tu amor propio, trabajar con tus afirmaciones positivas día y noche. Te puedo asegurar que con el paso del tiempo te permitirá tener eso que anhelas. Estarás fluyendo con la vida. Serás amor. Eso va más allá de tu escenario actual. Tú siempre puedes decidir ser eso que quieres ser.

"La abundancia no se toma, se sintoniza".
WAYNE DYER

Sé que aquí no hay pruebas, no hay estudios ni investigaciones, pero son muchos los autores que se refieren a este cambio de paradigma que conlleva un despertar espiritual. Acogerlo de primera no es fácil, requiere mucha apertura y conciencia. En un comienzo a mí me costó interiorizarlo, ya que la creencia limitante de que primero había que tener estaba muy arraigada en mí. Hasta que decidí experimentarlo, hacerlo mi verdad.

Y puedo decirte que cambió mi forma de ver y vivir la vida desde el más completo sentido y trascendencia, dejé atrás el ego, me abrí al campo de vibrar en la frecuencia de aquello que quería sentir y empecé a sentir eso que realmente quería ser. No teniendo, sino siendo.

Recuerdo que la sensación de no tener tiempo suficiente era una constante en mí hasta el bendito episodio de la trombosis, que me abrió los ojos. Siempre decía, "me encantaría, pero no tengo tiempo" o "cuando tenga tiempo haré esto o aquello". Era la piedra de tope de muchas cosas y desde ese estado de carencia, de "no tengo tiempo", siempre me sentía insatisfecha, limitada, presionada. Hasta que decidí utilizar el paradigma a mi favor. Y si bien en un comienzo eso que quería ser no lo sentía, mis ganas de serlo y sentirlo eran más fuertes.

Comencé a afirmar todos los días "Yo soy capaz de manejar el tiempo a mi favor", "Tengo tiempo de sobra para hacer todo lo que quiero", "Siempre hay tiempo para todo" y, en consecuencia, empecé a actuar como solo las personas que tienen tiempo actúan y esto me hacía sentir que yo también lo tenía; organizaba bien mi agenda en términos de prioridades, aprendí a decir que no, dejé de ir a eventos sociales que no me llenaban, fui más selectiva y comencé a rodearme con gente con la que yo quería estar y no por compromiso. En definitiva, me enfoqué en darle espacio a lo que yo consideraba importante. Sin notarlo, me empecé a dar cuenta de que sí tenía tiempo libre y que dependía solo de mí tenerlo. Comencé siendo, luego actuando desde ahí, para finalmente experimentarlo.

Los estados mentales y espirituales siempre se reproducen a sí mismos en la realidad exterior. **Tus acciones siempre demuestran el estado de tu ser.** Lo que es adentro, es afuera. "La persona sana habla de su salud y bienestar, mientras que la enferma de su enfermedad". Es decir, todo se expande en la experiencia. Actúa como si ya lo tuvieras. Siéntelo, vívelo, con los cinco sentidos y con tu alma. El tener es el resultado del ser, no al revés. De esta manera lo atraerás de manera inevitable a tu vida.

"Primero eres un tipo de persona, después empiezas a vivir y a hacer cada pequeña acción de tu vida desde esa esencia y la consecuencia de esto será que el resultado terminará por aparecer".
SERGIO FERNÁNDEZ

Todo el trabajo previo que has hecho en relación con tu autoconocimiento, para poder responder desde el corazón a la pregunta ¿quién soy?, conectarte con tu propósito de vida o ¿para qué estoy aquí?, aceptarte con tu luz y sombra, y **amarte incondicionalmente** es lo que te permitirá vivir este paradigma desde tu más absoluta autenticidad. **Sabrás que eso es lo que realmente quieres ser porque ya no escucharás a tu ego, escucharás a tu corazón.** Pregúntate: ¿Qué decido ser? ¿Qué quiero ser? Y **actúa en función de eso. Sé tú la fuente de aquello que quieres en tu vida.**

Y, por favor, no olvides lo que he dicho más de una vez: No me tienes que creer ni "comprar" nada, sino que te lo cuento porque quiero que sea tu verdad, no la mía. Ábrete al cambio, empieza desde hoy a crear tus propias circunstancias, permite que tu vida se vuelva poderosa, comienza a crearte a ti misma, a crear la vida que siempre has querido, porque te elegiste a ti, porque elegiste ser, **porque quererte es tu superpoder.**

EL CAMBIO PERSONAL

Incorporar nuevas perspectivas implica abrirse a recibir nuevas ideas, a aceptarlas y a tener la disposición de querer abrazar el cambio. Es imposible obtener resultados distintos si sigues aferrada a tus viejos hábitos, antiguas formas de pensar, estados emocionales nocivos y creencias limitantes. Todos ellos te llevarán a los mismos resultados que has experimentado hasta ahora. Si estás conforme con cómo va actualmente tu vida, por supuesto que debes cultivarlos y mantenerlos, pero si hay áreas donde quieres abrirte a una nueva perspectiva, tendrás que cambiar, eso es un hecho.

Durante todo este transitar juntas seguramente has ampliado tu perspectiva y conciencia en muchos temas, y tal vez esa haya sido la motivación necesaria para generar el cambio, pero quizás te estás preguntando:

¿Por qué es tan difícil el cambio personal, a pesar de estar motivada?
¿Por qué es tan difícil implementar los cambios a pesar de que tengo ganas y me entusiasman los resultados?

♥

Desde la neurobiología, te cuesta porque tu cerebro ya está acostumbrado a que seas esa mujer que hoy eres. Has operado casi toda tu vida bajo el mismo proceso de pensamiento, creencias, actitudes que han creado las rutas neuronales que te hacen liberar las mismas hormonas de siempre, y reaccionar y actuar tal como lo has hecho desde hace mucho tiempo. Tu cerebro convierte estos patrones en tu "zona segura", que interpretas erróneamente como "tu modo de ser". Pero esto se trata de un "yo condicionado", no es tu "verdadero yo", porque operas bajo una especie de "programación" automática que ni te la cuestionas, lo que te lleva a la creencia de que cambiar es prácticamente inalcanzable.

Tu cerebro no quiere que cambies. Suena terrible, pero es la verdad. Cambiar consume mucha energía y tu cerebro ya necesita bastante para funcionar, por lo que siempre cuestionará cualquier cosa que necesite tanta energía extra. Y se resistirá sobremanera a lo nuevo, ya que quiere mantener la homeostasis, el equilibrio, asegurar tu supervivencia. Como especie, **estamos biológicamente predispuestos para no querer cambiar.** En nuestro sistema nervioso central, más específicamente, en el tronco cerebral, se almacenan las conductas que hemos aprendido, y una de sus características es que tiene neofobia, es decir, miedo a lo nuevo, por tanto, al cambio. Es lo que nos ayudó a subsistir como especie por más de tres millones de años de evolución, pero hoy me atrevo a confesar que es más riesgoso no cambiar que cambiar, es seguir así como estás, tan cómoda (pero tan incómoda) en tu zona de confort. Es la aparente y triste "comodidad" que te lleva al estancamiento.

En cambio, si lo que quieres es cambiar, debes tener en cuenta que **la motivación no será suficiente, requiere esfuerzo, requiere dedicación, pero sobre todo fuerza de voluntad.**

Todo el mundo habla de motivación; constantemente vemos títulos como "Cinco pasos para estar más motivada" o "El arte de la motivación", pero creo que está muy sobrevalorada. Se da a entender que si estás motivada lo vas a conseguir todo, como si fuera la "llave maestra" y, por el contrario, si no haces algo se desprende que no estás lo suficientemente motivada para hacerlo, es decir se atribuye a tu falta de ganas. Cuando la verdad es que sí puedes estarlo; puedes estar muy motivada a escribir en tu diario de gratitud, puedes estar muy motivada a inscribirte en un gimnasio o a reducir el consumo de azúcar, pero a pesar de eso no lo logras. Es importante que entiendas que **lo que falta aquí no es la motivación, sino la fuerza de voluntad,** ya que la motivación sin determinación, constancia y entrenamiento se queda solo en eso; en ganas, es como inscribirte en la carrera, reservar y pagar tu cupo, pero no animarte a correr.

La motivación es bastante inestable, ya que depende de muchos factores, entre ellos tu estado emocional. En cambio, la voluntad es bastante más estable porque no está influenciada por tus emociones, sino que es una decisión consciente que dependerá ciento por ciento de ti misma, implica perseverancia y es más duradera. Si crees que la motivación lo es todo, lo más probable es que abandones el objetivo, en cambio, cuando entrenas tu fuerza de voluntad tendremos muchas más probabilidades de conseguirlo.

No vayas a desprender de esto que la motivación es mala, por supuesto que no. Es ella la que te ayudará a "romper la inercia", a querer crear las nuevas rutas neuronales, pero lo que hará que estas rutas se establezcan y queden plasmadas en tu cerebro, y por tanto, se conviertan en un hábito, no será la motivación, sino la fuerza de voluntad. Ambas deben ir de la mano. Una te da el impulso y la otra te permite el progreso. La fuerza de voluntad implica un compromiso real de querer cambiar los hábitos; constancia, disciplina y esfuerzo. Por supuesto, para tu cerebro esto puede verse como un gran gasto de energía, incluso como algo displacentero, ya que también **tu actuar muchas veces no promueve ni facilita la creación del nuevo hábito.** Si nos quejamos de lo que estamos haciendo y de los cambios que queremos implementar, diciendo constantemente: "¡Ay, qué difícil es esto! ¡Me carga levantarme antes por las mañanas!, ¡Qué lamentable no comer postre!, ¡No soporto ir al gimnasio", por mencionar algunos ejemplos, y para peor, tampoco reconocemos y nos recompensamos por nuestros avances ya que estamos solo enfocadas en los resultados —erróneamente creemos que ahí se da el éxito, y no en el proceso—, no asociamos este nuevo hábito como una actividad placentera, "que nos hace bien" y que nos brinda felicidad. Así, tampoco se activará nuestro sistema de recompensa que nos lleva a repetir esa conducta que entiende como algo agradable y que te causa bienestar. Esto también es una parte primitiva de nuestro cerebro asociada a la supervivencia, que nos lleva a replicar aquello que nos ha causado placer. Lo que se recompensa, se repite. Y esto es lo que aquí necesitamos, frecuencia y constancia.

No debemos enfrentar el cambio, lo nuevo o desconocido como una amenaza, ya que el miedo paraliza, induce al estancamiento. Por el contrario, cuando asociamos el cambio con emociones positivas y entusiasmo, es mucho más probable que se lleve a cabo.
El miedo te lleva a la inactividad. El entusiasmo te lleva a la acción.

♥

Por lo tanto, el mensaje es: **¡Deja de quejarte por tus cambios! Por el contrario, agradece. Apoya a tu cerebro en el cambio.** Haz que estos nuevos hábitos se asocien al bienestar, a algo atractivo, al placer, a la maravillosa sensación de estar construyendo y conduciendo tu vida hacia donde tú quieres, a acercarte a tus sueños, a tu transformación personal, a tu despertar espiritual, a tu SER. Motívalo con estas emociones positivas, deja que se libere la dopamina. Dale imágenes claras, con sensaciones y emociones de aquello que quieres sentir, utiliza tus afirmaciones positivas y visualiza. Sé que se siente maravilloso vivir en tu autenticidad y plenitud. Míralo, siéntelo, vívelo, nota cómo esto impactaría en tu felicidad, en tu autoestima, en tus relaciones personales, en la relación contigo misma, en tu trabajo. Te aseguro que los beneficios son mayores que el esfuerzo.

"Si quieres algo nuevo, tienes que dejar atrás lo viejo" o, como me encanta decirlo, **¿cómo quieres que entre lo nuevo a tu vida si tienes todo tan lleno con lo antiguo que no le estás dando espacio a lo nuevo?** Esto requiere actuar con disciplina y fuerza de voluntad y, además, de manera consciente, dejar de asociar la incorporación de nuevas conductas como algo tedioso o mortificante.

Si, por el contrario, aún crees que el dolor es lo que te movilizará más al cambio, entonces hazte la pregunta en el sentido inverso: **¿Si no llevo a cabo estos cambios, qué pierdo? ¿De qué me alejo de mi vida por no instaurarlos?** Sin duda te alejarán de poder vivir en tu plenitud y poder expresar para ti misma y el mundo tu más auténtica versión. Tú eres la responsable de identificar qué factores te motivan y de implementar los cambios a través de tu fuerza de voluntad. Sé que la tienes, de hecho, por el solo hecho de estar aquí la tienes de sobra, y ya llegó el momento de que tú misma lo compruebes.

Sé que lo harás y ¿sabes por qué lo sé? Porque sé que te quieres, y mucho.

CREANDO HÁBITOS

Para que tu fuerza de voluntad se exprese y puedas manifestarla, es necesario empezar a crear hábitos, nuevos rituales, nuevas formas de proceder y actuar que irán moldeando y creando tu nueva realidad, para dejar atrás el antiguo "yo condicionado" y para dar paso a tu "yo auténtico". Estás en un maravilloso proceso de transformación e implementar nuevas "pequeñas acciones" te hará sentir que cada día te estás acercando más y más a la vida que quieres experimentar. A tu ser. Esto es avanzar, es hacerlo real.

Se dice que como inicies tu día determinará cómo irá el resto de él. Por tanto, tus rutinas de la mañana y cómo vives tus primeras horas al despertar son importantes para establecer la tónica de tu día. Te aseguro que si comienzas las mañanas viendo las noticias o los matinales, será muy distinto a que si lo haces escuchando música que te alegre y que sientes que te hace elevar tu vibración. Esas pequeñas decisiones conllevan grandes cambios.

Hoy te quiero invitar a que comiences a hacer de tu mañana una rutina que te cause bienestar. **Excusas siempre habrán**; "es que no tengo tiempo", "es que tengo que salir muy temprano", "es que soy mala para levantarme temprano", "es que tengo que vestir a los niños", "es que...". Pueden existir cientos de "es que", yo también los tengo, pero uno puede adaptar su rutina a una forma en la que no tengas que renunciar a aquello que quieres experimentar. Para algunas funciona levantarse un poco más temprano en las mañanas, el auto o el bus camino al trabajo, o después de dejar a los niños en el colegio se ha transformado en una instancia maravillosa de soledad y conexión, la ducha de la mañana también puede convertirse en un ritual de agradecimiento, en fin, son muchas las opciones, simplemente se trata de querer buscarle el espacio y hacer que las cosas sucedan.

Durante varios años comencé mis mañanas escribiendo en mi diario de gratitud —ya vimos cómo agradecer al comienzo de este libro— y estableciendo la intención del día. Me preguntaba: ¿Qué quiero sentir y experimentar el día de hoy? ¿Es paz interior? ¿Es no andar corriendo? ¿Es ser eficiente y terminar eso que dejé a medio camino? Establecer la intención del día me permitía orientar mis acciones a que estas cosas pasaran, me daba enfoque y guía. Es como tener una guía del camino, ya que cómo vas a saber dónde ir y hacia dónde apuntar tus acciones y objetivos si no lo tienes claro.

Cuando no hay claridad de lo que quieres "eres como un barco sin timón que se mueve en la dirección del viento", es decir, cedes tu poder personal a las circunstancias, a lo del momento, a lo que los otros dicen que es importante, y tú solo respondes a estas demandas. Es una forma muy pasiva y poco protagonista de vivir la vida. Empieza a crear tus circunstancias, lo que puedes hacer perfectamente dentro de tu rutina y quehaceres diarios, estableciendo una intención para tus días.

Me encantan las preguntas: ¿Qué quiero ser hoy? ¿Quiero ser amor? ¿Quiero ser compasión? ¿Quiero ser poderosa?, No olvides que el ser es el que te llevará al hacer y finalmente al tener. Es un cambio de mentalidad que solo tú puedes adoptar. Nadie se puede meter en tu cabeza a decirte haz esto o lo otro. Tú estás al mando siempre.

Algo que también me ha funcionado muy bien a la hora de establecer hábitos ha sido especificar mis metas, es decir, qué quiero lograr no solo durante el día, sino también en la semana y el mes. Esto te permite ver qué tienes que hacer y qué dejar de hacer para lograrlo, te pone en el camino de lo que quieres incorporar en tu vida. Es una superbuena medida que te da una visión de futuro, te ordena la cabeza y te permite orientarte a la acción concreta para el logro de tus objetivos.

¿Por qué si sabemos que plantearse metas y objetivos es fundamental para orientarnos a la acción no lo hacemos o no le prestamos importancia? La respuesta es simple. Muchas de nosotras, de manera inconsciente, no lo hacemos para no experimentar sensación de fracaso o evitar la presión que conlleva tener objetivos por cumplir, ya que, como no hemos definido nada, no hay nada que evaluar ni medir y, entonces, nunca existe esa sensación de no lograr algo, ya que ¡no hemos establecido nada!

Planifica. Anda creando los hábitos necesarios para lograrlo y comprométete contigo y tu visión de vida. ¿En qué mujer te quieres convertir? No se trata de hacer grandes cambios, por el contrario, es hacerlo un poquito mejor que el día anterior, es empezar a tomar conciencia y dar pequeños pasos diarios que irán mejorando tu vida desde lo cotidiano. No necesitas cambiar de vida. No necesitas hacer grandes modificaciones, sino que, por medio de pasos sostenidos, "paso a paso y no poco a poco", de manera constante, crearás tus nuevos hábitos. Finalmente, **el éxito es el producto de la suma de los hábitos diarios, no de una transformación única.** ¿Se necesita disciplina? Sí y mucha, también constancia y dedicación.

Tenemos la mala creencia de que para incorporar un nuevo hábito debemos hacer cambios enormes y grandes sacrificios. Por eso, luego tu cerebro no te apoya, ya que lo asocia a algo doloroso, a sufrimiento. La clave para instaurar un nuevo hábito —que puede ser muy grande en sí, no hay problema con eso— es "desmenuzarlo" en microhábitos, sí, dividirlo en pequeñas partes o fracciones de tiempo para instaurarlo de manera gradual. Por ejemplo, si tu objetivo es correr 40 minutos tres veces a la semana, comienza corriendo 15 minutos, un día a la semana y luego, cuando ya se te "haga fácil", vas agregándole más tiempo y otros días. De esta forma te será no solo más fácil romper la inercia y llevarlo a cabo, sino que también tu cerebro lo verá como algo "más amistoso", ya que te sentirás muy bien por no desertar y cumplir tus objetivos. Al hacer estas pequeñas grandes cosas se empiezan a automatizar, y tu cerebro crea las redes neuronales para convertirlo en un hábito.

Cumplir tus metas y objetivos eleva tu autoestima enormemente y también te conecta con tu maravilloso poder personal. No olvides que:

Las pequeñas y constantes mejoras son las que crean los resultados, son las que cambian la evaluación e idea que tienes de tí misma, son las que te cambian el "sabor del día", las que te llevan al cambio.

♥

Es el cómo comienzas tus mañanas, cómo te hablas a ti misma, qué eliges ver, leer y escuchar, qué hablas, qué lugares frecuentas, con quiénes compartes tu energía y quién tiene acceso a ti. Saca de tu cabeza la creencia de que el cambio es sufrimiento y perfección. Sí, sé que no es fácil dejar atrás el "viejo yo", pero también sé que puedes. **Conéctate con que el cambio no es dolor, sino que es progreso que te acerca cada día más a la dirección en donde quieres estar,** y a vivir la vida que quieres y mereces vivir.

¿En serio quieres y estás dispuesta a renunciar a eso? ¿Acaso tus miedos son más poderosos que tus sueños? Eso es simplemente el miedo al fracaso. Así nos condicionaron desde pequeñas. Muchas veces preferíamos no jugar para no perder y esto lo traemos a nuestra vida adulta, profesional. Y así dejamos ir sueños y oportunidades. Pero **fallar no es equivocarse, fallar es no intentarlo.** Pregúntate hoy: ¿Qué hábitos quiero establecer?, ¿En qué frecuencia quiero vibrar en mi vida? ¿Qué quiero atraer y experimentar? ¿Cómo me quiero sentir? ¿Qué quiero SER?

Aprende a esforzarte más por ti misma que todo lo que te esfuerzas y la energía que pones en tu trabajo. En la medida en que tú te sientas y estés bien en tu interior, todo tu jardín exterior y lo que te rodea florecerá también. No pierdas el foco. Si tú no te conviertes en tu prioridad, nadie lo hará por ti.

Comienza a entrenarte para tener pensamientos positivos y practica tus afirmaciones a diario. Escucha y valida tus emociones. Cuida tus palabras. Habla y relaciónate con personas que te transmitan energía positiva y que sientas que te hagan bien. Retrocede a veces, para poder avanzar mejor. Evita la negatividad, la queja, el "hablar de otros". Esto no es "positividad tóxica", que está tan de moda, sino que es elegir vivir la vida con una actitud positiva y enriquecedora, haciéndote cargo. Presta mucha atención a lo que consumes en redes sociales, lee y prefiere libros que te aporten, escucha podcasts que te inspiren, apúntate a cursos, conferencias presenciales u online que contribuyan a tu crecimiento personal, establece tus objetivos sobre aquello que realmente quieres conseguir e identifica qué acciones concretas llevarás a cabo para conseguir los resultados que andas buscando; **pasa de la planificación a la acción. Llegó el momento en que todo lo que has aprendido hasta aquí ahora lo pongas a tu servicio.**

"El establecimiento de metas es el primer paso para convertir lo invisible en lo visible".
TONY ROBBINS

¡Manos a la obra!

En este último ejercicio quiero que te conectes con tus metas y objetivos para que los lleves a cabo. Al ser consciente de ellos podrás ponerte en acción y tener una ruta clara de hacia dónde quieres orientar tus recursos. No plantearte objetivos es un gran error, ya que te aleja de cumplir tus sueños, de tomar las riendas de tu felicidad. Es el primer paso correcto para orientar tu acción y que empieces a crear la vida que mereces vivir.

No tener objetivos es como tener un puñado de dardos en la mano, pero no saber hacia dónde lanzarlos. ¿De qué te sirve entonces tenerlos? Contar con el tablero de los dardos es clave, ya que te dará una guía, pero también saber específicamente a qué parte de él quieres apuntar. ¿Son 20 o 50 puntos los que quieres ganar? Definir tus objetivos te acerca a tus propósitos y a ser la arquitecta de cada arista de tu vida.

Muchas veces tendemos a decidir qué objetivos queremos lograr a partir de la pregunta ¿Qué es lo que quiero?, y si bien la respuesta te dará indicadores, estos se basan en la necesidad, es decir, es algo que no tienes y que crees que necesitas para ser feliz.

Esta no es la aproximación correcta. Te lleva nuevamente a ver el paradigma desde la manera inversa (tener-hacer-ser).

Hagámoslo distinto. Quiero que te conectes con tus objetivos desde otro lugar, desde la emoción, el entusiasmo, desde el sentir aquello que realmente quieres experimentar. Haz la pregunta de otra forma: **¿Qué es lo que deseo? O, ¿qué quiero sentir?** Ahí encontrarás las respuestas que te permitirán trazar objetivos claros.

A partir de lo recién expuesto. ¿Cuáles son las cinco cosas que deseo en mi vida?

1. ....

2. ....

3. ....

4. ....

5. ....

Cuando te enfocas en tu deseo, en lo que quieres sentir y experimentar, te conectas con lo positivo, con la emoción del cambio y la transformación, y se siente tan bien que buscarás todos los medios necesarios para hacerlo realidad.

Una vez identificados tus objetivos, es importante "aterrizarlos" para alcanzarlos. Este paso es la clave del éxito. Un objetivo ambiguo o mal definido tendrá un resultado ambiguo e impreciso. En cambio, un objetivo claro, específico, con criterios y medidas de éxito te permitirá evaluar tu progreso, avanzar con foco y conseguir resultados.

La técnica de objetivos **SMART**, de George T. Doran y Paul J. Meyer, es una de las más conocidas para asegurar el logro de lo establecido. Habla de que cada meta u objetivo debe cumplir cinco requisitos básicos, que componen el acrónimo SMART en inglés:

» **Specific (específico):** Especificar lo máximo posible el objetivo. ¿Qué quiero sentir? ¿Es libertad, es confianza, es independencia? ¿Qué harás para lograrlo? ¿Cómo lo voy a lograr? ¿Dónde lo voy a realizar? ¿Necesito a alguien más? ¿Qué obstáculos me puedo encontrar en el camino? ¿Con qué recursos cuento?

» **Mensurable (medible):** Es establecer criterios claros para evaluar el progreso. Debe ser medible. Preguntas como ¿Cuánto? O ¿Cómo sabré que lo he logrado? te orientarán en tus respuestas. Puede ser un porcentaje, una cantidad de días de la semana, un monto determinado, etcétera.

» **Achievable (alcanzable):** Se trata de plantear objetivos realizables, es decir, si tu objetivo es "alcanzar la paz mundial" puede que sea algo inalcanzable y utópico, debe ser algo que esté en tu rango de acción. Pregúntate: ¿Qué tan factible es lograr este objetivo?

» **Relevant (relevante):** Si tu objetivo apunta a un deseo que te movilice, te aseguro que será muy relevante para ti. Conéctate con eso, ya que ese deseo será el que te llevará a lograrlo. Es el para qué, no el por qué.

» **Timely (temporal):** Debe tener un límite de tiempo. Fijar una fecha límite te ayudará a concentrar tus esfuerzos para conseguir esa meta. Pregúntate: ¿Cuándo debería estar terminado? Y establece plazos reales y un marco de tiempo que te permitan llevarlo a cabo.

Ahora, aplica la metodología SMART en los cinco objetivos que recién estableciste:

Objetivo 1:...

S: ....

M:..

A: ....

R: ....

T: ....

Objetivo 2:...

S: ....

M:..

A: ....

R: ....

T: ....

Objetivo 3:...

S: ....

M:..

A: ....

R: ....

T: ....

Objetivo 4: ....

S: ....

M: ....

A: ....

R: ....

T: ....

Objetivo 5: ....

S: ....

M: ....

A: ....

R: ....

T: ....

Nunca dejes de soñar, ya que tus sueños le dan sentido e ilusión a tu vida. Nada se logra sin que antes se haya imaginado. Tienes el poder de crear a través de tus pensamientos, palabras y acciones. Solo recuerda ponerle fecha a ese sueño para que se convierta en una meta y especifícala tanto como puedas para que se transforme en un plan con acciones concretas que te permitan convertirlo en realidad.

¡Felicitaciones! Es maravilloso ver cómo das grandes pasos en la construcción de tu propia felicidad. Sé que estos objetivos son muy importantes para ti y que poder plasmarlos en el papel, ordenarlos, "desmenuzarlos" y verlos como un plan de acción son el puntapié para llevarlos a cabo.

Finalmente, te doy un consejo desde mi experiencia personal. Por favor, **sé flexible contigo misma.** Está bien ser productiva, siempre y cuando **no transes ni te desconectes de tu bienestar ni de tu plenitud personal.** Cuando eso pasa, te conviertes en la antítesis de la productividad, pasas a ser una máquina, te alejas del gozo, de la dicha. Te lo digo porque a mí me pasó, me convertí en esa máquina, en ese robot. Me obsesioné tanto con la productividad, con maximizar las horas del día, con rendir al máximo, con cumplir mis objetivos, con sacar adelante y aportar en todo —trabajo, hijos, casa, familia, clientas—, que me desconecté de vivir. Mientras más "efectiva" era con el resto, más dejé de serlo conmigo misma, me rigidicé, me perdí, hasta que la vida, con sus misteriosas y mágicas formas de poner las cosas en su lugar, me hizo replantearme al 100% la manera en la que estaba viviendo —por medio de la trombosis— y me permitió reconectar con mi propósito de vida y con todo lo necesario para mi evolución y crecimiento personal.

Ser disciplinada no es rigidez, tampoco es infelicidad ni sufrimiento, se trata de ser ordenada sobre la base de equilibrio, de priorizar tus actividades, de dejar espacio para el ocio, las amistades, el disfrute y la calma, pero también de trabajar con pasión y ganas en aquello que quieres conseguir. El mensaje: Quiero que cultives y maximices tu potencial de un modo sano y sostenible, ya que no hay otra forma correcta. **Sé que vas a encontrar tu propio balance** porque ya te conoces cada vez más y porque confías en la sabiduría divina que reside en ti, que te guía y protege siempre.

La mente y el ego te dicen haz más, no seas mediocre, no procrastines, pero tu cuerpo y tu alma te dicen haz menos, por favor, toma un descanso, escúchate, deja de correr, vuelve a apreciar. ¿Es necesario exigirte tanto para sentir que avanzas o tienes éxito? No. Definitivamente no. La abundancia se da en la vida de las maneras más simples, respetando su propio tiempo y proceso. La abundancia es tu estado natural, ya que siempre tienes el poder de crear tu realidad. Reconocerlo es el comienzo del cambio y también es elegirte, es quererte. Busca tu equilibrio. Si se pierde la dicha y el gozo, no es el camino correcto.

Reflexiones finales

Sé que hoy eres capaz de darte cuenta de que todo, absolutamente todo, pasa por ti, y el que puedas sentir y conectarte con esa responsabilidad de tu propia existencia y de tu inmenso poder creador es simplemente maravilloso. Desde ahí todo lo que viene es solo es apertura y crecimiento: tomar el compromiso y la decisión de elegir **transformarte en esa mujer que quieres realmente ser.** No hay límites, solo los que tú te has impuesto por tu biografía, por tus creencias, por tu historia de vida, por tu pasado y experiencias, pero hoy ya sabes que a pesar de ello siempre puedes elegir. Nada te condiciona.

Recuerda la importancia de validar todas tus emociones. Si huyes de tu propia experiencia y evitas el dolor, no solo no entrarás en contacto con la vida, sino que también gastarás tu energía y recursos en ello. Y lo que resistes, persiste. El amor permite trascender la evitación y, si optas por dejar fluir y aceptar, puedes entrar realmente en contacto la vida.

Recuerda que nada es casualidad. Confía en que existe una sincronía divina. Que cada persona que aparece en tu camino tiene una misión específica. No eres dueña de nada ni de nadie más que de tu propia existencia. Disfruta de la compañía de los demás el tiempo que tenga que ser. Hay personas que vienen a enseñarte y recordar quién eres, algunos vienen a mostrarte la grandeza que hay en ti y otros que se van cuando ya han cumplido su misión. Déjalos ir. Cuando amas sin necesitar, lo haces desde tu más plena libertad de elegir. Hacerlo es un enorme reflejo de amor propio, es reconocerte completa y suficiente. Agradece a cada persona y relación que has tenido en tu vida, porque todas han sido necesarias para tu crecimiento y evolución personal. Disfruta compartir. La vida se disfruta en compañía, pero **nunca dependas de nadie, no estás aquí para llenar vacíos, sino para ocupar espacios.**

Hay magia en ti. Siempre ha estado presente. Solo que mirando hacia afuera nunca la vas a poder develar. No pierdas el foco, ya llegó el momento de mirar dentro de ti y lo has hecho durante todo este transitar juntas. El camino interior es el más apasionante que puedes recorrer en la vida y desde ahí descubres que eres la fuente de todo lo que tanto anhelas. Tu propia magia es la que te permite entender que nada es casual, que la sincronicidad existe para llevarte a las situaciones y las personas que serán clave en el propósito de tu alma.

Confía en el proceso de la vida. Estás justo donde tienes que estar, en el instante y momento perfecto para hacer los cambios, decidir por ti misma y proponerte ser la mujer que realmente quieres llegar a ser. Tendemos a la mala costumbre de quedarnos pegadas en el pasado a través de la nostalgia de los recuerdos, "de aquellos tiempos mejores" o de vivir en el futuro, cargado de ansiedad, de los "debería", "tengo que" o "qué pasa si". Y como resultado nos olvidamos de confiar en saber que este preciso momento presente es perfecto para tu crecimiento y evolución. Estás exactamente donde necesitas estar **ahora.**

Tu mejor edad es ahora. No fue tu juventud de ayer, tampoco será tu sabiduría o experiencia del mañana. Para aceptarlo solo sé receptiva y contempla con mirada apreciativa todo lo que has construido, conseguido, la mujer en la cual te estás convirtiendo y en lo que aún te falta por crecer y avanzar. **Solo la aceptación y autoconocimiento que el amor propio te pueden entregar te permitirá lograrlo.** Acepta lo vivido, aprende de tus errores, da lo mejor de ti, agradece siempre y no olvides estar abierta y receptiva a toda la abundancia que la vida y el universo tienen para ti.

Recuerda que tener no produce ser. Todo parte del ser. Haz las cosas desde ese espacio de ser y luego te darás cuenta de que tendrás esas cosas que tanto anhelabas. Cuando lo haces de esta forma, trabajas con la fuerza creativa del Universo, no en su contra. Actúa, siempre es necesario tomar acción para hacer los cambios. Pero hazlo teniendo en mente cómo actuaría esa mujer que quieres ser. Da el ejemplo con cada acción. Compórtate como lo haría tu mejor versión. Haz desde el querer ser, no desde el tener. Sé el reflejo de lo que quieres ser.

Vuélvete responsable de tu vida. Solo tú decides cómo reaccionar ante cualquier situación, nada ni nadie más que tú decide qué pensar, qué sentir y cómo actuar. Tú no eres lo que te sucedió. Eres lo que elegiste ser. ¿Qué eliges ser? Las experiencias que has vivido pueden dejar huellas que te predisponen a actuar de determinada manera. No obstante, siempre puedes elegir cómo vas a seguir tu camino. **Eres libre** y, por lo tanto, siempre puedes elegir qué hacer con lo que te ha pasado.

Vives la vida que tú has creado. Tus pensamientos tienen la capacidad de construir tu realidad, tus experiencias. Si quieres seguir creyendo que la vida es "un pañuelo de lágrimas" o es sinónimo de dolor y sufrimiento, eso es lo que experimentarás. Así que elige sabiamente tus pensamientos. Usa tu mente a tu favor y sé consciente de que nada en este mundo se construye si antes no se piensa. Si quieres cambiar lo que ves actualmente en tu vida —tu relación de pareja, situación financiera, tu trabajo, tu negocio, tu apariencia, solo por mencionar algunos ejemplos— primero tendrás que cambiar lo que no puedes ver: tus creencias, tu amor propio, tus pensamientos y autoestima. Tienes que convertirte y ser la dueña de tu mente y de tus pensamientos. Deja de usar tu energía en preocuparte y utilízala para crear y manifestar.

Tus palabras moldean y crean tu mundo. Tienen un poder creativo. Es un principio espiritual. Revisa tus palabras, ya que tu vida andará en función de ellas. Empieza hoy a darte cuenta de que **recibes** lo que hablas. Si permites que tus pensamientos negativos se traduzcan en tus palabras, tus acciones harán lo mismo. No puedes hablar negativamente y esperar tener una vida positiva, o hablar de escasez y tener abundancia. Al decirlas en voz alta se anclan en tu mente y producen el mismo fruto. Siempre recibirás aquello que has sembrado. Tan solo mira por unos instantes tu vida y ve la conexión que tiene con las palabras que has dicho.

Hoy **deja de hablar de lo que no tienes.** Deja de hablar de tu problema y mejor comienza a hablar de la solución. Deja de usar las palabras para describir tu catástrofe y utilízalas para cambiarla. Deja de hablar de tu tristeza y empieza a dialogar con ella. Hazlo y verás los cambios. El no resistir te llevará a transmutar la situación; pasar del dolor a la aceptación, de la aceptación a la responsabilidad, de la responsabilidad a la acción y de la acción a la dicha.

Tu primer amor eres tú. Tu primer amor es tu amor propio. Existe una ley universal que rige la vida y el universo, y es que siempre recibes aquello que das. Si quieres en tu vida amor, entonces da amor, pero no olvides comenzar por ti. **No se puede dar aquello que no se tiene.** Haz que el amarte sea una prioridad. Ámate con ganas, con fuerza, con voluntad. Con tu luz, con tu sombra. Una vez leí por ahí que "el secreto no es correr detrás de las mariposas, sino que es cuidar el jardín para que ellas vengan hacia ti". Cuídate, acéptate, crece y ámate. "Nadie es superior, nadie es inferior, pero nadie es igual que tú". No te compares con nadie, abraza eso que te hace única y cultívalo.

Deja de creer que el descanso es flojera o es tiempo perdido. Estar en paz es estar en gozo, no es estar abandonada, sola ni triste. Me sorprende ver lo mucho que anhelamos la paz, pero cuando la tenemos nos sentimos incómodas. Tenemos la mala costumbre de asociarla con aburrimiento o incluso tristeza. Te has acostumbrado a buscar una tensión constante que te hace "sentir viva" y, cuando estás en paz, sin esa tensión, es como si algo te faltara, te sientes incompleta. El problema es que te acostumbraste a estar alerta. Pero quiero que sepas que esa no eres tú, es tu "yo condicionado" que se familiarizó con ese estado: "Me angustio si no haga nada", "Necesito estar ocupada todo el tiempo", "No puedo parar, y si paro lo paso mal", "Si yo no trabajo, no genero recursos". **Sé que da miedo parar.** A mí también me dio, y mucho, pero es necesario que comprendas que **no se puede arreglar un auto en movimiento.** Es necesario descansar. Es un acto de abundancia: parar para conectar, para agradecer, apreciar y crear. El descanso es necesario para el buen rendimiento. Los autos de carrera de Fórmula 1 necesitan parar para ganar la carrera, tu cuerpo también necesita dormir para recuperarse y desempeñarse mejor. Permítete el descanso. No es un lujo. Es una prioridad.

Existe un interés generalizado en querer mejorar el bienestar y la calidad de vida. Vemos un auge en querer consumir alimentos orgánicos, en apuntarse en programas de meditación y mindfulness, hay lista de espera para hacerse un masaje en un spa y para probar experiencias que nos permitan "conectar". Pero es fundamental que comprendas que **esto es imposible si no mejoras primero tu realidad personal.** De eso se trata también el "autocuidado", tan de moda en estos días y que va más allá de prácticas para el propio disfrute. Autocuidado es también prestar atención a nuestra mente, a qué pensamientos dejamos entrar, cómo decidimos sentirnos y elegir qué actitud vamos a tomar. Conectar con esa responsabilidad personal es el principio del maravilloso camino de convertirte en tu mejor compañía. De nunca más permitir que tus miedos sean más grandes que tus sueños.

Ama tu cuerpo. Es tu hogar en este mundo, tu compañero en esta aventura que es la vida. A veces lo ignoramos, ya que lo damos por sentado o asociamos preocuparse de él con superficialidad. La verdad es que tu cuerpo es tu todo; gracias a él puedes existir en el plano físico, gracias a él puedes disfrutar la vida mediante los cinco sentidos, accionar para llevar a cabo tus sueños, conectar con otros de maneras profundas y maravillosas y, por supuesto, te permite reflejar tus gustos y personalidad a través de tu imagen personal. Es tu vehículo, permite la expresión de tu alma. Cuando empiezas a verlo de esta forma, de inmediato cambia tu relación con él. Ya no hay enemistad ni rechazo porque te conectas desde la gratitud, desde el amor y desde la creatividad infinita. Desde esta perspectiva todos los cambios que puedas hacer a favor de tu autocuidado son un aporte a tu bienestar, porque provienen de un enfoque positivo; "Me cuido porque me quiero y me amo", no "Me cuido porque quiero parecerme a alguien más", sino que "Me cuido para honrar y expresar mi verdadero yo." Disfruta de verte y sentirte bien y de un estilo personal que te haga sentir cómoda, linda y segura. Y no olvides: agradécele su perfecto funcionamiento y todo lo que hace por ti.

Practica la gratitud: Oprah Winfrey dijo: "Empecé dando gracias por las cosas pequeñas, y cuanto más agradecida estaba, más aumentaba mi recompensa. Eso es porque aquello en lo que te concentras se expande, y cuando te concentras en lo bueno de la vida, creas más de lo mismo. Las oportunidades, las relaciones, incluso el dinero empezaron a fluir en mi camino cuando aprendí a agradecer todo lo que me sucedía". Revisa las principales áreas de tu vida: amor, salud, felicidad, contribución, dinero, carrera, familia, relaciones, etcétera. Las que percibes como maravillosas y donde hay abundancia, son aquellas en las que has utilizado la gratitud, y por lo tanto, estás experimentando la magia. Todas las áreas en las que no experimentes abundancia y no sean maravillosas, es por tu falta de gratitud y porque te has conectado a ellas desde la falta, la carencia, la queja o solo en el tener. Es un hecho muy simple: cuando no eres agradecida no puedes recibir más a cambio. Has bloqueado la abundancia de la vida.

Para recibir tienes que dar. Dar para recibir. Es la ley. El universo opera a través de este intercambio dinámico. Cuando pasas por alto esta ley frenas el flujo de la energía. A fluir en abundancia, ya que, cuanto más demos, más recibiremos, porque mantendremos la abundancia del universo circulando en nuestra vida. Y ojo, esto tiene que ser genuino, si sientes que al dar has perdido algo o lo haces por el reconocimiento externo, no estás experimentando el dar desde "la simple dicha de dar". Cuando el dar se hace desde la felicidad, de una manera desinteresada y sin buscar nada a cambio, iremos en sintonía con la abundancia del universo, de lo contrario no generará abundancia, sino que prosperará la misma intención con la cual fue creada. La retribución es directamente proporcional a lo que se da; cuando el acto es incondicional y sale del corazón, eso es lo que obtienes.

Cuando una crítica te afecta mucho es porque está tocando un punto que necesitas sanar. En el minuto que te conoces y aceptas con lo que te gusta y con lo que no te gusta de ti, ya ninguna crítica o comentario externo te puede afectar. Ya nada de afuera puede herirte. Porque has dedicado mucho cariño, ganas e intención a trabajar tu interior, a cultivar tu espiritualidad. Es como una casa que se prepara para recibir un tornado, cubre sus ventanas y puertas y se "blinda" en su interior para que lo que ocurra afuera no le afecte. Eso mismo pasa contigo en la medida en que empiezas a cultivar la grandeza que hay en ti. Crea tu propia fortaleza de amor propio. Cuando realmente te quieres y amas a ti misma, te vuelves invencible.

Si estás atravesando un momento difícil no olvides lo siguiente: Muchas veces no obtener lo que deseas puede ser una bendición. Sé que has superado cosas difíciles en el pasado y no te han ganado. Mientras tanto, aléjate de la negatividad, sé amable y paciente contigo, tratarte bien eleva tu frecuencia vibratoria. Recuerda que todo es una experiencia de aprendizaje, por lo tanto, deja atrás el "por qué a mí" y ábrete al "para qué", y conecta con lo que esta experiencia viene a enseñarte. Y recuerda siempre: todo pasa, todo es temporal.

No huyas de tu miedo. Si siempre te alejas de lo que te asusta nunca vas a resolver tu malestar. Seguirás repitiendo los mismos patrones, las mismas conductas, atrayendo las mismas situaciones, pero con distintos escenarios y diferentes personas. El miedo te da las pistas de hacia dónde debes mirar para comenzar a sanar. Sanar es hacerse cargo, es buscar la sombra y entrar en ella. Nunca más evites tu miedo, por el contrario, ármate de coraje y síguelo, enfréntalo, desafíalo, ya que siempre te mostrará el camino hacia tu más auténtica y verdadera libertad.

Quiérete. Hazlo con toda tu energía y corazón. Mientras más te quieres, más comenzarás a hacer de tu vida el lugar donde siempre has querido habitar. Eres un universo de infinitas posibilidades; posees todos los dones, talentos, la sabiduría y el poder de transformar tu vida. Quiero que florezcas y te ames en tu totalidad; ames tu imperfección, tu grandeza, tu preciosa femineidad, tu cuerpo, tus ganas de superarte y crecer, y que vivas tus sueños. Te mereces todo lo mejor.

Y finalmente, nunca olvides:

Elegirte es amarte incondicionalmente y quererte es tu superpoder.